Menos Marx, mais Mises

Camila Rocha

Menos Marx, mais Mises

O liberalismo e a nova
direita no Brasil

todavia

Para Cibele Bastos

Introdução **9**

1. O que há de novo na nova direita? **17**
2. A direita tradicional: Hayek e o combate ao comunismo **36**
3. A nova direita: Mises e o combate à "hegemonia cultural esquerdista" **83**

Considerações finais **173**

Notas **179**
Referências bibliográficas **199**
Sobre os entrevistados **211**
Índice remissivo **219**

Introdução

Anos antes da chegada de Jair Bolsonaro ao Planalto, um novo ativismo de direita passou a ocupar as redes e as ruas brasileiras, deixando atônitos analistas políticos acostumados a associar movimentos sociais e manifestações apenas a grupos de esquerda. Houve quem dissesse que, a despeito do uso de técnicas contemporâneas de ativismo, as ideias defendidas pelos militantes seriam basicamente as mesmas da direita tradicional atuante no país: neoliberalismo e conservadorismo.

No entanto, o bolsonarismo, que teve início entre 2014 e 2015, se apoiou em outro fenômeno político, cuja trajetória remonta a quase quinze anos: o surgimento de uma nova direita brasileira. Ao contrário da direita envergonhada atuante no país desde a redemocratização, pautada em uma defesa algo hesitante do livre mercado e em um conservadorismo difuso, a nova direita não tem nenhuma vergonha de se afirmar como tal. Unificada em torno do combate ao que considera ser uma "hegemonia cultural esquerdista" que teria passado a vigorar desde a redemocratização, age em defesa de uma combinação de radicalismo de mercado e conservadorismo programático e visa romper com o pacto democrático de 1988.

Antes de chegar ao poder, a nova direita em formação se organizava principalmente a partir de fóruns de debate alternativos. Nesses espaços, era possível formular e fazer circular conteúdos se valendo de uma linguagem disruptiva e chocante com o objetivo de chamar a atenção para pautas e demandas pouco ou nada discutidas até então. Além disso, em contraste com o elitismo aristocrático da direita tradicional, a nova direita passou a se organizar em uma rede descentralizada composta de diversos grupos, movimentos, organizações, partidos, políticos, intelectuais e militantes. É uma rede que reúne desde direitistas antigos até pessoas comuns e jovens oriundos da classe média, e mesmo das classes populares, que passaram a se importar com o que acontecia no cenário político nacional nos últimos anos.

Nas próximas páginas apontarei as origens dessa nova direita a partir da reunião de dados coletados nos últimos cinco anos, incluindo dezenas de entrevistas feitas com militantes e lideranças. Tais entrevistas foram realizadas com base na construção paulatina de laços de amizade e confiança com alguns integrantes da nova direita, a partir de agosto de 2015, quando me mudei temporariamente de São Paulo para o Rio de Janeiro.

Minha intenção na época era passar um mês na cidade e coletar documentos históricos junto ao Instituto Liberal, então presidido pelo economista Rodrigo Constantino. No entanto, em março daquele ano, as manifestações que pediam o impeachment de Dilma Rousseff haviam atingido um pico em termos de mobilização, levando milhares de pessoas às ruas em São Paulo, fenômeno que se repetiu em menor grau em outras cidades brasileiras. Havia um clima de tensão política no ar que vinha se agravando desde as eleições de 2014, em meio ao qual o Partido dos Trabalhadores (PT) passou a ser percebido por um número cada vez maior de pessoas como a grande nêmesis da nação, o que me fez pensar que seria altamente improvável conseguir acesso aos documentos de que precisava.

Havia razões fortes para eu considerar a tarefa impossível. Os dados de minha trajetória acadêmica estavam disponíveis publicamente na internet, e um ano e meio antes eu tinha defendido meu mestrado na Universidade de São Paulo sob a orientação do professor André Singer, intelectual público filiado ao PT que havia atuado como porta-voz e secretário de Imprensa da presidência da República entre 2003 e 2007, e depois publicado o livro *Os sentidos do lulismo* em 2012. Além disso, no ano de 2015, quem ocupava o cargo de diretor do Instituto Liberal era Bernardo Santoro, advogado filiado ao Partido Social Cristão (PSC), que, em 2014, havia atuado como professor substituto na Universidade Estadual do Rio de Janeiro mas abandonara o cargo devido a uma polêmica ideológica que chegou até mesmo a circular na imprensa.[1]

Ainda que na época eu não soubesse do entrevero na universidade, era algo que tornava meu acesso ao Instituto ainda mais difícil. Mas, incentivada por uma nova amizade que fiz assim que cheguei ao Rio, resolvi insistir, e, para minha surpresa, após alguns e-mails, Bernardo resolveu me encontrar em um café para conversar. No dia marcado, passados mais de vinte minutos do horário combinado, comecei a pensar que era provável que eu voltasse para a quitinete recém-alugada de mãos abanando, quando, pela porta do estabelecimento, entrou um rapaz muito grande, esbaforido e simpático, que veio até mim pedindo desculpas pelo atraso.

Como eu imaginara, Bernardo havia de fato visto meu currículo na internet e logo quis saber afinal o que alguém como eu, que reunia todas as credenciais de pertencimento à esquerda universitária, queria pesquisar no Instituto. Não hesitei em confirmar minha inclinação ideológica, mas deixei claro que minha intenção era fazer uma pesquisa acadêmica séria e não escrever um panfleto político. Passado algum tempo de uma conversa bastante animada sobre libertarianismo, diagrama de Nolan, esquerda e direita — à época, para o advogado, defensores radicais do livre mercado não poderiam ser classificados como sendo de direita, pois não seriam autoritários —, Bernardo resolveu me levar para conhecer o Instituto

Liberal, que ficava no Edifício Rex, a apenas algumas quadras do café em que estávamos na Cinelândia, região central do Rio.

O prédio, localizado no número 37 da rua Álvaro Alvim, vizinho de um cinema antigo e de uma loja de artigos eróticos, ironicamente também abrigava uma série de sindicatos trabalhistas de categorias variadas devido ao baixo custo do aluguel dos conjuntos de salas que comportava. No quinto andar, a porta de número 518, que correspondia à do Instituto, ainda estava sem placa de identificação. A entrada dava acesso a um diminuto hall decorado com dois retratos embolorados de senhores sorridentes, um do empresário Donald Stewart Jr., fundador do Instituto, e outro do economista austríaco Friedrich von Hayek, que ficavam de frente para um pequeno sofá amarelo desbotado. O espaço comportava ainda um lavabo e duas pequenas salas. Em uma delas, uma mesa retangular com um computador dividia espaço com dezenas de caixas de papelão, apressadamente empilhadas junto à parede, e vários panfletos do PSC, enquanto a outra abrigava uma estante com livros de economia, política e filosofia e uma mesa circular de granito que sustentava três notebooks e uma impressora multifuncional.

O Instituto Liberal é o *think tank* voltado para a difusão do ideário pró-mercado mais antigo do Brasil. Fundado em 1983 por um rico empresário de origem canadense, ocupou, durante a década de 1990, uma mansão no bairro do Botafogo — e que eu imaginava que ainda sediaria a organização. Constatando minha surpresa ao adentrar o modesto conjunto de salas, Bernardo riu ao me perguntar se eu seria capaz de descobrir onde estavam escondidos os agentes da CIA e logo emendou que eu poderia pesquisar o que quisesse sem nenhuma restrição. Porém, passada minha animação inicial com aquele êxito improvável, descobri que boa parte dos documentos históricos a que queria ter acesso estava completamente desorganizada nas caixas de papelão empilhadas na primeira sala, utilizada por Bernardo, o que prolongaria bastante minha estada no Rio de Janeiro. Assim, após me mudar para uma nova quitinete localizada na Lapa, passei a frequentar diariamente o conjunto 518 do Edifício Rex durante os cinco meses que se seguiram.

O tempo que passei no Instituto Liberal foi extremamente agradável do ponto de vista pessoal e intelectualmente enriquecedor graças a uma intensa convivência com as pessoas que trabalhavam por lá naquela época. Como o local era pequeno, eu dividia a mesa de trabalho com três jovens agitados e descontraídos que se debruçavam sobre seus respectivos computadores. Bernardo ocupava a primeira sala, e o jornalista Lucas Berlanza, a economista Cibele Bastos e o web designer Diego Reis se reuniam na sala ao lado, onde eu também ficava. Os poucos recursos materiais de que dispunham para levar a cabo suas tarefas diárias eram compensados pelo engajamento apaixonado em uma causa maior. Politizados, não perdiam uma oportunidade de conversar sobre o que acreditavam e defender de modo entusiasmado suas ideias para uma sociedade melhor. A despeito das muitas diferenças existentes entre eles, a causa que os une pode ser sintetizada de modo telegráfico no mote: "Menos Marx, mais Mises".

Apesar de ainda ser muito pouco conhecido entre os jovens brasileiros em comparação com Karl Marx, o nome do economista austríaco Ludwig von Mises se tornou um dos símbolos da nova direita, que, ao longo de mais de uma década, passou a congregar de anarcocapitalistas a monarquistas ultramontanos. Conectados a redes de *think tanks* e organizações civis de âmbito nacional, regional e internacional, os então funcionários do Instituto Liberal faziam parte de um universo de militância que eu desconhecia completamente até então, e que foi se tornando cada vez mais familiar à medida que o frenesi inicial de trabalhar ao lado de uma "esquerdista" foi perdendo força e meus novos colegas passaram a me acolher como parte do grupo.

As idas ao Vulcão das Massas, Bob's, Starbucks, restaurantes populares e botecos da Cinelândia no fim do dia eram contrabalançadas com almoços em restaurantes naturais alternativos, nos quais eu era acompanhada apenas por Cibele, dada a ausência de carne dos cardápios, que parecia afugentar os homens. No dia a dia, Cibele por vezes me chamava carinhosamente de "nossa esquerdinha infiltrada", e eu trocava olhares de desaprovação bem-humorada com Lucas, conservador e lacerdista convicto, quando Cibele se empolgava na defesa do radicalismo de livre mercado. Não havia entre nós quaisquer reservas ou suspeitas, mas uma relação de respeito mútuo pela seriedade e entusiasmo com que nos dedicávamos às nossas respectivas tarefas permeadas por um bom humor permanente que aliviava potenciais tensões.

Passado algum tempo, com a intenção de compreender melhor os documentos que vinha examinando, resolvi fazer algumas entrevistas com as pessoas que trabalhavam no Instituto. Quando entrevistei Cibele, para minha surpresa, ela me contou sobre seu "trabalho de formiguinha" — que eu chamava de "trabalho de base" — em uma rede social chamada Orkut, criada pelo Google em 2004 e que precedeu o Facebook em termos de popularidade no Brasil. Movida pela curiosidade sobre o "trabalho de formiguinha" no Orkut, resolvi entrevistar vários outros jovens militantes e lideranças daquele ecossistema político em formação, bem como quem já frequentava havia mais tempo os circuitos da direita tradicional usando o que os cientistas sociais chamam de "método bola de neve", em que um entrevistado aponta outros, e estes, outros, até que os nomes começam a se repetir. Foi assim que entrevistei pessoas que defendiam ideologias políticas bastante diversas e pertenciam a diferentes grupos e organizações que, ao longo dos anos, de modo mais ou menos pragmático, se consolidaram em torno de um amálgama ultraliberal-conservador até então inédito no país.

Desde então, passei a ter amigos e conhecidos que militavam por causas que não eram de esquerda e a me sentir como uma Alice que havia atravessado um espelho ideológico. Expressões que denotavam pertencimentos a diferentes grupos como "chicaguista", "leftlib", "ancap", "conserva" ganhavam sentido, e nomes como Ayn Rand, Murray Rothbard e Eugen von Böhm-Bawerk, autores famosos no panteão internacional dos "defensores da liberdade", e conservadores ilustres como Russell Kirk, William Buckley e Roger Scruton, já não me eram mais estranhos, tampouco os nomes de intelectuais, políticos e lideranças nacionais que compunham essa realidade alternativa. Disputas pela melhor estratégia em face da conjuntura, acusações de moderação programática, traições partidárias, rachas ideológicos, destruição de reputações, fofocas íntimas transformadas em problemas políticos, desavenças resolvidas no bar e discussões teóricas intermináveis me faziam sentir como se eu houvesse voltado para a época em que participei do movimento estudantil durante minha graduação em ciências sociais. A diferença era que agora o ideal socialista havia sido substituído pela crença em um capitalismo utópico, a qual, por muitas vezes, continuava a ser sacrificada do mesmo modo no altar do pragmatismo político.

Foi assim que entre 2015 e 2018 pude acompanhar a formação de um novo fenômeno político por meio das percepções das pessoas que entrevistava, dos textos que postavam em redes sociais, dos eventos de que participavam e nos quais estive presente e da análise de mensagens trocadas em comunidades do Orkut a partir da metade dos anos 2000.[2] Informada por essas experiências, que acabaram constituindo uma espécie de mergulho etnográfico na nova direita, e por todas as evidências empíricas que reuni durante os anos, não hesito em afirmar que não só a eleição de Bolsonaro em 2018 teve uma conexão importante com a consolidação dessa nova força política, como, a despeito do rumo de seu governo, a nova direita veio para ficar.

I.
O que há de novo na nova direita?

Antes de apontar como a nova direita brasileira surgiu, é preciso responder à pergunta sobre o que de fato haveria de novo na nova direita. Afinal, é muito comum entre analistas políticos o uso de expressões como "direita radical" ou "extrema direita" para se referir a esse mesmo fenômeno, destacando sua continuidade com a direita atuante anteriormente e sua conexão, ou mesmo sinonímia, com o fenômeno do bolsonarismo. De acordo com certas análises, a direita contemporânea que chegou ao poder não passaria de um punhado de jovens e figuras saídas dos porões da política brasileira que, em conjunto com empresários, intelectuais e profissionais liberais, defenderiam ideias velhas com uma roupagem digital mais apropriada aos novos tempos.

No entanto, ainda que de fato existam continuidades importantes entre ideias e personagens antigos e novos, como será explicitado aqui, acredito que ignorar as novidades e os tons de cinza da direita contemporânea é um obstáculo para uma compreensão mais aprofundada. Antes de mais nada, é preciso dizer que a nova direita é nova em comparação com a direita atuante desde a época da redemocratização, pautada pelos marcos do pacto de 1988. A partir de 1988 passou a vigorar no país um pacto democrático progressista baseado em uma nova Constituição, que ficou conhecida como Constituição Cidadã, e em um arranjo de governabilidade específico que prevê a necessidade de governar a partir da manutenção de grandes coalizões políticas, o chamado "presidencialismo de coalizão".[1] Tal ordenamento, para além de demarcar uma ruptura com o modelo político da ditadura militar, qualificado pelo sociólogo Florestan Fernandes como uma autocracia burguesa, abriu espaço para a ampliação de direitos de mulheres, negros, indígenas, crianças e jovens, alterando as dinâmicas existentes na esfera pública brasileira.

No entanto, se, por um lado, o novo pacto permitia a conquista de uma série de demandas democráticas, por outro, também as limitava, tendo em vista a consolidação de uma blindagem institucional que apartava o sistema político da sociedade, como aponta o filósofo Marcos Nobre. Com o tempo, grupos à esquerda e à direita, sobretudo durante os governos petistas, sentindo que tinham pouca voz e representatividade na esfera pública tradicional, passaram a circular seus discursos em fóruns alternativos. Assim, ao mesmo tempo que movimentos mais ou menos radicalizados começaram a demandar a aceleração de avanços democráticos possibilitados pelo pacto, relacionados à melhoria de serviços públicos, ao combate à corrupção e às desigualdades sociais, de gênero, orientação sexual e raça, sobretudo a partir de 2011, quando se inaugura um novo ciclo de protestos no país, uma nova direita que demandava o fim do pacto emergia, provocando um curto-circuito na esfera pública tradicional, que opera dentro dos limites estabelecidos em 1988.

A demanda pelo fim do novo pacto democrático foi uma grande novidade no campo da direita. Afinal, a abertura política do país fez com que diversos atores de direita que possuíam um grau importante de interlocução com o regime militar perdessem a influência política e social que possuíam durante a ditadura. Vários deles passaram, então, a fazer esforços para se adaptar aos limites delimitados pelo pacto de 1988.[2] O grande empresariado, por exemplo, acostumado a contatos diretos com ministros e burocratas dos altos escalões dos governos militares, foi compelido a buscar novas formas de participação política e contornar a dificuldade de interlocução com partidos de direita, uma vez que sua fragmentação regional e o caráter personalista de suas lideranças criavam obstáculos para a construção de um programa em comum.

Além disso, grupos de direita esbarrariam ainda em um problema de *branding*. A partir da redemocratização, se dizer de direita passou a ser algo desconfortável, e o "medo de ficar marcado pelo regime", nas palavras de um dos entrevistados, era comum entre pessoas de direita, dada a associação imediata com a ditadura militar. Sinônimo de autoritarismo, tal autodenominação acabou sendo substituída por outra mais amena: "centro", fenômeno que também ocorreu na Argentina e foi apelidado pelo cientista político Timothy Power de "direita envergonhada". A vergonha em se afirmar de direita, porém, não dizia respeito apenas aos políticos mas também se estendeu a seus ideólogos, simpatizantes e eleitores. Assim, durante as décadas de 1990 e 2000, enquanto anticomunistas, conservadores e direitistas convictos haviam perdido a influência que possuíam durante a ditadura, grupos que antes tinham pouca ou nenhuma penetração na esfera pública tradicional, como feministas, LGBT+ e negros, passaram a conquistar maior legitimidade em meio a avanços e recuos.[3]

Foi apenas após o auge da popularidade de Lula, entre 2006 e 2010, que a vergonha em se dizer de direita começou aos poucos a se dissipar, sobretudo a partir de uma rede social que precedeu o Facebook em termos de popularidade no Brasil, o Orkut. Em meio à denúncia do escândalo do mensalão, que atingiu em cheio a cúpula do primeiro governo Lula, as comunidades do Orkut, assim como blogs e demais fóruns da internet existentes na época, abriram a vozes pouco ou nada ouvidas na esfera pública tradicional novos espaços de debate e discussão de ideias no campo da direita. A grande novidade dessas falas em relação à direita que atuava na esteira da redemocratização é justamente sinalizar uma ruptura com o pacto de 1988, e, para tanto, a nova direita emergente passou a apostar na substituição de seu substrato progressista por um novo amálgama de ideias: o ultraliberalismo-conservador.

A emergência de novidades políticas, à esquerda ou à direita, costuma ocorrer quando, em meio a embates políticos e sociais específicos, surgem novas ideias, ou novas combinações de ideias, que não são redutíveis a conflitos materiais, ainda que possam lhes conferir novos sentidos. Basta pensar no surgimento de uma nova esquerda a partir da década de 1960, que agregou novos atores e perspectivas alargando os horizontes da velha luta de classes. Isso não significa dizer que determinadas reflexões acerca de opressões de gênero, raça, sexualidade e colonialidade já não existissem há décadas, ou mesmo há séculos, porém foram ressignificadas durante embates políticos e sociais específicos, culminando em novas formações políticas e ideológicas.

No que diz respeito à nova direita brasileira surgida nos anos 2000, tal processo se deu a partir de uma reação ao pacto de 1988 e suas consequências sociais e institucionais, cujo desenvolvimento ao longo do tempo foi percebido como a consolidação de uma "hegemonia cultural esquerdista". Grupos muito diversos entre si, descontentes com a atuação de neoliberais e figuras conservadoras na política — dado que boa parte delas parecia fazer pouca ou nenhuma oposição ao modus operandi do lulismo —, passaram a se unificar com o objetivo de combater a hegemonia esquerdista a partir da consolidação paulatina de um novo amálgama de ideologias políticas. Porém, antes de compreender como isso se deu na prática, é preciso compreender o que são afinal ideologias políticas, quais foram e quais são aquelas adotadas pelas direitas em tempos recentes e como se difundiram internacionalmente nos últimos anos.

Ideologias políticas à direita

Tanto a esquerda como a direita, a despeito de serem categorias relacionais, delimitadas temporal e geograficamente, não são desprovidas de conexões com o que o cientista político britânico Michael Freeden qualifica como ideologias políticas. Para Freeden, as ideologias políticas seriam um conjunto de ideias, crenças, opiniões e valores que: 1) possui um padrão recorrente; 2) é sustentado por grupos relevantes; 3) é utilizado nas disputas em torno da adoção de planos para políticas públicas; e 4) procura justificar, contestar ou mudar arranjos sociais e econômicos. Desse modo, as ideologias políticas possuiriam uma relação estreita com a prática política, permeando conflitos que se dão na esfera pública em torno do desenho de amplos programas que dizem respeito a políticas sociais e econômicas.

Certas ideologias políticas, contudo, ganharam proeminência em relação a outras durante o século XX se estabelecendo como *macroideologias*, isto é, redes inclusivas de ideias que se consolidaram como tradições mais amplas de pensamento como o conservadorismo, o liberalismo, o socialismo e o fascismo. As macroideologias não se reduzem a movimentos políticos ou partidos, inclusive sua própria classificação em um contínuo de esquerda e direita possui certa arbitrariedade. Afinal, os deslocamentos e composições entre diferentes macroideologias não partem de um princípio de que estejam necessariamente ordenadas de forma gradual em uma escala, ou que sejam mutuamente excludentes. Isso é o que permite, por exemplo, se afirmar socialista e liberal ao mesmo tempo, ou ainda ser conservador no que tange à preservação de certos costumes mas ser contrário à manutenção de uma estrutura social desigual considerando a legislação trabalhista.

A despeito de sua importância, essas tradições mais amplas também disputam espaço ou são agregadas a outras ideologias políticas caracterizadas como ideologias modulares. As ideologias modulares possuem esse nome porque são menos desenvolvidas em relação às macroideologias no que diz respeito ao seu alcance e às suas ambições em fornecer respostas a uma gama mais ampla de problemas. Um exemplo seria o nacionalismo, exaltação à nação que, a depender de sua combinação com outras ideologias políticas, pode resultar na defesa de pautas progressistas, como foi o caso do nacionalismo terceiro-mundista dos anos 1960, ou reacionárias, como o nacionalismo de extrema direita que vem ganhando terreno atualmente em vários países da Europa. Muitas vezes, é justamente o surgimento de novas ideologias modulares, ou sua combinação com tradições mais amplas, que possibilita a formação de novas esquerdas ou de novas direitas.

Tendo isso em vista, neste livro procuro apontar qual foi o processo político e social que possibilitou o surgimento de novos atores, a reorientação de atores antigos e a ressignificação de determinadas ideias em um sentido novo. Tais processos são mais comuns do que podem parecer à primeira vista. Basta lembrar que, por muitos anos, os grandes adversários dos conservadores foram os liberais. Um amálgama entre as duas tradições pareceria pouco provável em séculos passados, afinal, o conservadorismo tem sua origem em uma reação moderna às grandes mudanças desencadeadas pela Reforma Protestante e pelo Iluminismo. Como bem observa o filósofo conservador Roger Scruton, por causa de uma desvantagem teórica, oriunda de sua recusa à abstração, os conservadores costumam apresentar seus próprios argumentos de forma lamuriosa ao buscar conservar tradições em vista de sua substituição por algo que se julga pior. Tal necessidade de manter determinadas tradições está ancorada no entendimento de que elas não configurariam costumes arbitrários, mas uma condensação de conhecimentos advindos de um longo processo de aprendizagem que favoreceriam a reprodução da sociedade, daí o sentimento de responsabilidade pelos mortos, pelos vivos e por aqueles que estão para nascer, na formulação consagrada pelo grande crítico da Revolução Francesa, Edmund Burke.

Desse modo, se para muitas pessoas de esquerda a combinação entre conservadorismo e neoliberalismo parece óbvia hoje, o processo de consolidação de um neoliberalismo conservador, ou de um "neoconservadorismo",[4] não foi livre de tensões. Pelo contrário. Afinal, entre as décadas de 1930 e 1970, boa parte dos conservadores era adepta da ideia de um Estado interventor e de políticas de bem-estar social para os trabalhadores, e foi justamente nessa época, mais precisamente no fim da década de 1930, que surgiu o neoliberalismo. Inclusive, é importante lembrar que não foram apenas políticos conservadores que passaram a adotar o neoliberalismo ao longo do tempo. Ainda nos anos 1970 reformas neoliberais também foram levadas a cabo por políticos de tendência social-democrata, dando origem posteriormente à chamada terceira via, ou ao que a teórica política Nancy Fraser chama de "neoliberalismo progressista": políticas neoliberais combinadas com a defesa de direitos humanos.

Mas qual seria, afinal, a diferença entre liberalismo e neoliberalismo? No que diz respeito à autodeclaração dos próprios intelectuais e ativistas brasileiros que defendem a adoção da lógica do livre mercado pela sociedade, pouca ou nenhuma, dado que a denominação de liberal costuma ser utilizada frequentemente como sinônimo de neoliberal. Isso teria ocorrido porque até a década de 1980 o termo "neoliberalismo", que era percebido por pessoas comuns como uma expressão "neutra", acabou ganhando uma carga normativa negativa ao ser utilizado em slogans anticapitalistas amplamente conhecidos no país após a adoção de políticas de inspiração neoliberal pelo regime pinochetista no Chile. Por esse motivo, o termo passou a ser rejeitado como forma de autodescrição e boa parte dos defensores do capitalismo de livre mercado começou a se autodenominar simplesmente como liberais.

Nesse sentido, é bastante ilustrativa uma experiência que tive durante minha estada no Instituto Liberal do Rio de Janeiro. Entre os documentos internos do Instituto, encontrei uma correspondência privada que datava da época de sua fundação, ou seja, do início da década de 1980, na qual um dos membros do Instituto se autodenominava, e denominava os demais colegas, neoliberal. Comentei sobre o fato com Lucas e Cibele, membros do Instituto na época, e logo se instalou uma disputa acalorada entre eles em que Lucas defendia a pertinência da classificação enquanto Cibele a refutava.

Autodenominações à parte, de acordo com a literatura especializada, de fato existem diferenças importantes entre o liberalismo político, o liberalismo econômico e o neoliberalismo. Durante o século XIX, o liberalismo econômico já era defendido de forma dissociada do liberalismo político. No Brasil, inclusive, a difusão do liberalismo econômico precedeu a do liberalismo político na esfera pública, considerando que a obra *Observações sobre o comércio franco no Brasil*, do Visconde de Cairu, foi publicada em 1808 e a ideia moderna de liberdade política começou a circular no país somente a partir de 1822. Anos depois, sobretudo a partir de 1850, o liberalismo econômico, também conhecido como laissez-faire, passou a ser criticado enfaticamente por vários autores liberais até entrar em decadência aguda com a crise econômica de 1929. Passados quase dez anos, o laissez-faire começou a ser reformulado em 1938, em Paris, por vários intelectuais que se reuniram no Colóquio Walter Lippmann, realizado para celebrar a obra do publicista norte-americano.[5] Entre os 26 participantes do encontro, estavam teóricos da Escola Austríaca, como Friedrich von Hayek e Ludwig von Mises, intelectuais franceses como Louis

Rougier e Raymond Aron e alemães como Alexander Rüstow e Wilhelm Röpke.

As disputas ocorridas durante o Colóquio acabaram resultando na formação de duas novas correntes principais. A primeira foi o ordoliberalismo, defendido pelos alemães, que, ao contrário do laissez-faire, considera que o funcionamento do mercado é imperfeito e que o Estado deve atuar para corrigir suas falhas, as quais teriam desencadeado a crise de 1929. E a segunda seria justamente o neoliberalismo, encampada principalmente por Hayek, que sustentaria que a crise de 1929 foi desencadeada não por falhas de mercado, mas por um excesso de intervenção estatal, motivo pelo qual o Estado deveria intervir na economia apenas por meio da criação de regras e instituições que promovam o bom funcionamento do mercado.

Ou seja, ao contrário do laissez-faire vigente até então, o neoliberalismo propõe que o Estado possua um papel ativo como *promotor* do livre mercado. Assim, se para os adeptos do laissez-faire o Estado não deveria ter papel algum na regulação da economia, os neoliberais acreditam que o Estado deve atuar no sentido de criar um aparato jurídico-legal para fomentar o bom funcionamento do livre mercado, daí a novidade que justifica o emprego do prefixo "neo". Mises, por sua vez, foi o único dos presentes na reunião que continuou a defender a manutenção do laissez-faire do século XIX, de modo que, se Hayek e Milton Friedman costumam ser classificados como neoliberais, Mises foi considerado por seus pares um "paleo-liberal", ou seja, um liberal jurássico, porém, posteriormente, também passou a ser lido como um "libertariano".

O libertarianismo, diferentemente do neoliberalismo, consiste em uma defesa moral e radical da lógica de livre mercado sem restrições de qualquer tipo, considerando a liberdade dos seres humanos de não serem coagidos uns pelos outros. Assim, para os libertarianos a defesa da liberdade de mercado seria justificada sobretudo moralmente e não apenas a partir de uma ênfase em argumentos de ordem econômica, como ocorre no caso do neoliberalismo.[6] Essa diferenciação é importante pois é justamente a recepção e a ressignificação recente de um ideário libertariano para o contexto brasileiro, ancoradas na obra do economista austríaco Ludwig von Mises, que constituem uma das principais inovações da nova direita no país.

De qualquer modo, é preciso considerar que, a despeito de eventuais disputas internas, todas essas vertentes ideológicas se percebem como continuidade de uma mesma tradição que remonta ao liberalismo do século XIX e às obras de autores como Frédéric Bastiat, Herbert Spencer, Stuart Mill, Alexis de Tocqueville, John Locke, entre outros. Contudo, as correntes mais radicais associadas ao libertarianismo, como o anarcocapitalismo,[7] cujos defensores são conhecidos como *ancaps*, o objetivismo[8] e o minarquismo,[9] teriam permanecido muito menos conhecidas do grande público em comparação com o neoliberalismo, que conquistou uma grande exposição a partir das décadas de 1970 e 1980, e cujos defensores são chamados por aqueles que pertencem às correntes mais radicais de "chicaguistas".[10]

Considerando que a nova direita brasileira se baseia justamente na defesa do radicalismo de mercado, ancorada em uma releitura da obra de Mises, fazer uma diferenciação entre liberalismo, neoliberalismo e demais correntes que realizam a defesa moral e radical do livre mercado é fundamental. Afinal, liberalismo, nos termos de Freeden, se refere a uma macroideologia política, e o neoliberalismo e o libertarianismo seriam ideologias modulares que eventualmente entram em conflito com outras ideologias políticas também vinculadas à tradição liberal, como o liberalismo igualitário, por exemplo.

Desse modo, optei por falar em neoliberalismo e neoliberais considerando os adeptos da obra de Hayek, da Escola de Chicago e da Escola da Escolha Pública de Virgínia. Em referência a ideologias políticas libertarianas, como o objetivismo, o minarquismo e o anarcocapitalismo, serão utilizados os termos "ultraliberalismo" e "ultraliberais", ressaltando com o prefixo "ultra" tal radicalidade; e, finalmente, utilizarei termos mais genéricos, como "pró-mercado", quando for realizada uma referência geral aos atores que fizeram e ainda fazem parte do ecossistema internacional de organizações formadas a partir da década de 1940, logo após o Colóquio Walter Lippmann, que influenciaram de modo importante a recepção do ideário neoliberal no Brasil: os *think tanks*.

A disseminação da defesa do livre mercado via *think tanks*

As ideologias políticas costumam ser difundidas das mais diversas formas. À esquerda, os partidos atuaram como organizações fundamentais para tal fim durante o século XX, tendo em vista sobretudo a atuação histórica dos partidos comunistas. Já à direita, as principais organizações responsáveis por disseminar a defesa da propriedade privada e a liberalização da economia na mesma época são chamadas de *think tanks*, como é o caso do Instituto Liberal do Rio de Janeiro. A expressão *think tank* remonta às salas secretas nas quais eram discutidas estratégias de guerra e passou a ser mais utilizada por volta da década de 1960 nos Estados Unidos.

Os primeiros *think tanks* criados pelos norte-americanos eram organizações civis privadas, mantidas com doações de pessoas físicas e jurídicas, que reuniam especialistas e técnicos, normalmente recrutados junto à academia. Seus membros afirmavam que sua intenção principal era dedicar-se à pesquisa científica e à divulgação de ideias no campo das políticas públicas da forma mais autônoma e independente possível em relação a grupos de interesse específicos. Alguns *think tanks* que eram voltados para a educação da população ficaram inclusive conhecidos como "universidades sem alunos".

Esse tipo de justificativa fazia jus ao espírito progressista e "científico" que passou a predominar no início do século XX nos Estados Unidos. E foi nesse contexto que foi fundado o primeiro *think tank* pró-mercado naquele país, e provavelmente no mundo, a Foundation for Economic Education (FEE). A organização, criada em março de 1946 na cidade de Atlanta, Geórgia, nos Estados Unidos, foi idealizada por um empresário chamado Leonard Read e contou por muitos anos com o auxílio financeiro do Volker Fund, um fundo milionário criado pelo magnata William Volker e gerenciado por um entusiasta do livre mercado. Por causa disso, a instituição possuía uma relativa liberdade e autonomia diante de interesses políticos imediatos para realizar seu principal objetivo: educar o povo norte-americano para as vantagens do capitalismo de livre mercado.

Dez anos depois da criação da FEE, o radialista anticomunista Robert LeFevre fundou uma organização similar na cidade de Colorado Springs, no estado do Colorado, com um foco mais escolar, chamada Freedom School. A escola funcionou até 1973 e seu quadro de professores contou com as personalidades mais destacadas do ecossistema pró-mercado da época, como o próprio Leonard Read, fundador da FEE, Frank Chorodov, editor da revista *The Freeman* publicada pela FEE, e os acadêmicos Milton Friedman e Ludwig von Mises. Na década de 1960, outras duas organizações ainda seriam fundadas por membros da FEE, o Liberty Fund, sediado na cidade de Indianapolis, em Indiana, criado pelo advogado Pierre F. Goodrich, filho de James P. Goodrich, empresário que atuou como governador do mesmo estado entre 1917 e 1921 pelo Partido Republicano; e o Institute for Humane Studies (IHS), criado em 1961 por F. A. Harper na Califórnia, e que também passou a contar com a participação de Pierre F. Goodrich.

A maioria das pessoas que circulavam nessas organizações era formada por acadêmicos, especialmente economistas, e empresários. No entanto, também existiam algumas pessoas comuns que entravam em contato e se interessavam pela promoção do ideário pró-mercado a partir de outras vias, como os admiradores das obras da romancista e roteirista de filmes de Hollywood Ayn Rand. Ao lado de duas outras romancistas, Rose Wilder Lane e Isabel Paterson, Rand, criadora do objetivismo, costuma ser apontada como uma das principais fundadoras do chamado "movimento libertariano moderno". Sua obra mais famosa, um romance de mais de mil páginas chamado *A revolta de Atlas*, foi publicada em 1957 e traduzida para várias línguas, totalizando mais de 7 milhões de exemplares vendidos desde sua primeira tiragem.[11]

Desse modo, a divulgação e o ensino do ideário pró-mercado realizado pelas organizações citadas acima incluíam não apenas escritos de economia, produzidos por membros da Escola Austríaca, como Hayek e Mises, e da Escola de Chicago, como Milton Friedman. Havia também uma literatura mais ampla elaborada por autoras e autores anarcocapitalistas, minarquistas e objetivistas que, ao contrário dos economistas, procuravam fazer uma defesa do livre mercado embasada principalmente em fundamentos morais e filosóficos. Tais diferenças eventualmente resultavam em disputas ideológicas, estratégicas e políticas importantes no interior dos *think tanks*. Um dos alvos de tais disputas, por exemplo, foi o próprio Milton Friedman, que, na década de 1960, foi acusado de ser muito moderado em um texto que circulou entre os membros da FEE.

Ainda em 1945, no entanto, e antes da publicação de *A revolta de Atlas*, o ideário de livre mercado já havia começado a ser disseminado para o grande público dentro e fora dos Estados Unidos. Isso se deu por meio da divulgação de uma versão condensada do livro *O caminho da servidão*, publicada originalmente por Hayek em 1944, na *Reader's Digest*, uma das revistas mais populares da época e que era traduzida para dezenas de países. Hayek, então professor da prestigiosa London School of Economics, amigo de longa data de John Maynard Keynes e ex-aluno de Mises, argumentava que o aprofundamento da lógica "coletivista" e "estatista" que ampararia o Estado de bem-estar social conduziria necessariamente ao totalitarismo e, portanto, ao fim das liberdades individuais.

Tais teses, ainda que já tivessem sido previamente defendidas pelo jornalista norte-americano Walter Lippmann em 1938, provocaram um verdadeiro frisson na época. Afinal, as políticas que sustentavam o Estado de bem-estar social estavam no auge e eram consideradas como um consenso tanto à direita quanto à esquerda, o que fez com que em pouco tempo Hayek angariasse muitos inimigos. Houve, no entanto, também quem se extasiasse com suas ideias, como Antony Fisher, ex-piloto da Força Aérea Real Britânica. Ao ler a adaptação de *O caminho da servidão* na *Reader's Digest*, Fisher ficou tão impactado com os argumentos expostos pelo economista que, em 1947, resolveu ir pessoalmente ao seu encontro para pedir conselhos sobre qual seria a melhor forma de divulgar suas ideias.

Coincidentemente, nesse mesmo ano, Hayek havia fundado a Sociedade Mont Pèlerin em uma localidade de mesmo nome na Suíça e estava entusiasmado com a possibilidade de divulgar o ideário pró-mercado. No entanto, tal divulgação deveria ser dirigida apenas a elites intelectualizadas que atuavam na sociedade civil, pois tentar influenciar diretamente um sistema político permeado por "ideias coletivistas" seria uma perda de tempo. Por isso Hayek desestimulou Fisher a se tornar um militante em um partido, e afirmou que a melhor forma de divulgar o ideário pró-mercado seria por meio da fundação de uma organização civil não partidária. Afinal, naquela época o neoliberalismo ainda era tido como muito radical e pouco palatável para os partidos existentes, e Hayek acreditava que, por meio de uma organização civil privada, seria possível divulgar o neoliberalismo em sua forma original, "pura", e sem as limitações impostas por lógicas político-partidárias de curto prazo.

Inspirado pela atuação dos socialistas da Sociedade Fabiana no fim do século XIX,[12] Hayek ambicionava realizar uma mudança política e ideológica profunda na sociedade britânica. Para tanto, acreditava que era necessário atuar a partir de perspectivas de longo prazo com base em uma vanguarda intelectual que agisse de forma estratégica procurando influenciar indivíduos que denominava como "ideólogos de segunda classe": jornalistas, acadêmicos, escritores e professores. Dessa forma, seria possível difundir o ideário neoliberal junto à opinião pública e criar, com o tempo, um consenso neoliberal no seio da sociedade, de forma análoga ao que, em sua percepção, teria ocorrido com ideias de matriz socialista ou social-democrata.

Em 1955, seguindo as orientações de Hayek, Fisher criou em Londres o Institute of Economic Affairs (IEA) com o objetivo de difundir ao longo do tempo o ideário pró-mercado e, na metade da década de 1970, foi para a América do Norte, onde ocorria uma onda de fundação de *think tanks* de direita. À medida que tais organizações foram sendo criadas, políticas de inspiração neoliberal começaram a ser implementadas para combater a inflação durante o governo do democrata Jimmy Carter (1977-81) nos Estados Unidos e o governo do trabalhista James Callaghan (1976-9) na Inglaterra. Poucos anos depois, na década de 1980, os governos de Augusto Pinochet, Ronald Reagan e Margaret Thatcher se tornaram modelares no que tange à adoção mais ampla de políticas neoliberais.

Os governos de Pinochet e Reagan foram influenciados diretamente pela Escola de Chicago, capitaneada por Milton

Friedman, e o governo de Thatcher por Hayek[13] e pelo IEA. Com o passar do tempo, essa dinâmica inaugurou um processo mais amplo de incorporação do cânone neoliberal no que diz respeito à adoção não só de certas políticas públicas, mas também do que os filósofos franceses Pierre Dardot e Christian Laval classificaram como uma nova racionalidade que passou a regular as relações sociais.

Foi em meio a esse contexto que se fundou nos Estados Unidos uma organização com o objetivo de criar e articular *think tanks* que defendem o ideário pró-mercado: a Atlas Network. Hoje em dia, é possível dizer que praticamente todos os *think tanks* pró-mercado mais importantes do globo fazem parte da rede constituída pela Atlas. A articuladora norte-americana conta hoje com mais de quatrocentos afiliados distribuídos em mais de oitenta países: onze no Canadá, 162 nos Estados Unidos, 122 na Europa e na Ásia Central, dez no Oriente Médio e norte da África, 25 na África, catorze no sul da Ásia, 21 no Extremo Oriente e Pacífico, sete na Austrália e Nova Zelândia e 102 na América Latina. Como bem aponta o historiador britânico Richard Cockett, de fato é tentador pensar a rede de organizações articuladas pela Atlas e pelo IHS como uma espécie de Comintern neoliberal, exceto pelo fato de que todas afirmam enfaticamente que não recebem nenhum tipo de financiamento estatal.

Para além de terem sido bem-sucedidos em se articular politicamente com os conservadores, os neoliberais foram capazes de disseminar suas ideias para segmentos mais amplos em países anglo-saxões por meio de uma ressignificação do conceito de liberdade — valor fundamental em tais sociedades em razão da longa influência exercida pela tradição liberal tanto nas elites como nas camadas médias e populares. Essas características favoreceram a propagação do que o cientista político C. B. Macpherson chamou de individualismo possessivo, isto é, a concepção do indivíduo como sendo fundamentalmente o proprietário de si mesmo e de suas capacidades sem que haja o reconhecimento da contribuição da sociedade para a sua existência como tal. Além disso, questões como pobreza e desigualdade não estavam na ordem do dia, e os direitos civis e políticos básicos eram tidos como garantidos, dada a existência de regimes democráticos liberais sólidos em ambos os contextos.

No entanto, se o neoliberalismo encontrou um terreno ideológico fértil na Inglaterra e nos Estados Unidos, o mesmo não pode ser dito dos países latino-americanos com sua tradição filosófica iberista,[14] seus altos níveis de pobreza e desigualdade e sua ânsia por desenvolvimento e modernização. Por conta disso, os intelectuais latino-americanos que procuraram viabilizar as reformas neoliberais em seus respectivos países na mesma época esbarraram em problemas teóricos e ideológicos complexos. Só para ficar com um exemplo mais próximo da realidade brasileira, o jurista chileno Jaime Guzmán, principal intelectual da ditadura pinochetista e arquiteto da nova Constituição promulgada pelo regime em 1980, reinterpretou o conceito de "subsidiariedade" do Estado, presente na doutrina católica, para tentar conciliar de modo minimamente coerente a defesa do tradicionalismo católico de origem ibérica com o neoliberalismo.

Na década de 1960, época em que Guzmán passou a atuar politicamente em seu país, a Igreja católica, ao mesmo tempo que condenava o comunismo "ateu", também rejeitava o capitalismo de livre mercado por produzir uma economia "amoral" e socialmente dissolvente. Para solucionar esse problema, baseando-se em alguns trechos selecionados da encíclica *Mater et Magistra*, publicada em 1961 sob o papado de João XXIII, Guzmán procurou demonstrar como a doutrina católica seria compatível com o capitalismo. Sublinhando a ideia da "prioridade ontológica e de finalidade do indivíduo", ele propunha que o fundamento da teoria política católica seria a primazia do indivíduo e, como decorrência lógica, uma economia baseada na propriedade privada. Esse posicionamento o levou a rejeitar a ideia, defendida pelos adeptos da Democracia Cristã no Chile, de que os católicos deveriam buscar uma "terceira posição" entre comunismo e capitalismo, e indicar claramente a opção pelo capitalismo neoliberal.

Para os neoliberais chilenos a liberalização de mercado seria a resposta para a espiral inflacionária, o desemprego e a pobreza, problemas cujas raízes estariam no intervencionismo estatal e no poder sindical crescentes. Para compatibilizar tal ideia com o catolicismo, Guzmán passou a fazer um novo uso do conceito de subsidiariedade do Estado previsto na doutrina católica. Na visão da Igreja, o Estado como encarnação do poder político seria subsidiário aos corpos intermediários que constituiriam a sociedade natural, tais como a família, as sociedades profissionais, as associações de vizinhos, as municipalidades e a própria Igreja. A partir desse entendimento, Guzmán reinterpretou a ideia de sociedade natural tendo como base o conceito de espontaneidade de Hayek, para quem o mercado seria obra espontânea da natureza humana, e não uma criação arbitrária.

O mercado seria, assim, o fundamento da sociedade natural e de seus corpos intermediários, em relação ao qual o Estado seria subsidiário, devendo limitar-se à garantia de seu bom funcionamento. De acordo com Guzmán, somente o Estado subsidiário ao mercado e à sociedade natural poderia garantir a liberdade individual, em oposição a um Estado "intervencionista" ou "totalitário", para o qual convergiriam tanto democratas cristãos quanto socialistas e comunistas. Porém é importante deixar claro que o conceito de liberdade defendido por Guzmán se restringe à liberdade econômica, baseada no direito de propriedade, e não tem nenhuma relação com a liberdade política. Aliás, Guzmán foi muito claro ao afirmar que o liberalismo político, oriundo da Revolução Francesa, ao destruir as associações naturais legadas pela Idade Média e substituí-las pelo artificialismo dos partidos políticos, teria deixado o indivíduo sem proteção alguma diante dos abusos do Estado. Dessa maneira, em sua visão, seriam justamente o liberalismo político e a democracia que abririam o caminho ao socialismo e ao totalitarismo. Não à toa, no Chile a implementação do neoliberalismo se deu durante a ditadura pinochetista, de forma análoga ao que ocorreu na ditadura argentina, ainda que de modo menos coeso, durante o autointitulado Processo de Reorganização Nacional.

O Brasil, no entanto, não teve seu Jaime Guzmán. Por aqui a combinação entre o conservadorismo católico e a defesa do neoliberalismo ocorreu de modo muito mais pragmático inicialmente, e só foi se consolidar de fato na década de 1980, como procurarei apontar a seguir.

2.
A direita tradicional: Hayek e o combate ao comunismo

"Buzine em favor do casamento como Deus o fez: 1 homem + 1 mulher." A frase estampava um dos vários cartazes empunhados por militantes de direita que faziam parte de um protesto contra a participação da filósofa Judith Butler em uma palestra no Sesc, em São Paulo, no dia 7 de novembro de 2017.[1] Alguns deles, vinculados ao Instituto Plinio Corrêa de Oliveira (IPCO), chamavam atenção por seus trajes, que remetiam a vestes eclesiais pouco usuais entre jovens de vinte e tantos anos. Criado em 2006, o IPCO é fruto de um racha da Sociedade em Defesa da Tradição, Família e Propriedade, conhecida popularmente como TFP, e liderado pelo empresário nonagenário, e primo de Plinio Corrêa de Oliveira, Adolpho Lindenberg, um dos principais disseminadores do neoliberalismo no país, que tive a oportunidade de conhecer pessoalmente no Clube Homs, em março de 2017, durante o lançamento de um livro de sua autoria: *Utopia igualitária: Aviltamento da dignidade humana.*

É possível dizer que a difusão do ideário pró-mercado baseado nas obras de Mises, Hayek e Friedman teve início no Brasil em 1946, quando a obra mais popular de Hayek, *O caminho da servidão,* foi traduzida para o português e publicada no Brasil com o apoio de Lindenberg. Sua intenção, ao estabelecer contato com Hayek e patrocinar a tradução e publicação do livro, era, em suas próprias palavras, barrar o avanço da esquerda católica e de suas principais pautas, como a reforma agrária:

No Brasil, antes da Revolução de 1964, na década de 1950, houve um movimento católico, de esquerda, muito importante, que quis formar comunidades comunistas chamadas de comunidades de base. Essas comunidades eram formadas por trabalhadores, padres e feministas que liam livros de dom Hélder Câmara, que foi a principal figura da esquerda católica da época. Câmara era um homem inteligente que havia sido integralista e era muito ativo e muito bem relacionado no Vaticano. Muitos bispos chegaram a apoiar o movimento da esquerda católica e ele cresceu muito. Eu, por outro lado, fazia parte do movimento conhecido como "Tradição, Família e Propriedade", dirigido por Plinio Corrêa de Oliveira, que era um movimento tradicionalista católico e conservador, e que desde o início se opôs ao movimento da esquerda. Na época o Plinio Corrêa de Oliveira escreveu um livro: *Reforma agrária: questão de consciência*. A reforma agrária era a bandeira da esquerda católica. Eles achavam que era possível dividir as grandes propriedades, fazer só pequenas propriedades, e, com isso, destruir a estrutura agrária brasileira. O livro teve um sucesso muito grande e por conta disso muitas pessoas acham que a "Marcha da Família"[2] que houve aqui em São Paulo foi promovida por nós. De fato, nós participamos da Marcha, mas não a organizamos. Na época estavam do nosso lado dois bispos, dom Antônio de Castro Mayer, bispo de Campos, e dom Geraldo de Proença Sigaud, arcebispo de Diamantina. Ambos escreveram cartas pastorais, livros e discursos para mobilizar a opinião pública contra as comunidades de base e contra a reforma agrária e tiveram muito sucesso. Agora nós temos um movimento chamado "Paz no Campo", publicamos uma revista e participamos de reuniões com agricultores para alertá-los contra ideias socialistas no campo. Ainda naquele tempo eu publiquei um livro, *Uma visão cristã da economia de mercado*, e escrevi num jornal chamado *Catolicismo*, que tinha uma grande difusão nos meios católicos, mostrando como a economia liberal é a verdadeira, é a economia baseada na lei natural e no direito de propriedade, e que os católicos têm obrigação de combater a esquerda. Quando eu vi a esquerda católica avançar muito eu procurei algum movimento que batia na esquerda, e eu conheci o Hayek, peguei um livro dele, me entusiasmei e disse: "Eu vou publicar isso aqui para dar um peso na coisa, alguém respeitado". Então escrevi para o Hayek e ele me autorizou a publicar o livro. Foi bom porque o Hayek dá uma sustentação científica comprovada para a defesa que a gente fazia. Aí apareceu depois o Mises também, e um americano, o Friedman, essa trinca é o principal.[3]

Foi assim que, entre as décadas de 1950 e 1960, as ideias de Hayek começaram a circular entre certos empresários e intelectuais, dentre os quais é possível destacar o economista Eugênio Gudin,[4] que participou da nona reunião promovida pela Sociedade Mont Pèlerin em Princeton, Nova Jersey, em 1958, e o empresário Paulo Ayres Filho, que possuía um contato importante com a Foundation for Economic Education desde 1959, e se tornou posteriormente membro da Sociedade Mont Pèlerin. Anos depois, Ayres Filho atuaria como um dos principais articuladores do golpe civil-militar de 1964, em conjunto com outros empresários, intelectuais, políticos e militares, movimento que também foi apoiado por Gudin.[5] O empresário fundou em 1961, na cidade de São Paulo, o Instituto de Pesquisas e Estudos Sociais (IPES), por meio do qual, com o intuito de barrar o avanço da esquerda, passou a estreitar suas relações com os conservadores católicos, como Lindenberg:

Eu conhecia o Paulo Ayres socialmente, mas só me aproximei dele quando vi que estava defendendo o mesmo que eu. Ele frequentava muito São Paulo, e eu era amigo dele, tinha carteirinha do IPES, mas o Plinio Corrêa de Oliveira tinha uma preocupação muito grande de não dar um aspecto político ao nosso movimento, então nunca entramos na UDN [União Democrática Nacional] nem no IPES. Nós apoiávamos, mas não entramos, éramos apenas colaboradores. Na época o Roberto Campos era importante, o Ives Gandra Martins, mas a principal figura é o Paulo Ayres. Ele era muito inteligente, muito ativo, muito bem relacionado, inclusive, tinha um empresário que andava junto com ele que era um grande industrial da Ultragaz [Henning Boilesen],[6] ele era muito ativo, tinha dinheiro, também financiou o IPES.[7]

Em 1962, seções do IPES foram inauguradas na cidade do Rio de Janeiro e em vários outros estados. Teoricamente as seções eram autônomas, porém, na prática, eram mesmo lideradas pelos núcleos paulista e carioca, sendo que as seções de Porto Alegre e Belo Horizonte eram tidas como as mais ativas. A estrutura organizacional do IPES, dividida em um Comitê Executivo, uma Comissão Diretora e um Conselho Orientador, era ocupada por empresários de diversos setores, bem como por militares e intelectuais, que contribuíam financeiramente para sua manutenção. Os militares, liderados pelo general Golbery do Couto e Silva, procuravam investigar diariamente o conteúdo de órgãos de imprensa, obter informações junto a quartéis, produzir centenas de artigos mensais distribuídos na imprensa ou utilizados como base para panfletos e conferências, produzir informativos para militares, sem identificação de fonte, com análises de atividades comunistas, e compilar dossiês de indivíduos e grupos cujas atividades lhes parecessem suspeitas de subversão. Em 1964 esses dossiês chegaram a totalizar 400 mil unidades, formando a base para o Serviço Nacional de Informações (SNI), criado pelo governo militar logo após o golpe.

Os intelectuais, por sua vez, eram responsáveis por produzir uma série de publicações que promoviam o anticomunismo, valores "democráticos" associados diretamente à defesa do livre mercado, e que forneciam justificativas para a articulação de uma intervenção militar que visava a derrubada de João Goulart. No entanto, assim como Lindenberg, a maior parte desses intelectuais era de conservadores, e uma parte significativa era católica, incluindo padres, dentre os quais estavam os membros do Instituto Brasileiro de Filosofia (IBF).

Fundado em 1949, na cidade de São Paulo, o IBF era encabeçado pelo jurista Miguel Reale e apoiado pelos católicos da Sociedade Convívio, criada em 1961, também na cidade de São Paulo, pelo padre Domingos Crippa da Ordem dos Salvatorianos.

Inicialmente o IBF reunia intelectuais dedicados ao que consideravam ser um estudo neutro e desinteressado da filosofia como um "saber puro" e que não deveria ser interpretado à luz dos desdobramentos históricos e da realidade social. Dessa forma procuravam criticar e se afastar daquilo que consideravam ser uma tendência participante da filosofia brasileira representada, por exemplo, pelo então professor da Universidade de São Paulo João Cruz Costa. Em 1952 o IBF passou a oferecer cursos de extensão chamados de "Formação Filosófica" com o financiamento da Secretaria Municipal de Cultura de São Paulo.

Na época, tanto o governador do estado de São Paulo, Lucas Nogueira Garcez, como o prefeito da cidade de São Paulo, Armando de Arruda Pereira, consideravam o Instituto como uma organização de utilidade pública. Assim, não só os cursos foram ministrados de forma contínua até 1965, como foram publicadas várias obras de autoria de seus membros e organizados cinco congressos de alcance nacional e internacional com o financiamento de empresários, da Universidade de São Paulo, do governo do estado, da prefeitura e do Instituto Nacional do Livro. Ao longo dos anos, outros núcleos do IBF passaram a ser fundados em outros estados, como Pernambuco (1951), Rio Grande do Sul e Rio de Janeiro (1952), Paraíba, Alagoas e Paraná (1953), Santa Catarina e Bahia (1955), Sergipe (1956), Ceará (1959) e Maranhão (1964).

Já a Sociedade Convívio fora criada pelo padre Adolfo Domingos Crippa, desde o início com o objetivo principal de combater o comunismo, como aponta um de seus ex-membros, o professor universitário Ricardo Vélez Rodríguez, que atuou posteriormente como o primeiro ministro da Educação do governo Bolsonaro e com quem conversei via Skype em agosto de 2017:

> Domingos Crippa foi barrado na PUC de São Paulo porque tinha ideias de direita. Ele fez uma tese de doutoramento primorosa, mas não quiseram constituir uma banca para ele defendê-la, não deixaram. Moral da história: Crippa virou um anticomunista ferrenho. Ele dizia: "Eles me atacaram, agora eu vou atacá-los". Ele criou o Convívio em 1962[8] com a finalidade de vacinar a juventude contra o comunismo, essa era a ideia dele. O Convívio era uma entidade anticomunista.[9]

Ao contrário da TFP, o IBF e a Sociedade Convívio se envolveram diretamente com as atividades promovidas pelo IPES, subordinando-se à sua orientação. Seus intelectuais passaram a atuar então de forma conjunta por meio da revista *Convivium*, uma publicação anticomunista criada em 1962, dirigida por Crippa e financiada principalmente por empresas do setor automotivo. De acordo com o historiador Rodrigo Gonçalves, seria possível considerar que, a partir de 1962, as duas organizações praticamente se fundiram, dado o nível de coordenação de seus esforços. Os intelectuais que passaram a compor seu núcleo duro até os anos 1980 foram: Adolfo Domingos Crippa, Antônio Paim, Creusa Capalho, Miguel Reale, Nelson Saldanha, Paulo Mercadante e Ricardo Vélez Rodríguez. Miguel Reale representaria a primeira geração do grupo, Paim e Mercadante a segunda, e Capalho e Vélez Rodríguez a terceira. Capalho, Paim e Saldanha foram os que publicaram mais artigos na revista ao longo do tempo, mas outros intelectuais que não pertenciam ao núcleo duro da organização também publicavam textos no periódico, como o economista Delfim Netto e o cientista político Oliveiros S. Ferreira.

Nessa época o ideário pró-mercado era defendido ainda por poucas pessoas que transitavam em circuitos de elite no Brasil e que depois vieram a apoiar ou participar diretamente do governo do general Humberto Castelo Branco (1964-7), como Roberto Campos, que chefiou o Ministério do Planejamento, e Otávio Gouveia de Bulhões, que se tornou ministro da Fazenda. Tais ideias, em suas versões mais elaboradas, circulavam apenas em meios extremamente restritos, nos quais trafegavam apenas elites empresariais, governamentais, militares e intelectuais, que possuíam um grau de proximidade muito grande, por vezes até mesmo familiar. Isso se deu pois, por um lado, o IPES havia surgido com o objetivo principal de disseminar um ideário anticomunista para desestabilizar o governo federal e promover um golpe civil-militar. Assim, a divulgação do ideário pró-mercado vinha embutida no pacote ideológico promovido pelo instituto, mas claramente não era uma prioridade, sendo realizada de modo lateral. Por outro lado, a Associação Nacional de Programação Econômica e Social (Anpes), fundada em 1964 por Roberto Campos e responsável pela vinda de economistas estrangeiros ao Brasil, entre os quais Milton Friedman em 1973, era exclusivamente voltada para pensar políticas públicas para o país e não para a divulgação do ideário pró-mercado para um público mais amplo. Além disso, em comparação com o IPES, as duas organizações tiveram uma duração mais curta.

Em retribuição aos esforços empenhados na derrubada de João Goulart, em 1966 o IPES obteve do governo Castelo Branco o status de "órgão de utilidade pública". Porém, em 1970, em meio à consolidação do regime militar, o IPES paulista foi desativado, e dois anos depois, as atividades no Rio de Janeiro também foram encerradas. A Anpes, por sua vez, teve uma atuação mais destacada entre 1964 e 1967 no que diz respeito à formação de quadros e à produção de pesquisas econômicas, mas acabou servindo muito mais como um meio para seus membros ingressarem no governo de Castelo Branco do que propriamente como uma organização voltada para a defesa do capitalismo de livre mercado junto a um público mais amplo. Tanto é que, com apenas três anos de funcionamento, a organização se desfez.

Com o término do mandato de Castelo Branco, considerado pela maior parte das pessoas que entrevistei durante minha pesquisa como o auge do liberalismo econômico no Brasil, os entusiastas do ideário pró-mercado perderam o espaço político que haviam conquistado. Os militares que sucederam Castelo Branco passaram a adotar um programa econômico conservador, nacionalista e desenvolvimentista, justamente o oposto do que pregavam os defensores do livre mercado. Após a extinção das organizações civis que lhes davam suporte, bem como do único partido que lhes oferecia representação política, a União Democrática Nacional (UDN), se tornou muito difícil combater a nova orientação econômica dos militares.

Ao mesmo tempo, o discurso anticomunista — que animou a militância de direita no início dos anos 1960 — se fortaleceu ainda mais devido ao combate promovido pelo Estado a atividades consideradas subversivas, de modo que o anticomunismo passou a permear o discurso oficial. Isso fez com que os intelectuais conservadores, ao contrário dos ideólogos que pregavam o livre mercado, prosseguissem com suas atividades por meio não apenas de suas próprias organizações, como foi o caso da TFP, que continua a existir até hoje, mas também através da participação direta no governo, como foi o caso dos intelectuais reunidos no IBF e na Sociedade Convívio.

Em setembro de 1969 foi criada a Comissão Nacional de Moral e Civismo, órgão responsável pela implementação, manutenção e fiscalização do ensino da disciplina educação moral e cívica em todas as escolas brasileiras, desde o ensino básico ao superior. A Comissão teve um papel importante na formação escolar de muitos brasileiros em seus quase vinte anos de atuação, tendo sido encerrada apenas em 1986. No ensino básico a educação moral e cívica se voltava especialmente para temas relacionados à moral, à adesão a valores religiosos e à exaltação da pátria, enquanto no ensino secundário e nos ambientes universitários divulgava-se de forma mais explícita um ideário anticomunista a partir do eixo temático intitulado "A falácia do comunismo: Negação da liberdade social" e por meio de um curso chamado Estudo de Problemas Brasileiros (EPB).

Nessa época, a Sociedade Convívio possuía uma parceria com o Ministério da Educação, de modo que o curso EPB poderia também ser oferecido pela entidade. Assim, ao longo do tempo a organização estabeleceu convênios com 110 universidades distribuídas em várias capitais brasileiras, e seus cursos, que já vinham sendo ministrados pela organização para milhares de estudantes desde o início da década de 1960, continuaram a ser oferecidos até o fim dos anos 1970 por meio da disciplina de EPB. Posteriormente, o conteúdo de tais cursos foi reunido em dois livros organizados por Adolfo Domingos Crippa: *As ideias filosóficas no Brasil*, publicado em 1978, e

As ideias políticas no Brasil, publicado em 1979. Os livros contavam com textos de Antônio Paim, Paulo Mercadante, Oliveiros S. Ferreira, Ubiratan Borges de Macedo, Vamireh Chacon, João Alfredo de Sousa Montenegro, Nelson Saldanha, Roque Spencer Maciel de Barros, Vicente Barreto, entre outros. Dois desses autores, inclusive, além de terem escrito textos para os dois volumes coletivos, já haviam escrito livros sobre temáticas correlatas. Em 1965, Mercadante publicou *A consciência conservadora no Brasil*, e em 1967 seria a vez de Paim lançar *História das ideias filosóficas no Brasil*.

Miguel Reale, por sua vez, uma das lideranças mais antigas do IBF/Convívio, e que atuava como professor catedrático da Faculdade de Direito do Largo São Francisco desde 1941, assumiu a reitoria da Universidade de São Paulo em 1969, logo após o decreto do Ato Institucional número 5, o AI-5, fundamental para o recrudescimento do aparato repressivo do regime militar. Reale permaneceu no cargo de reitor até 1973 e, em 1974, foi nomeado para atuar no Conselho Federal de Cultura pelo general, e então presidente, Emílio Garrastazu Médici, onde permaneceu até 1989.

Nesse sentido, é possível dizer que a divulgação do ideário pró-mercado para um público mais amplo no Brasil, aquele que Hayek chamava de "formadores de opinião de segunda classe", passou a ocorrer de fato apenas a partir da metade dos anos 1970. Para tanto, foi fundamental a atuação do empresário Henry Maksoud, um dos precursores da divulgação das ideias originais de Hayek, Mises e Friedman no Brasil para além de circuitos elitistas.

Proprietário de empresas de ramos diversos, como a empreiteira Hidroservice e o hotel de luxo Maksoud Plaza, Maksoud foi um ativo divulgador do ideário pró-mercado no Brasil por meio da revista *Visão*, adquirida pelo empresário entre os anos de 1974 e 1975 e que entre os anos de 1983 e 1986 possuía uma tiragem de 150 mil exemplares.[10] Na revista eram publicadas entrevistas e ensaios inéditos de intelectuais neoliberais como Hayek e Milton Friedman, e ultraliberais como Murray Rothbard, um avanço que, segundo me relataram algumas das pessoas que entrevistei, foi percebido como muito significativo, dado que a imprensa da época, segundo elas, seria dominada por um consenso social-democrata.

Para além da divulgação realizada por meio da revista, Maksoud também publicou, pela editora Visão, diversos livros de autoria própria defendendo o capitalismo de livre mercado, além de ter financiado a primeira tradução para o português do livro *Os fundamentos da liberdade*, de Hayek. O economista austríaco, inclusive, veio ao Brasil três vezes, entre 1977 e 1981, a convite do empresário, e em sua última visita realizou uma palestra na Universidade de Brasília para um público que contava com intelectuais pró-mercado ilustres, como Eugênio Gudin, Roberto Campos e Otávio Gouveia de Bulhões.

As iniciativas de Maksoud relacionadas à divulgação do ideário pró-mercado nessa época estavam alinhadas com o espírito de um grupo de empresários crescentemente insatisfeito com as medidas que vinham sendo adotadas durante o governo de Ernesto Geisel (1974-9). Tal grupo, ao julgar que o governo de turno estava agindo de forma prejudicial aos seus interesses, passou a se engajar no que ficou conhecido como a "Campanha contra a estatização".

Até então, e desde o golpe civil-militar, os empresários possuíam canais de comunicação diretos com a cúpula dos sucessivos governos militares. No entanto, passada uma década, esse mesmo empresariado constatou que o autoritarismo exacerbado do regime havia se tornado disfuncional para atender seus interesses de forma satisfatória. Ao mesmo tempo, começaram a ocorrer as greves do ABC, momento em que oito líderes empresariais se reuniram para divulgar um documento político que exigia: a aceleração do processo de democratização, a abertura dos mercados e a redução da participação do Estado na economia, inaugurando oficialmente a referida campanha contra a estatização. Entre os oito empresários que participaram da empreitada e assinaram o documento estavam Jorge Gerdau Johannpeter (Grupo Gerdau), Antônio Ermírio de Morais (Votorantim) e Paulo Villares (Grupo Villares).

O Primeiro Documento dos Empresários foi divulgado no dia 26 de junho de 1978. Seus oito signatários constavam de uma lista de dez empresários que haviam sido indicados como os mais representativos pela própria classe um ano antes em consulta realizada pela *Gazeta Mercantil*, possuindo, portanto, "autoridade para falar em nome do empresariado nacional como um todo". Além de Gerdau, Morais e Villares, assinaram o documento: Claudio Bardella (ex-presidente da Associação Brasileira da Infraestrutura das Indústrias de Base e diretor-presidente do grupo Bardella), Severo Gomes (ex-ministro da Indústria e do Comércio do governo Geisel e diretor-presidente do grupo Parahyba), José Mindlin (diretor da Fiesp e diretor-presidente da Metal Leve S.A.), Paulo Vellinho (diretor da Associação Brasileira da Indústria Elétrica e Eletrônica, vice-presidente da Confederação Nacional da Indústria e diretor do grupo Springer-Admiral) e Laerte Setúbal Filho (diretor-presidente do grupo Duratex), lembrando que o fundador do grupo Duratex já havia dirigido na década de 1960 a Anpes, organização fundada por Roberto Campos.

Enquanto os empresários passavam a contestar a "estatização" promovida pelo governo, vários economistas que haviam realizado seus estudos de pós-graduação na Universidade de Chicago durante o auge da Escola de Chicago começaram a retornar ao Brasil, entre eles, Paulo Rabello de Castro. Empenhado em fazer com que a elite política e empresarial brasileira trilhasse o caminho das reformas liberalizantes, o economista tirou férias no ano de 1979 para escrever o que viria a ser o estatuto de uma nova organização fundada no ano seguinte: a Câmara de Estudos e Debates Econômicos e Sociais (Cedes). De acordo com Rabello de Castro, na época em que a Cedes foi fundada, o Brasil atravessava uma crise econômica grave de origem cambial em que havia uma falta de reservas internacionais por causa da segunda alta súbita do petróleo, produto que o país importava, em suas palavras, "quase cem por cento". Diante de tal cenário, o economista compreendia que a Câmara de Estudos poderia fornecer uma resposta diferente para sanar a crise em comparação com o que vinha sendo oferecido pelo modelo nacional-desenvolvimentista autoritário promovido pelos militares e pelo desenvolvimentismo defendido por grupos de esquerda:

> Nós tínhamos uma visão de que muito precisava ser mudado, principalmente a liberalização de preços, porque o regime era autoritário e completamente antiliberal. A Sunab vigiava os preços do Rio de Janeiro e de São Paulo. Havia uma Comissão Interministerial de preços e o câmbio era controlado por um sistema de taxa fixa, na prática era um sistema de câmbio fixo. O controle estatal era muito mais amplo do que é hoje, havia dirigismo com estatais nos setores do petróleo, siderurgia, petroquímica, cimento, fertilizantes. A Cedes surge pra dar uma resposta atrelada à agricultura brasileira, prometendo que a agricultura, se liberalizada, deixaria de ser esse suposto setor retardatário da economia. Na época a leitura era essa: a agricultura seria um setor retardatário e cheio de fazendeiros exploradores dos pobres e oprimidos. Toda a nomenclatura era de esquerda, ninguém entendia nada de agricultura mas havia toda uma doutrina intervencionista e uma proposta de reforma agrária que ninguém sabia o que era. A parte da

expropriação estava certa, mas o que iria ser feito depois obviamente não estava planejado. E no meio disso tudo surge o nosso grupo, que falava que estava tudo errado e que estavam jogando fora o potencial da agricultura, porque a agricultura poderia pagar a conta. Óbvio, não vai pagar todas as contas, mas aproveitando que vai ter que liberalizar esse segmento nós queríamos também fazer uma liberalização progressiva de toda a economia, o que iria resultar em uma nova economia e em um novo ciclo de desenvolvimento que nós já estávamos perdendo.[11]

A Cedes era composta de um grupo de acadêmicos que, em sua maioria, eram egressos da Universidade de São Paulo, especialmente da Fundação Instituto de Pesquisas Econômicas (Fipe). O grupo possuía uma grande liberdade para elaborar suas propostas de políticas públicas a despeito de a Câmara estar abrigada pela Sociedade Rural Brasileira, a qual o próprio Rabello de Castro caracteriza como "o templo do conservadorismo nacional". A entidade até então seria, teoricamente, uma das mais refratárias à defesa do neoliberalismo; no entanto, naquela época específica, a Sociedade Rural era presidida por Renato Ticoulat Filho e por outros dirigentes rurais que eram, segundo Castro, mais intelectualizados e mais abertos a inovações. Além disso, o grupo também contava com banqueiros, como o então presidente do Unibanco, Roberto Bornhausen, e a família Andrade Vieira, então proprietária de um banco fortemente vinculado ao meio rural paranaense, o Banco Bamerindus. De acordo com o historiador René Armand Dreifuss, a Cedes era mantida por cinquenta empresas e associações, nacionais e internacionais, e Renato Ticoulat a definia, em suas próprias palavras, como limitada a "atividades acadêmicas", de um "apoliticismo absoluto", embora tivesse como objetivo "unir o empresário no sentido de demonstrar que o neoliberalismo não é um capitalismo selvagem, um criador de miséria, mas uma alavanca de desenvolvimento social".[12]

No mesmo ano em que a Cedes foi criada, a ideia de fundar no Brasil um *think tank* pró-mercado nos moldes das organizações que existiam no contexto anglo-saxão começou a tomar forma quando José Stelle, o principal tradutor brasileiro das obras de Hayek, retornou dos Estados Unidos. Stelle havia participado de um seminário de verão da Foundation for Economic Education (FEE) em 1978 e ingressado no Libertarian Party em 1979, o que o fez ficar entusiasmado com a possibilidade de replicar o modelo da FEE no Brasil. E Leonard Read, então presidente da fundação, lhe deu uma carta de apresentação para levar para um de seus amigos no Brasil, Paulo Ayres Filho, que havia tido um papel de destaque no golpe-civil militar de 1964. Read conhecera Ayres Filho antes mesmo de fundar a FEE, em uma viagem de negócios pela América Latina, e mensalmente enviava a revista da organização para o empresário brasileiro. A despeito da indicação de Read, Stelle não conseguiu o apoio que queria para fundar uma organização pró--mercado no Brasil, pois Ayres Filho lhe disse que não haveria massa crítica no país para tanto. Ainda assim, o empresário paulista convidou Stelle para participar de um grupo de estudos do qual fazia parte e recomendou ao tradutor que entrasse em contato com o empresário Henry Maksoud, que talvez pudesse ajudá-lo a concretizar sua iniciativa. Novamente não houve condições para a criação da organização, mas Maksoud ofereceu a Stelle uma posição na revista *Visão*, como tradutor e redator. A seu ver, nesse papel Stelle poderia exercer mais influência no país do que chefiando um instituto. O tradutor ficou desapontado, porém aceitou trabalhar na publicação, onde permaneceu até julho de 1995.

Stelle não se deu por vencido, e, após a negativa de Maksoud, procurou muitos outros empresários que pudessem ajudá-lo a fundar um *think tank* pró-mercado, como Lawrence Pih, então proprietário do Moinho Pacífico, e Nahum Manela, fundador da DeMillus. A insistência de Stelle logo rendeu frutos: em dezembro de 1982, o tradutor recebeu um telefonema de um empresário de origem canadense que gostaria que ele traduzisse uma obra de Hayek, a trilogia *Direito, legislação e liberdade*. O empresário em questão era Donald Stewart Jr., um dos homens mais ricos do Rio de Janeiro na época e dono da Ecisa, uma empresa do ramo da construção civil que construía obras na África financiadas pelo Banco Mundial e projetadas pela empresa Hidroservice, propriedade de Henry Maksoud. Stewart, que havia participado de uma das palestras ministradas por Hayek no Brasil, promovidas por Maksoud, havia acabado de chegar de Londres, onde, com muito custo, tinha conseguido adquirir um exemplar da trilogia em uma livraria especializada.

De posse do livro, e tendo conhecido Antony Fisher e o Institute of Economic Affairs, Stewart Jr. passou a cogitar fortemente usar a tradução da obra para lançar um centro de estudos políticos e econômicos no Rio de Janeiro. Stelle, animado com a possibilidade de finalmente conseguir fundar um *think tank*, sugeriu o nome de Instituto Liberal e apresentou o empresário a um dos primeiros "Chicago Boys" brasileiros, o professor Og Leme, que havia sido aluno de Hayek e Friedman e trabalhado ao lado de Roberto Campos no governo Castelo Branco. Assim, em 1983, foi fundado o Instituto Liberal (IL-RJ), que em seus primeiros anos tinha como sede uma sala do 27º andar de um edifício localizado à rua Presidente Wilson, 231, no bairro da Cinelândia, ocupado pela Ecisa. Porém, inconformado por ter de atuar de modo subordinado aos empresários que fariam parte do Conselho Mantenedor do IL-RJ, Stelle acabou rompendo com Donald Stewart Jr. e abandonou o Instituto apenas um ano após sua fundação. Anos depois, Stelle se mudaria em definitivo para os Estados Unidos, onde se tornou professor universitário.

Stewart Jr. fazia parte de um seleto grupo de empresários que possuía então algum interesse no ideário pró-mercado, vários dos quais haviam participado da campanha contra a estatização no fim da década de 1970. Jorge Gerdau, por exemplo, membro do grupo dos oito signatários do Primeiro Documento dos Empresários, foi um entusiasta de primeira hora da iniciativa de Stewart. Assim que a organização foi criada, tornou-se membro da diretoria e presidente do Conselho Mantenedor. No mesmo ano receberia o prêmio "Homem de Visão", concedido pela revista *Visão* de Henry Maksoud. O proprietário da Hidroservice, no entanto, a despeito de possuir contatos importantes com intelectuais e organizações neoliberais estrangeiros, tendo inclusive organizado o primeiro colóquio do Liberty Fund no Brasil, não se integrou formalmente aos quadros do Instituto Liberal. De qualquer forma, Maksoud desempenhou um papel fundamental para o sucesso da organização na medida em que promoveu pontes importantes entre Stewart Jr. e seus contatos, especialmente com a Sociedade Mont Pèlerin, à qual Stewart Jr. veio a se filiar posteriormente.

Apenas um ano após a fundação do Instituto Liberal no Rio, os empresários e irmãos William e Winston Ling, que faziam parte do Conselho do Instituto, decidiram fundar um segundo *think tank* pró-mercado no Rio Grande do Sul, onde residiam: o Instituto de Estudos Empresariais (IEE). O pai de William e Winston, Sheun Ming Ling, fora pioneiro no desenvolvimento da soja no Brasil no início da década de 1950; posteriormente a empresa da família passou a atuar em outros ramos de atividade, dando origem à holding Petropar, que em anos recentes passou a se chamar Évora. A principal razão que levou Winston Ling, mestre em economia pela Universidade de Chicago, a fundar a nova organização foi sua preocupação em promover uma educação liberalizante para uma nova geração de empresários, como ele mesmo relembra:

Por que a gente não faz um instituto aqui no Sul com os herdeiros dos grandes grupos? Essa foi a ideia inicial. Naquela época as manifestações dos empresários aconteciam nos jornais, e muitos empresários não tinham a mínima ideia do que era livre-iniciativa, era todo mundo pedindo coisa para o governo. Obviamente era perda de tempo tentar fazer a cabeça desse pessoal, mas quem sabe a gente poderia fazer a cabeça dos filhos deles? Essa foi a ideia original.[13]

Na época, com o intuito de divulgar o capitalismo de livre mercado para audiências mais amplas, Ling recorreu à contratação de um jornalista que, em suas palavras, "percorria o mundo jornalístico distribuindo matérias", e procurou promover palestras em universidades, sobretudo na Universidade Federal do Rio Grande do Sul, com "nomes de peso". Tais iniciativas, porém, não costumavam obter muito sucesso junto ao público. Em uma palestra que realizou certa noite na Faculdade de Direito da UFRGS, por exemplo, Ling disse que o auditório estava lotado — algo surpreendente, dado que, nessa época, normalmente apareciam entre dez e vinte pessoas. Porém, assim que o palestrante começou a falar, as pessoas foram aos poucos se levantando para ir embora, deixando a suspeita de que a esquerda teria, de propósito, combinado de encher o auditório para em seguida esvaziá-lo, sabotando o evento.

A divulgação do ideário pró-mercado, no entanto, não encontrava resistência apenas junto ao público universitário, mas também entre os próprios empresários. Passados alguns anos da fundação do Instituto Liberal no Rio de Janeiro e do Instituto de Estudos Empresariais, vários livros haviam sido traduzidos, reeditados e publicados. A edição desses livros foi justamente o que motivou a fundação do Instituto Liberal por Donald Stewart Jr., afinal, como afirmou Winston Ling, era preciso "munição bélica" para atingir um público mais amplo.

No entanto, fazer com que os empresários ligados ao próprio IEE lessem os livros e incorporassem suas ideias era um desafio à parte. Para convencê-los, Ling se valia de meios pouco ortodoxos, como a estratégia do "corpo a corpo", inspirada por Henry Maksoud. O proprietário do hotel homônimo havia comprado um horário na televisão e passado a transmitir durante a madrugada um programa chamado *Henry Maksoud e Você*, no qual discutia o conteúdo de livros enviados com um mês de antecedência para convidados, que, segundo Winston Ling, viriam acompanhados de um bilhete indicando trechos selecionados para incentivar a leitura.

Inspirado na mesma estratégia, Ling havia estabelecido que cada pessoa ligada ao Instituto de Estudos Empresariais deveria ler um livro por mês. Para verificar se de fato os livros estavam sendo lidos, eram feitas ligações semanais de acompanhamento, o que seria necessário porque, segundo o empresário, várias pessoas não gostavam de ler. Ling também fazia esforços semelhantes com empresários que não tinham relação com o Instituto, como, por exemplo, quando praticamente obrigou vários empresários que viajavam para Taiwan a trabalho a aproveitar as longas horas do voo para ler obras que promoviam a lógica de livre mercado. Sua insistência em procurar influenciar os empresários brasileiros a todo custo se justificaria porque a defesa convicta do livre mercado ainda seria muito difícil para a maioria. Até mesmo o próprio Henry Maksoud teria tido dificuldade de colocar os princípios que defendia em prática quando se viu confrontado com possíveis consequências para o seu ramo de atividade, como afirmou Arthur Chagas Diniz, integrante do Instituto Liberal do Rio de Janeiro por mais de vinte anos:

Eu conheci muito bem o Henry Maksoud quando eu trabalhava no Ministério do Planejamento [do governo Castelo

Branco]. Ele foi pra lá e tinha uma empresa chamada Hidroservice. O Maksoud achava que empresas estrangeiras não poderiam concorrer com a Hidroservice para fazer estudos aqui, mas eu dizia que se o brasileiro não fosse capaz de concorrer não valia a pena fazer com empresa brasileira, e ele ficava uma onça. O que acontece é o seguinte: existem diferentes graus de liberalismo, um deles é o que afeta seu bolso diretamente, e ele não queria essa concorrência, nem pensar. Ele era monopolista de um certo tipo conhecido no Brasil por causa da atuação da Hidroservice e não tinha esse desejo de concorrência tão acentuado, na prática a teoria era outra. É engraçado que nós brigamos até o fim da vida, discutíamos sempre que tínhamos a ocasião, ele tentava me dar uma ferroada e eu dizia sempre: "Eu entendo, o dr. Maksoud não gosta de concorrência".[14]

Se os empresários eram os únicos a fazer parte dos quadros do IEE, no Instituto Liberal do Rio de Janeiro acadêmicos formados na Universidade de Chicago também foram convidados a integrar a organização. Dois dos profissionais que passaram a atuar no IL-RJ, os professores universitários Og Leme, apresentado a Stewart por José Stelle, e Roberto Fendt, haviam obtido *títulos de mestrado ou doutorado em economia nos anos 1970 em Chicago.* Og Leme, inclusive, chegou a trabalhar durante o governo de Castelo Branco em um órgão de pesquisas econômicas vinculado ao Ministério do Planejamento comandado então por Roberto Campos, onde teve seu primeiro contato com o engenheiro Arthur Chagas Diniz, que também fora convidado a integrar os quadros do Instituto. De acordo com Diniz, Og Leme era um sociólogo de esquerda que, após ter realizado um mestrado na Universidade de Chicago, teria se convertido.

A experiência de convidar acadêmicos para ajudar na divulgação das obras e do ideário pró-mercado se repetiu com a fundação de filiais do Instituto Liberal em outros estados a partir de 1986. Os membros do Conselho Mantenedor do IL-RJ que residiam no Rio Grande Sul, encabeçados por Winston Ling, saíram na frente e criaram a primeira filial do Instituto, ainda em 1986. Três grupos empresariais apoiavam a iniciativa: o Grupo Gerdau, o Grupo Iochpe e o grupo ligado à família Ling. O objetivo principal era promover a divulgação dos livros traduzidos e publicados pela matriz no Rio por meio da arrecadação de doações, o que também passou a ocorrer com as outras filiais que foram sendo criadas em outros estados, como Ceará, Bahia, Minas Gerais, Brasília e Paraná.

Em 1987 foi fundado o Instituto Liberal de São Paulo, que logo adquiriu centralidade entre as diversas filiais, passando a reunir vários membros do antigo IBF e da Sociedade Convívio. Ao fim dos anos 1970, as organizações anticomunistas teriam começado a incorporar aos poucos um ideário pró-mercado em suas publicações e cursos por meio da influência do professor universitário Ricardo Vélez Rodríguez, que passou a integrar os circuitos dos *think tanks* fundados na década de 1980:

> Em 1979, quando vim fazer o doutoramento aqui no Brasil, Crippa me ofereceu o cargo de pesquisador da editora Convívio. Eu me vinculei mas falei: "Crippa, isso está démodé. Eu acho que os comunas têm que ser combatidos e criticados, mas só se dedicar a isso é pouco. Nós precisamos apresentar uma proposta". Então ele me encarregou de refazer o manual dos cursos do Convívio e eu fiz uma análise da realidade brasileira: o que temos que combater não é o comunismo, é o patrimonialismo que está muito mais enraizado. Eu sempre tive um ponto de vista liberal, porque, senão, "eu posso combater o comunismo e ser patrimonialista também", como, de fato, acabou ocorrendo durante o ciclo militar. Muita gente era a favor dos militares porque

era o feudo deles. Então, eu ajudei a modificar a apostila e o Crippa aderiu um pouco a essa visão. Ele era um anticomunista ferrenho, mas ele quis mudar, porque ele recebia apoio financeiro dos empresários de São Paulo, e eles não financiavam mais esse discurso anticomunista, que ficou gasto. Eu falei: "É lógico, os empresários estão vendo que as coisas estão mudando, que discurso anticomunista não resolve, temos que pensar no Brasil de um ângulo mais radical e como desmontar o patrimonialismo, para que o Brasil realmente possa ir se desenvolvendo". E o Crippa se beneficiou disso, porque ele passou a conhecer o novo discurso e continuou a receber os recursos dos empresários.[15]

Ainda que a Convívio fosse declaradamente religiosa e de direita, não possuía nenhuma vinculação com a TFP de Plinio Corrêa de Oliveira, cujo perfil era mais tradicionalista e, portanto, mais conservador. Desse modo, a Convívio ainda foi capaz de atrair membros ou conferencistas de inclinação liberal, como: o economista Silvio Passarelli, pesquisador de economia; o professor universitário Luiz Alberto Machado; o político Marco Maciel; o economista Delfim Netto; e Luiz Carlos Trabuco, que viria a ser diretor do Banco Bradesco entre 1998 e 2007. Dessa forma, o Instituto Liberal de São Paulo pôde se beneficiar da circulação de integrantes da Convívio mais afinados com o ideário pró-mercado. Luiz Alberto Machado, inclusive, chegou a atuar como diretor da entidade e do Instituto Liberal de São Paulo entre 1993 e 1998.

No entanto, com o encerramento das atividades da Convívio por volta da metade da década de 1980 e o declínio das atividades promovidas pela TFP e pelo IBF, que foi presidido por Miguel Reale até seu falecimento, em 2006, os conservadores acabaram perdendo o espaço político que haviam conquistado após o golpe civil-militar em 1964. Para além do comunismo ter deixado de ser percebido pelos empresários brasileiros como uma ameaça iminente, a reabertura democrática e o declínio gradual do catolicismo conservador no país, que passou a disputar fiéis com a Teologia da Libertação e com as novas igrejas evangélicas, contribuíram para que os conservadores perdessem boa parte da influência de que gozavam na sociedade civil em décadas passadas.

Dessa forma, vários dos intelectuais e empresários que participaram diretamente da articulação do golpe-civil militar em 1964, ou que o apoiaram, começaram a orbitar o novo circuito de *think tanks* pró-mercado que passou a ser formado a partir da metade da década de 1980. Até mesmo Paulo Ayres Filho, que havia sido refratário à ideia de criar um *think tank* no Brasil, acabou se tornando conselheiro do Instituto Liberal de São Paulo, cuja biblioteca foi formada em 1992 a partir da doação de seu acervo privado. Tal dinâmica, com o correr dos anos, fez com que o ideário pró-mercado passasse a ganhar uma proeminência ideológica cada vez maior à medida que era incorporado pelos intelectuais conservadores de forma mais orgânica, consolidando um amálgama neoliberal-conservador no país. E conservadores como Antônio Paim passaram a defender de forma ativa um programa de privatizações.

A despeito de terem se passado quase quarenta anos entre a publicação de *O caminho da servidão* no Brasil e a fundação do Instituto Liberal do Rio de Janeiro, ainda existiam continuidades geracionais importantes no que tange aos frequentadores dos circuitos formados pelos novos *think tanks*. E, nesse sentido, Adolpho Lindenberg não exagera ao igualar os frequentadores do IPES àqueles do Instituto Liberal:

> Nós tivemos no governo militar uma orientação muito boa do Castelo Branco, mas o Geisel era socialista, então a revolução não comungava com a nossa ideia e o Paulo Ayres

acabou se distanciando. Aí veio o Instituto Liberal, e era mais ou menos a mesma coisa, as mesmas pessoas. Eu já conhecia o Donald Stewart Jr. porque ele era presidente da Ecisa, nós atuávamos no mesmo ramo. Mas o Instituto Liberal não teve mais aquele brilho de antes, porque não havia mais aquele perigo imenso do comunismo.[16]

O auge e o declínio dos *think tanks* pró-mercado no Brasil

Os efeitos da abertura democrática logo se fizeram sentir de forma mais impactante nos anos em que ocorreu a Assembleia Nacional Constituinte (ANC), entre 1987 e 1988. Nesse período, pouco tempo depois da fundação de novos partidos, houve uma atividade política intensa em torno da votação de uma nova Constituição para o país, o que fez com que grupos de interesse dos mais diversos procurassem se organizar para influenciar no processo, entre os quais estavam os empresários e intelectuais que circulavam no circuito formado pelos *think tanks* pró-mercado. Segundo o historiador René Dreifuss duas questões haviam ficado evidentes para tais grupos durante o processo de abertura democrática iniciado por Geisel. A primeira estaria relacionada à insuficiência política das associações, federações e confederações empresariais, cuja atuação seria muito "sindical", o que limitaria seu raio de ação. Tal limitação teria feito com que o empresariado, acostumado a "contatos de primeiro grau" com ministros e burocratas dos altos escalões dos governos militares, fosse compelido a buscar novas formas de participação política, como bem ilustra a declaração do coordenador da União Brasileira de Empresários, Antônio de Oliveira Santos, proferida em meio à ANC:

Nós estamos sem experiência do jogo democrático. Perdemos o jogo de cintura. No regime anterior, o empresário conversava, no máximo, com quatro pessoas: o Figueiredo, o Delfim, o Galvêas e o ministro da área. E o decreto-lei resolvia o resto. Hoje o jogo é democrático... Nosso grande interlocutor agora é o Congresso.[17]

Outro problema que também emergiu em meio à Constituinte foi a dificuldade de interlocução entre os empresários e os partidos de direita, uma vez que sua fragmentação regional e o caráter personalista de suas lideranças criavam obstáculos para a construção de um programa em comum. De acordo com Dreifuss, essa situação teria ficado patente durante a ANC, pois, ainda que muitos parlamentares de direita tenham saído vitoriosos das eleições gerais promovidas em 1986, teriam sido apoiados às pressas por "uma direita preocupada em barrar os progressistas", o que fazia com que tais políticos fossem pouco confiáveis dado seu alto grau de fisiologismo e visão de curto alcance.[18] Mesmo em relação aos políticos ligados ao Partido da Frente Liberal (PFL), fundado em 1985 a partir de uma dissidência com o Partido Democrático Social (PDS), herdeiro da Arena, o problema da falta de coerência ideológica e programática, bem como de quadros mais intelectualizados, continuava. Assim Ricardo Vélez Rodríguez pontuou sua atuação ao lado de Antônio Paim:

O Paim sempre me falou: "Você quer fazer algo pelo país? Tem que se aproximar dos partidos e tentar transformá-los". O Paim escreveu muito, durante vinte anos foi assessor do PFL na área de doutrina. Ele conseguiu algumas coisas, a proposta de privatizações, de que se beneficiou o PSDB, inicialmente, foi pensada no PFL, foi o Paim quem pensou a proposta de privatizações. A reforma política para acabar com esse carnaval de um monte de partidos e adotar o voto distrital é uma proposta que o Paim já tinha na época da Constituinte e que ele conseguiu vender para o PFL, embora ele próprio ache que aproveitaram só 5% do que ele passou. Ele gastou muita tinta tentando modificar essa realidade. Eu participei muito junto ao PFL dando palestras, organizei junto com o Paim, na [Universidade] Gama Filho, uma série de cursos de formação política, de introdução ao pensamento político brasileiro, para militantes políticos tanto do PFL, como do PSDB, organizamos vários cursos oferecidos à distância. A pessoa que mais se interessou pelas ideias liberais e tentou levá-las à prática foi o senador Jorge Bornhausen, que era a pessoa mais liberal de toda essa turma certamente. Mas o partido que mais se beneficiou da presença de intelectuais foi o PSDB, que tem um estofo doutrinário de maior qualidade, sem dúvida nenhuma, porque houve mais teóricos, pessoas intelectualizadas que se filiaram ao partido, e o PFL ficou mais com os caciques do Nordeste, um partido de grotões.[19]

A interlocução dos *think tanks* e intelectuais pró-mercado com o PFL nessa época era bastante forte — alguns desses intelectuais, inclusive, chegaram a se filiar ao partido. Foi ilustrativo o fato de que o irmão do senador Jorge Bornhausen, Roberto Konder Bornhausen, então dirigente do Unibanco, liderou a criação do Instituto Liberal de São Paulo em 1987, tendo dirigido a organização ao lado do empresário Jorge Simeira Jacob, do Grupo Fenícia.

No entanto, para além da aproximação com os políticos do PFL, os defensores da livre-iniciativa também buscaram outras formas de influenciar o processo da Constituinte. Henry Maksoud, por exemplo, fez uma detalhada proposta de Constituição para o Brasil baseada no conceito de demarquia, desenvolvido por Hayek. A proposta, porém, não só não foi acolhida por nenhum parlamentar constituinte, como pode ser considerada como a antítese da redação final da nova Constituição que foi aprovada.

Outro membro destacado do circuito pró-mercado que procurou influenciar ativamente empresários e políticos nesse período foi o economista Paulo Rabello de Castro. Após ter se afastado da Cedes em 1984, Rabello de Castro voltou a atuar na Comissão em 1986, e nesse mesmo ano foi escalado para apresentar suas ideias para um grupo de 140 empresários que se reuniram a portas fechadas nos dias 4 e 5 de outubro em um hotel no Guarujá, litoral do estado de São Paulo. Entre os presentes estavam Flávio Teles de Menezes, da Sociedade Rural Brasileira; Werther Annicchinno, da Copersucar; José Luís Zillo, do Sindicato da Indústria do Açúcar de São Paulo; Carlos Antich, da Sanbra; Laerte Setúbal, da Duratex; Jacy Mendonça, diretor da Volkswagen e vice-presidente da Associação Nacional dos Fabricantes de Veículos Automotores (Anfavea); Norberto Odebrecht, da construtora de mesmo nome; Flávio Andrade, presidente da Standard, Ogilvy& Mather; e Jorge Simeira Jacob, do Grupo Fenícia e presidente do Instituto Liberal de São Paulo.[20]

De acordo com o economista, a reunião visava apresentar as possibilidades de inserção de ideias de cunho liberalizante na futura Constituinte que iria iniciar seus trabalhos no ano seguinte:

> Eu organizei o debate a pedido da Cedes, que tinha o Ticoulat como presidente, e lá compareceu um deputado que foi bem votado, que era o Guilherme Afif Domingos. Quem falou no jantar solene foi o [ministro-chefe do Gabinete Civil] Marco Maciel, que constituiu a coluna vertebral do PFL, levando para o partido algum tipo de liberalismo. Esse grupo é que formará a base do chamado Centrão a partir de 1987,

dando uma orientação mais racional para a "viagem na maionese" que o pessoal de esquerda queria fazer com a Constituinte. O secretário-executivo desse Centrão veio a ser um jovem doutor em direito que foi resgatado pela Cedes e se chamava Gastão Toledo. Ele auxiliou os constituintes a fazer emendas e a formar o que seria a Constituição de 1988.[21]

Na época da Constituinte o cenário político nacional estava marcado pela crise do nacional-desenvolvimentismo, aprofundada pela crise da dívida e pela espiral inflacionária. Tal conjuntura dividia a maior parte dos políticos entre aqueles que apostavam no abandono das políticas desenvolvimentistas e aqueles que defendiam sua continuação com certas modificações. Os primeiros, mais identificados com propostas de cunho neoliberal, apostavam na abertura da economia, na integração do país nas redes do capitalismo globalizado, no enxugamento da máquina estatal e na eliminação de "entraves" para estimular os investimentos estrangeiros. Já os segundos procuravam dar continuidade ao legado do desenvolvimentismo, no que tange à manutenção das empresas estatais e à defesa do "patrimônio nacional", mas com certas modificações que incluíam a adoção de reformas socializantes que visassem a redistribuição da renda e da propriedade urbana e agrária, bem como de medidas democratizantes que possibilitassem maior participação política e liberdade de organização por parte das classes trabalhadoras.

É possível dizer que estes dois polos ideológicos, o "neoliberalizante" e o "socializante", como descreve o sociólogo Brasilio Sallum Jr., serviram como balizas para o alinhamento de uma parte razoável dos parlamentares em diferentes blocos e grupos. A maior parte dos membros do PMDB que se alinhava ao polo neoliberalizante formou, junto com vários ex-arenistas do PDS e do PFL, o bloco suprapartidário conhecido como

Centrão, e aqueles que se identificavam mais com o polo socializante, com raras exceções, formaram o Movimento de Unidade Progressista (MUP). Definido como "a esquerda do PMDB", ou, como preferia o deputado Domingos Leonelli (PMDB-BA), "a costela esquerda do PMDB", o MUP era considerado na época como um aliado estreito por políticos como Miguel Arraes (PSB) e Mário Covas (PMDB). Reunia cerca de quarenta parlamentares de um total de 559 que atuavam na ANC, os quais ingressaram em um bloco interpartidário que congregava todos os partidos de esquerda da época e que foi formado com o intuito de apresentar emendas ao projeto de Constituição.

Ainda que os políticos agrupados no Centrão tenham obtido sucesso em barrar os projetos de lei mais polêmicos que foram apresentados pelos constituintes de esquerda, Rabello de Castro avalia que foi voto vencido na reunião com os empresários no Guarujá, pois a maior parte não teria saído convencida do discurso pró-mercado. Winston Ling, fundador do IEE, que também esteve na reunião, conta que testemunhou disputas ásperas entre os empresários:

> Estava presente todo mundo, todos os empresários de peso do Brasil. Foi uma reunião muito séria sobre o futuro do país. O palestrante era o Paulo Rabello de Castro, e tinha muita gente ligada aos Institutos Liberais. Eu me lembro bem daquela reunião porque houve um bate-boca público entre o Donald Stewart e o Emílio Odebrecht. O objetivo da reunião era discutir os rumos do Brasil, e o Donald Stewart, como presidente do Instituto Liberal, estava puxando para o liberalismo quando o Emílio Odebrecht se levantou e disse assim: "Vocês são uns sonhadores, o mundo real não é assim como vocês estão sonhando". E aí o Donald replicou, e ele replicou, e depois se separaram. Eu nunca me esqueço daquele bate-boca, eu fiquei impressionado!

Naquela época eu visitava muitos empresários tentando vender os livros, pedindo doações, mas ninguém nunca havia falado tão agressivamente contra o liberalismo como o Emílio Odebrecht.[22]

Ao final do encontro, o então ministro Marco Maciel afirmou em resposta ao empresário Jorge Gerdau, ligado ao Instituto Liberal, que "a proposta constitucional elaborada pela Comissão Afonso Arinos[23] não é liberal e que muitos de seus membros assinariam talvez uma parte, mas não todo o texto". Nos anos seguintes, após a promulgação da Constituição de 1988, a Cedes passou por um período de refluxo e foi perdendo a força do seu discurso à medida que a crise econômica se estendia. Em agosto de 1989, em meio ao auge da crise inflacionária, Rabello de Castro chegou a ser convidado para assumir o Ministério da Fazenda nos últimos três meses do governo de José Sarney, porém respondeu negativamente.

A despeito de terem conseguido exercer uma influência em Brasília menor do que gostariam, os intelectuais e empresários reunidos nos *think tanks* pró-mercado experimentavam no início dos anos 1990 o auge de suas atividades. Em 1988, o IEE havia começado a organizar anualmente o Fórum da Liberdade em Porto Alegre, um evento fechado do qual participavam como palestrantes elites políticas, empresariais e intelectuais, promovido para um público formado majoritariamente por empresários, mas que logo passou a figurar como um dos principais eventos da direita brasileira. O Instituto Liberal do Rio de Janeiro, além de publicar livros, começou a promover eventos, premiações, cursos, intercâmbio de acadêmicos, editar diversas publicações próprias que eram distribuídas entre os associados e entre "formadores de opinião", como a revista *Notas* e outra chamada *Think Tank*, posteriormente rebatizada como *Banco de Ideias*, além de produzir *policy* e *position papers*[24] sobre temas diversos como educação, Previdência Social, energia, entre outros.[25] Assim, apenas oito anos após a fundação do IL-RJ, em 1991, dado o nível de atividade que a organização havia alcançado, decidiu-se que seria melhor buscar uma sede maior. Nesse mesmo ano, a diretoria resolveu sair da sala que ocupava no mesmo andar da Ecisa e alugar uma espaçosa casa no bairro do Botafogo, de acordo com N., o funcionário do IL-RJ que estava havia mais tempo na organização quando eu o entrevistei em 2015:

> O Instituto era na rua Presidente Wilson no centro. O falecido dono, Donald Stewart, tinha várias salas no prédio e o escritório dele era ali também, mas o Instituto foi crescendo e foi preciso arrumar uma casa. Então, em 1991, eles arrumaram um casarão no Botafogo e reformaram para o Instituto ir para lá. Era um sobrado muito grande com dois andares. Embaixo tinha uma sala, uma biblioteca enorme, um salão de palestra, uma salinha para as meninas que trabalhavam com contabilidade e uma copa. Toda segunda-feira tinha reunião, aparecia o Donald, os diretores e mantenedores. Quando tinha palestra juntava umas trinta pessoas, entre convidados e diretores, e eles iam com a mulher e os filhos, depois que eles saíam eu ia arrumar aquilo tudinho pra estar pronto no outro dia, era muito bom. Nessa época, tinha muita gente no Instituto, mais de vinte funcionários. Durante o dia eu fazia o serviço de rua, o mensageiro não dava conta porque tinha muito movimento. Só no Botafogo eu trabalhei dezessete anos, e hoje a casa está alugada para outra empresa.[26]

Desde sua fundação até 1993, o IL-RJ foi capaz de atrair duzentos mantenedores do meio empresarial e promover mais de quinhentos eventos no país com 169 palestrantes ligados ao Instituto, sendo que no ano de 1993 a reunião anual da

Sociedade Mont Pèlerin foi realizada no Rio de Janeiro. Nesse mesmo ano, decidiu-se que as atividades promovidas pelos Institutos Liberais passariam a ter públicos-alvo mais claros. Os institutos estaduais atuavam de modo centralizado, baseados nas decisões do Conselho Nacional dos Institutos Liberais, organizado a partir do Instituto Liberal de São Paulo. Em uma dessas reuniões coube ao presidente do Conselho a coordenação do levantamento de uma listagem de 3 mil pessoas que comporiam os públicos-alvo dos institutos, as quais deveriam ser divididas em duas categorias de formadores de opinião, "liberais" e "prospects", como consta em um documento interno redigido por Donald Stewart Jr. cujo conteúdo reproduzo abaixo:

> *Liberais*: público-alvo cuja definição ideológica seja reconhecidamente consistente com nosso ideário [...]. *Prospects*: pessoas em que se identificam possibilidades de conversão ao liberalismo. O grupo *prospects* deve ser integrado por pessoas não infensas a ideia liberal ou que estão no muro. Um bom exemplo desse tipo de pessoa são os políticos do PSDB. [...] Levando-se em conta que o público-alvo é integrado por formadores de opinião, cada Instituto deverá procurar listar os liberais e os *prospects* em seu estado dentro das seguintes categorias: deputados federais e senadores; governadores de estado e secretários; prefeitos influentes de grandes municípios; deputados estaduais mais representativos; professores universitários; jornalistas; dirigente de entidades empresariais; empresários militantes; líderes sindicais; líderes estudantis; líderes de entidades civis.[27]

O foco em cada uma dessas categorias, contudo, era desigual, pois mais de um terço dos indivíduos-alvo era de políticos. De acordo com um planejamento inicial feito pelo IL, dos 3 mil formadores de opinião a serem influenciados, 1200 eram políticos — entre os quais eram destacados os senadores e deputados federais (trezentos) e os prefeitos (duzentos) —, quatrocentos eram empresários e outros quatrocentos eram professores universitários. Inclusive, uma das únicas pesquisas encomendadas pelo IL, no ano de 1991, com o propósito de saber mais a respeito do impacto de suas atividades, foi justamente para aferir a influência, junto a legisladores, de uma de suas publicações, a revista mensal *Notas*, realizada com o apoio da organização norte-americana Center for International Private Enterprise (Cipe)[28] e redigida pelos membros do Instituto. A *Notas* possuía uma tiragem de 5 mil exemplares, versava sobre análise de leis e procedimentos constitucionais e era distribuída para *policymakers*. De acordo com a pesquisa, cerca de 57 deputados federais afirmaram ler a revista assiduamente, 75% afirmaram que mudaram seus votos após a leitura, e mesmo legisladores que não eram liberais afirmaram que suas ideias foram afetadas pela *Notas*.[29]

Os professores e estudantes universitários eram beneficiados pela disponibilização de livros liberais para venda ou consulta na sede do Instituto, por seminários, bolsas e programas de intercâmbio financiados por organizações e universidades estrangeiras e concursos de monografias. É possível dizer que o Instituto Liberal influenciou na formação de vários quadros da elite acadêmica, professores e pesquisadores, principalmente da área de economia. A atuação de Og Leme foi essencial, pois através de Leme vários estudantes brasileiros conseguiram bolsas de estudo ou acesso a estudos de pós-graduação na Universidade de Chicago e em outras instituições norte-americanas, o que teria impactado uma geração, ou mais, da inteligência brasileira, como afirma um de seus discípulos, o economista Cláudio Contador.

De acordo com Contador, uma parte influente da geração de economistas, engenheiros e cientistas políticos formados nas décadas de 1960 e 1970 seria grata ao professor Og Leme por ter estimulado e aberto caminhos para que muitos jovens pudessem continuar sua formação acadêmica nos Estados Unidos. Segundo seu entendimento, isso teria possibilitado que muitos cursos de economia no Brasil alcançassem padrão internacional graças aos mestres e doutores formados por obra dos esforços de Og Leme, pois teriam sido eles que, posteriormente, implementariam os atuais programas de pós-graduação das universidades brasileiras.[30]

Já os empresários eram beneficiados não apenas pelo contato com o ideário pró-mercado mas também pela participação em uma rede formada por empresários importantes do país fomentada não somente pelos Institutos Liberais mas também pelo IEE, cujo foco era justamente a formação de jovens empresários. De fato, até o início da década de 1990 eram raras as iniciativas dos *think tanks* que não focassem nessas categorias. As exceções foram a publicação de um gibi da Turma da Mônica sobre cidadania, realizada pelo IL-SP, e as campanhas publicitárias de frases neoliberais estampadas em outdoors levadas a cabo pelo IL-PR, ambas destinadas ao público geral. Contudo, as atividades de alcance mais restrito dos ILs e do IEE logo foram contrabalançadas pela atuação de um novo *think tank* liberal no Rio de Janeiro, o Instituto Atlântico (IA), fundado em 1992 pelos antigos membros da Cedes, liderados pelo economista Paulo Rabello de Castro.

Na época, Rabello de Castro decidiu apresentar ao então presidente Fernando Collor de Melo um plano econômico de sua autoria, que ficou conhecido como Plano K. No entanto, apesar de ter recebido o economista e esboçado algum entusiasmo, Collor acabou não acatando sua orientação, e Rabello de Castro terminou por publicar o Plano K em formato de livro: *Brasil: Este país tem jeito?*. Logo após a publicação, em 1992, o economista se uniu com o empresário carioca Thomaz

Magalhães e fundou no Rio de Janeiro o Instituto Atlântico. Um dos focos do IA, para além de influenciar políticos e *policymakers*, era atingir as classes populares. Para tanto, passaram a ser divulgadas pela organização as ideias de capitalismo popular e privatização popular, indicando como trabalhadores comuns poderiam se beneficiar materialmente do estabelecimento de uma ordem política e econômica orientada para o desenvolvimento do livre mercado.

Poucos anos após a fundação da organização, foi estabelecido um convênio estável com a Força Sindical, uma das maiores centrais sindicais do país. Por meio da parceria, ao longo da década de 1990, foram distribuídas aos trabalhadores mais de 1 milhão de cartilhas ilustradas pelo cartunista Ziraldo que versavam sobre temas diversos dentro do enfoque do capitalismo popular. Um dos temas principais veiculados pelas cartilhas era a privatização da Previdência, e em 1997 o Instituto contratou o Ibope para realizar uma pesquisa junto aos trabalhadores com carteira assinada na região metropolitana de São Paulo justamente sobre o assunto. Foi uma agradável surpresa para o Instituto constatar que 73% dos trabalhadores entrevistados eram a favor da quebra de monopólio da Caixa Econômica Federal (CEF) como gestora dos recursos do Fundo de Garantia do Tempo de Serviço (FGTS), e 71% transfeririam seus fundos para uma instituição financeira privada alternativa à CEF.[31]

No que tange à política institucional, apenas no ano de 1993 o Instituto Atlântico apresentou mais de quatrocentas emendas à Constituição por meio da atuação do então deputado federal Eduardo Mascarenhas, do Partido da Social Democracia Brasileira (PSDB). Além disso, também participou da criação de um comitê de acompanhamento de política monetária e fiscal presidido pelo ex-ministro Ernane Galvêas, realizou um workshop sobre privatização no Hotel Transamérica, no qual estiveram presentes empresários, economistas de destaque e políticos, como o então presidente do PFL, Jorge Bornhausen, e publicou cinco cadernos contendo detalhadas propostas de políticas públicas. Ainda no mesmo ano Paulo Rabello de Castro, em conjunto com outros quatro economistas, entre os quais estava Paulo Guedes, doutor em economia pela Universidade de Chicago e um dos fundadores do Banco BTG Pactual em 1983, participou da elaboração do programa do PFL para as eleições de 1994, tendo em vista a candidatura de Roseana Sarney. De acordo com o empresário Thomaz Magalhães, presidente do IA na época, o partido que mais teria aberto portas para o Instituto "vender suas ideias" teria sido o PFL, sobretudo considerando a atuação de Marco Maciel e do então presidente da sigla, Jorge Bornhausen, que quiseram adotar o programa de governo desenvolvido pelo *think tank*. Magalhães foi convidado então para coordenar a campanha de Roseana Sarney para a presidência, porém, o empresário mal havia aceitado o convite quando um escândalo ligado à pré-candidata veio à tona na imprensa, dificultando o planejamento que vinha sendo feito por seu partido em conjunto com o Instituto. Porém, o projeto de fato foi inviabilizado com o anúncio da aliança com o PSDB, quando Rabello de Castro abandonou completamente a colaboração afirmando que seriam insuperáveis as diferenças entre o programa que seria defendido pelo PFL e o programa encampado pelos tucanos.

Após a eleição de Fernando Henrique Cardoso, em 1994, os membros do Instituto Liberal do Rio de Janeiro, pelo vínculo com Jorge Bornhausen, então presidente do PFL, conseguiram se reunir com o presidente eleito, que apareceu na capa da revista *Think Tank*. Porém, assim como Rabello de Castro, Arthur Chagas Diniz, que atuava então como diretor do IL-RJ, deixou claro na entrevista concedida a mim e ao jornalista Lucas Berlanza[32] que, em sua visão, Cardoso não era um "liberal":

O Roberto Bornhausen era o presidente [do Instituto Liberal] em São Paulo e irmão do Jorge Bornhausen, ele organizou o encontro com o Fernando Henrique. Fomos eu, Og Leme e o Jorge Gerdau. O Jorge quis nos apresentar porque o presidente achava interessante o que o Instituto escrevia, foi uma reunião diplomática. Eu não achava que o Fernando Henrique era liberal. Ele não era estatizante, mas para ser considerado liberal tem uma distância. É que no Brasil não tem meio-termo, ou é o Estado ou nada, então ele foi o presidente mais liberal, fora o maluco do Collor, que era liberal mas era maluco, ladrão. Infelizmente o Collor foi um desastre pro Brasil.[33]

Arthur Chagas Diniz, assim como praticamente todos aqueles que frequentavam os circuitos dos *think tanks* pró-mercado, não considerava Fernando Henrique Cardoso e os membros de seu partido como liberais convictos. Do ponto de vista ideológico, o PSDB, que fora fundado a partir de uma dissidência do PMDB em meio à Assembleia Constituinte, reunia originalmente quatro tendências. A mais influente seria a centrista, representada por Fernando Henrique Cardoso, Mário Covas, Euclides Scalco, Pimenta da Veiga e Artur da Távola. Afonso Arinos, Jaime Santana, Caio Pompeu de Toledo e Ronaldo Cezar Coelho integravam a corrente mais conservadora. A tendência posicionada mais à esquerda, em comparação com as demais, seria formada sobretudo por membros do antigo MUP. Finalmente, a menor e última tendência, democrata-cristã, seria representada por Franco Montoro e José Richa.[34]

É possível dizer que aquilo que de fato unia os primeiros tucanos dessas quatro tendências foram os dois motivos que levaram à cisão com o PMDB por parte do grupo conhecido como "históricos", composto de FHC e Covas: a adesão ao parlamentarismo e à manutenção do mandato de quatro anos para José

Sarney. Porém, para além disso, não havia muito consenso sobre quais deveriam ser as orientações programáticas/ideológicas do novo partido, o que se refletiu na dificuldade da escolha do nome dada a enorme diversidade de sugestões: Partido Democrático Popular, Partido Popular Progressista, Partido da Renovação Democrática, Partido da Transformação da Sociedade Brasileira, Novo Partido Democrático, Partido das Reformas, Partido da Conquista Democrática, entre outros. A sigla PSDB sozinha abrigava três possibilidades: Partido da Social Democracia Brasileira, Partido da Sociedade Democrática Brasileira e Partido Socialista Democrático Brasileiro, de modo que a forma encontrada para tomar uma decisão foi pelo voto.[35]

Fernando Henrique Cardoso, no entanto, não ficou satisfeito com a escolha e teria criticado a adoção da caracterização de "social-democrata" pelo partido. Para o sociólogo, a social-democracia corresponderia a uma realidade da Europa durante a primeira metade da década de 1950, quando os sindicatos possuíam um papel central no âmbito do Estado de bem-estar social, o que não ocorreria no Brasil, onde ainda seria preciso fazer com que o capital existisse e funcionasse como capital. O país, portanto, ainda estaria em outro momento, em que haveria uma combinação entre atraso e progresso.[36]

A posição adotada por Fernando Henrique Cardoso costuma estar relacionada à ideologia política que ficou conhecida como "terceira via", tida por seus defensores como uma forma moderna da social-democracia que seria mais "adaptada" à nova sociedade pós-industrial e globalizada. A terceira via é uma denominação criada pelo sociólogo britânico Anthony Giddens para designar uma posição de "centro radical" que implica "uma tentativa de demonstrar que os valores mais caros da esquerda possuem alguma 'validade' na sociedade pós-industrial contemporânea".[37] Para Giddens, a terceira via seria uma maneira de modernizar a social-democracia europeia, pois, nas palavras do sociólogo, "até nas formas mais desenvolvidas, o *welfare state* nunca foi genuinamente bom. Todos os Estados de bem-estar social criaram problemas de dependência, risco moral, burocracia, formação de grupos de interesse e fraude".[38]

Na visão de Chagas Diniz, o posicionamento adotado por Fernando Henrique Cardoso e outros membros do PSDB seria um meio-termo entre uma esquerda estatizante e o neoliberalismo convicto promovido por lideranças do PFL como Marco Maciel e Jorge Bornhausen.

No entanto, a despeito das muitas suspeitas levantadas entre os membros do circuito pró-mercado, o governo liderado por FHC de fato levou a cabo várias reformas de orientação neoliberal, o que acabou contribuindo para o declínio das atividades dos *think tanks* liberais. À medida que o Plano Real atingia sua meta de reduzir os altos índices inflacionários vigentes até então, privatizações eram realizadas e os mercados para educação e saúde privadas se expandiam. Desse modo, muitos dos empresários que colaboravam financeiramente com os Institutos Liberais passaram a compreender que o ideário pró-mercado teria penetrado de fato no governo, e que, portanto, os *think tanks* já haviam logrado êxito e não necessitavam mais de um aporte contínuo de recursos. Assim, a partir do fim dos anos 1990 as atividades das filiais do IL-RJ foram diminuindo e os institutos foram sendo fechados.

O declínio do interesse dos empresários pelos institutos teria se acentuado mais ainda após o falecimento de Donald Stewart Jr., em 1999. Afinal, boa parte dos empresários que contribuíam com os Institutos o fazia principalmente por causa de *networking* empresarial. Assim relata Alex Catharino:

> De certo modo, muitos dos doadores entraram para o IL porque conheceram o Donald Stewart no Jockey Club, e muitos queriam financiar o hobby do Donald porque

queriam vender coisas pra ele. Então, o Instituto também virou uma praça de negócios em certo sentido, e por isso o afastamento do Donald gera uma queda de arrecadação. O pessoal que estava ali tentando fazer negócios com ele não vai continuar, porque estava ali comprometido com os negócios que podia fazer por fora, não com a ideia, ao contrário do Donald, que era cem por cento comprometido.[39]

Além disso, o empresário canadense também ajudava a manter o Instituto com seus próprios recursos, e, após seu falecimento, essa fonte de financiamento também desapareceu. A perda progressiva de recursos e de seu principal patrocinador fez com que a atuação dos ILs declinasse progressivamente, inclusive porque vários dos contatos que o Instituto possuía com instituições estrangeiras eram, segundo Alex Catharino, de ordem mais pessoal e menos formalizada. De acordo com o historiador, por vezes se organizava uma conferência em que era convidado um conferencista internacional, em que se tentava trazer Prêmios Nobel de Economia, como Douglass North, ou às vezes o convite ocorria quando alguém vinha de férias para o Brasil, que seria o caso do próprio envolvimento de Alejandro Chafuen, então presidente da Atlas Network, que, quando visitava sua família na Argentina, aproveitava para fazer uma escala no Brasil e dar uma conferência. Nesse sentido, de acordo com Catharino, o "último grande ato" do Instituto Liberal foi organizar o evento anual da Sociedade Mont Pèlerin no Brasil.

As atividades, que ainda foram realizadas na matriz no Rio de Janeiro até a primeira metade dos anos 2000, ocorriam de forma bastante precária, com base nas magras doações que ainda recebiam de alguns poucos empresários brasileiros e de organizações estrangeiras. A organização recebia anualmente 3 mil dólares da Atlas Network, que também contribuía com mil dólares anuais para cada filial em outros estados, e doações que variavam de 5 mil a 20 mil dólares do Liberty Fund, que aproveitava para promover seus próprios colóquios e financiar traduções de livros do seu catálogo, o que ajudava a organização a abater mais impostos nos Estados Unidos. Com o tempo a produção de livros foi diminuindo, à medida que a maior parte dos recursos era destinada à publicação da *Think Tank* e para a realização de palestras que atraíam cerca de quinze pessoas.

Foi justamente nesse momento que a tradutora Márcia Xavier de Brito se aproximou do Instituto em razão de sua amizade com um escritor e filósofo chamado Olavo de Carvalho, que a convidou para participar de um evento promovido pela organização. Na época, Carvalho possuía um blog, criado em 1998, intitulado Sapientiam Autem Non Vincit Malitia [A sabedoria não é vencida pela malícia], e escrevia textos e artigos de opinião para o *Jornal da Tarde*, *Jornal do Brasil*, *Diário do Comércio*, *O Globo* e para a revista *Bravo!*, entre outros veículos, os quais reproduzia em seu site. Além disso, contava com vários livros publicados por editoras de menor expressão em que procurava criticar a esquerda nacional e o marxismo, como *A nova era e a revolução cultural: Fritjof Capra & Antonio Gramsci*, publicado em 1994, *O jardim das aflições*, de 1995, e os dois volumes de *O imbecil coletivo*, publicados, respectivamente, em 1996 e 1998. De acordo com o próprio Carvalho, a publicação dessas obras, em especial de *O imbecil coletivo*, na qual tecia críticas aos intelectuais e acadêmicos de esquerda brasileiros, teria aberto um espaço para liberais e conservadores que lhes havia sido negado desde os anos 1980.[40]

Segundo Xavier de Brito, nessa época, Carvalho tinha a intenção de se lançar como crítico cultural. De modo que, por meio de contatos provenientes de sua atuação em veículos jornalísticos, teria passado a entrar em contato com algumas pessoas que frequentavam os circuitos pró-mercado no fim dos anos 1990, tendo alegado, inclusive, que foi apresentado à obra do economista Ludwig von Mises por Donald Stewart Jr., fundador do IL-RJ.[41] No entanto, a tradutora considera que as obras que o filósofo havia lançado na época, como *O imbecil coletivo* e *O jardim das aflições*, ainda circulavam em meios mais restritos, de modo que, entre os anos 1997 e 1998, ele teria começado a buscar apoio no circuito frequentado por figuras ligadas ao Instituto Liberal do Rio de Janeiro, como Roberto Campos, o embaixador José Osvaldo de Meira Pena, e teria se aproximado do professor Og Leme e de Alex Catharino, membros da organização.

Após ter frequentado um primeiro curso sobre pensamento social e político organizado pelo IL-RJ para o público em geral, Carvalho não teria causado boa impressão por causa da agressividade que dispensava aos seus oponentes ideológicos e não conseguiu o patrocínio desejado.[42] De acordo com a tradutora, o escritor ainda teria tentado um financiamento junto à fabricante de cigarros Souza Cruz, à organização católica tradicionalista Opus Dei e à articuladora norte-americana Atlas Network, mas não obteve sucesso. Assim, contando com recursos próprios, obtidos por meio da venda de livros, de seu trabalho na imprensa e da oferta de cursos privados de filosofia, Carvalho, que em 1998 se declarou a favor do livre mercado na economia, tradicionalista e conservador no que tange à defesa da religião,[43] anarquista em relação à moral e à educação, nacionalista e contra o "governo mundial" no que diz respeito à política internacional e um realista no campo da filosofia,[44] passou a concentrar esforços em divulgar suas ideias na internet e progressivamente foi deixando de lado a ideia de se firmar como crítico cultural na esfera pública tradicional.

Carvalho passou a enfocar cada vez mais questões políticas conjunturais, como as denúncias dirigidas à organização de esquerda Foro de São Paulo,[45] apontada por ele como a principal articuladora de um avanço comunista na América Latina, e discussões de ordem moral e filosófica. Contando com a colaboração de outros críticos do marxismo e da esquerda nacional, no ano de 2002, o autor de *O imbecil coletivo* criou um site chamado Mídia Sem Máscara (MSM), no qual eram veiculados textos de vários autores sobre política, economia e filosofia. Logo Carvalho passou a se tornar cada vez mais conhecido entre os frequentadores brasileiros de fóruns digitais da época.

Ao mesmo tempo, Xavier de Brito seguia empenhada em realizar atividades de cunho mais acadêmico no IL, porém dependia de recursos financeiros e organizacionais limitados e afirmava não contar com a colaboração da diretoria da organização. A tradutora havia conseguido uma parceria com a Universidade Candido Mendes para oferecer um curso sobre 36 autores liberais, que contava com palestrantes associados ao Instituto (como Meira Penna), com o intuito de, em suas palavras, "tirar a carga [ideológica] e poder misturar, poder criar o debate". Posteriormente, o curso despertou o interesse de outra faculdade, a Estácio de Sá, que queria transformá-lo em uma pós-graduação lato sensu. No entanto, o diretor do IL à época teria vetado a iniciativa.

Com o passar do tempo, e a partir da metade dos anos 2000, os ILs foram encerrando suas atividades até sobrarem apenas dois, a matriz no Rio de Janeiro e o Instituto do Rio Grande do Sul. Mesmo o Instituto de São Paulo, que possuía amplo financiamento, também acabou fechando as portas, segundo Winston Ling, principalmente por causa da má administração de seus recursos, que teriam sido empregados em equipamentos tecnológicos caríssimos e na contratação de professores social-democratas que produziram materiais pouco afinados com a promoção do livre mercado. A matriz no Rio, por sua vez, por falta de verbas, precisou ser realocada para uma casa menor no bairro do Humaitá em 2008, e seis anos depois mudou novamente para o pequeno conjunto de salas que ficava no quinto andar do antigo Edifício Rex no bairro da Cinelândia, que frequentei durante minha pesquisa de campo. Já a filial gaúcha do Instituto acabou trocando seu nome para Instituto Liberdade, porque, de acordo com Winston Ling, o IL-RJ estava em baixa, o que teria afetado sua imagem.

Os circuitos formados pelos *think tanks* experimentaram, assim, um período de refluxo. O Instituto Atlântico se afastou das tentativas de influenciar a política do país e se voltou para outros projetos, como o Cantagalo, que promovia a regularização fundiária para moradores de uma comunidade no Rio de Janeiro.[46] Segundo Ling, o descontentamento com a atuação dos empresários e líderes ligados às organizações pró-mercado brasileiras foi tal que constituiu um dos motivos que o levaram a ir embora do país na época. De acordo com sua percepção, o próprio Instituto de Estudos Empresariais que ajudou a fundar, bem como seu principal evento, o Fórum da Liberdade, acabou se tornando muito mais um espaço para *networking* empresarial do que de formação de novas lideranças com base no ideário pró-mercado. Além disso, de acordo com Xavier de Brito, a troca anual de diretoria faria com que não houvesse muito acúmulo e continuidade das atividades promovidas.

Em meio ao declínio acentuado dos Institutos Liberais, Xavier de Brito e Catharino, dois de seus frequentadores mais jovens e ativos, resolveram criar uma organização de perfil diferente. Ambos haviam se tornado em 2001 os dois únicos *fellows* da Atlas Network no Brasil depois de terem participado de um projeto da organização norte-americana chamado The Freedom Project. Um ano depois, com base nas redes que construíram com outras organizações nos Estados Unidos, a partir do vínculo com a Atlas, decidiram fundar uma nova organização que passou a atuar tanto no Rio de Janeiro como em São Paulo: o Centro Interdisciplinar de Ética e Economia

Personalista (Cieep). Fundado em 2002, em conjunto com outras pessoas que também circulavam no Instituto Liberal, o Cieep tinha o objetivo de discutir as bases morais do livre mercado, tendo em vista um viés mais culturalista e conservador, para fazer frente aos avanços obtidos pela esquerda, principalmente pela esquerda católica.

Os membros da nova organização acreditavam que o discurso econômico já havia sido ganho, e que portanto seria preciso construir um referencial moral e religioso que sustentasse as mesmas ideias. Até porque, segundo Xavier de Brito, "o negócio é muito mais cultural e tem raízes muito mais profundas, economia e política são consequências". Nesse mesmo sentido, Catharino afirmou ainda que, embora o PT possuísse uma base forte junto ao sindicalismo e aos intelectuais, o trabalho de figuras como dom Cláudio Hummes, dom Paulo Evaristo Arns e dom Pedro Casaldáliga, assim como a própria Pastoral da Terra, de onde teria surgido o Movimento dos Trabalhadores Rurais Sem Terra (MST), fora fundamental para a esquerda. Dessa forma, os membros da nova organização procuraram se estabelecer primeiro no Rio de Janeiro, em razão da influência de seu cardeal na época, dom Eugênio Sales, que era mais conservador, e começaram a se aproximar de bispos e arquidioceses por meio de um "trabalho de formiguinha", a partir do qual se criou uma página na internet, uma comunidade no Orkut e foram publicados artigos diários e traduções de textos. No entanto, o Cieep possuía enorme dificuldade para captar verbas, pois, segundo Catharino, os doadores dificilmente se convenciam da necessidade de ofertar cursos de ética ou poesia com viés conservador, ou mesmo de publicar livros sobre temas correlatos, o que fez com que a organização não prosperasse. Sem poder dispor de grandes contribuições financeiras, as atividades do Cieep eram feitas sem que houvesse uma sede física, de modo voluntário e descontinuado, e após oito anos de funcionamento a organização acabou praticamente encerrando suas atividades em 2010.

Contudo, a despeito desse período de baixa das atividades, os primeiros *think tanks* pró-mercado fundados no Brasil deixaram legados fundamentais para os militantes que passaram a atuar durante o auge do lulismo. Para além de tradução e publicação de obras inéditas no país, bem como reedição de livros antigos ou esgotados, um dos principais legados da atuação dos *think tanks* durante as décadas de 1980 e 1990 foi a formação de quadros e a institucionalização de uma rede de divulgadores do ideário pró-mercado. Ao longo do tempo foi sendo estabelecida uma rede estável e formalizada constituída por indivíduos, organizações e fóruns brasileiros e estrangeiros, na qual trafegam apoio material e organizacional para as atividades de difusão de tais ideias.

Assim, se por um lado muitos dos financiadores do movimento se afastaram com o falecimento de Stewart Jr., por outro lado o IL, o IEE e o Fórum da Liberdade, e também economistas como Paulo Rabello de Castro e Paulo Guedes, já haviam se tornado referências permanentes e incontornáveis dentro e fora do país na mencionada rede. Além disso, tornaram-se financiadores cativos de organizações e iniciativas pró-mercado no Brasil os empresários Salim Mattar e a família Ling, bem como várias organizações estrangeiras como o Liberty Fund, a Atlas Network e a fundação alemã Friedrich Naumann. Desse modo, foi possível dar continuidade a certas atividades, ainda que em menor escala, como a publicação de livros e brochuras, concursos acadêmicos e a realização de reuniões e fóruns, entre os quais merece destaque o Fórum da Liberdade, evento organizado anualmente pelo IEE em Porto Alegre e que se tornou o grande ponto de encontro de neoliberais, ultraliberais e liberais conservadores.

Por meio da articulação de tais redes foi possível que durante os anos 1980 e 1990 o ideário pró-mercado circulasse com mais força entre acadêmicos, jornalistas, empresários, políticos e burocratas. No entanto, até o início dos anos 2000, o núcleo duro dos divulgadores se renovou pouco, o que fez com que muitos deles ainda continuassem carregando a pecha de terem participado ou apoiado o regime militar, uma herança percebida como "desconfortável" pela geração mais jovem que passou a frequentar o Instituto Liberal nos anos 1990, como relata Alex Catharino:

> A tentativa do nosso liberalismo no pós-guerra foi um fracasso porque a UDN era muito mais autoritária e golpista do que liberal, isso é fato. O Carlos Lacerda, que era talvez o mais próximo de um político liberal no Brasil, era muito intervencionista. William Buckley Jr., ao entrevistá-lo, disse: "Você foi recorrer aos militares pra resolver um problema achando que depois que eles tomassem o poder eles iriam largar". O que existia de um pensamento liberal, ou de um pensamento conservador democrático, foi morto em 1964, porque para os militares "política era coisa de comunista". Ao mesmo tempo, a esquerda, ao ser perseguida por um regime autoritário, ganhou mais força e certa legitimidade. Então tem uma geração que se perdeu. Os quadros mais liberais, Otávio Gouveia de Bulhões, Roberto Campos, Og Leme, Pedro Aleixo, Milton Campos, apoiaram o golpe achando que ia ser um golpe passageiro. Foi um grande erro, porque ficaram marcados pelo regime. A Escola Superior de Guerra pediu várias vezes ao Instituto Liberal que fosse dar palestras lá em 1992. Alguns iam, mas a maioria se sentia desconfortável, as pessoas ainda tinham medo de ser associadas aos militares.[47]

3.
A nova direita: Mises e o combate
à "hegemonia cultural esquerdista"

O empresariado nacional e os analistas de mercado, brasileiros e estrangeiros, pouco reclamaram dos governos Fernando Henrique Cardoso (1995-2002), situação que se refletiu na decadência experimentada pelos *think tanks* pró-mercado. Nessa época, de acordo com a *fellow* da Atlas Network no Brasil, Márcia Xavier de Brito, "o Brasil estava numa 'fase Fernando Henrique', as pessoas estavam achando que estava tudo mais estável". No entanto, às vésperas das eleições presidenciais de 2002, o Partido dos Trabalhadores começava a surgir como um forte concorrente, despertando a desconfiança das elites. Consciente das suspeitas que provocava, o partido passou a ter dois objetivos principais: deixar claro para o empresariado brasileiro que não iria contrariar seus interesses e convencer o mercado financeiro de que iria manter o tripé econômico adotado no governo anterior (câmbio flutuante, metas fiscais e metas de inflação). Tais tarefas, contudo, não eram fáceis.

Dado o grau de temor dos empresários e do mercado em relação à campanha de Lula, a agremiação esforçou-se não apenas para suavizar a imagem do candidato durante as campanhas com o mote "Lulinha Paz e Amor", mas, sobretudo, para materializar suas intenções de aproximação. Assim, em junho de 2002, por meio de uma aliança com o Partido Liberal, apontou o empresário José Alencar para a vice-presidência na chapa encabeçada por Lula, e, durante um encontro sobre o programa de governo do partido, Lula leu a "Carta ao Povo

Brasileiro", documento que segundo a *Folha de S.Paulo* era destinado a "acalmar o mercado financeiro". Na Carta se afirmava que o partido estava comprometido a:

> [...] preservar o superávit primário quanto for necessário para impedir que a dívida interna aumente e destrua a confiança na capacidade do governo de honrar os seus compromissos. Mas é preciso insistir: só a volta do crescimento pode levar o país a contar com um equilíbrio fiscal consistente e duradouro. A estabilidade, o controle das contas públicas e da inflação são hoje um patrimônio de todos os brasileiros.[1]

Tais esforços, porém, ainda se mostravam insuficientes. Em setembro de 2002, à medida que a campanha avançava e as pesquisas de opinião mostravam que Lula poderia ser eleito, analistas de mercado estrangeiros ainda demonstravam grande preocupação com a declaração de Lula de que Arminio Fraga, então presidente do Banco Central do Brasil, não seria mantido no cargo durante um possível governo do PT. A desconfiança era tal que um operador de um grande banco de investimentos foi categórico: "Ele [Lula] pode dizer o que quiser, que a incerteza do mercado vai continuar".[2] De fato, ainda em setembro a Bovespa experimentou seu pior momento naquele ano com queda de 16,9%, em boa parte devido à incerteza em relação à sucessão presidencial.[3] No dia 10 de outubro, a dezessete dias do segundo turno das eleições, o dólar atingiria sua alta histórica muito possivelmente em razão da possibilidade de vitória de Lula.

Apesar do receio do mercado, o candidato do PT foi eleito presidente no dia 27 de outubro com votos oriundos de todos os segmentos de renda de forma indistinta, sinalizando uma espécie de convergência do eleitorado em torno da candidatura

84

do ex-metalúrgico. E, embora não tenha contado com o apoio do setor financeiro, Lula foi fiel ao que fora prometido na "Carta ao Povo Brasileiro" e não deixou na mão os que pediam pela manutenção de uma política econômica ortodoxa. Um "nome do mercado", Henrique Meirelles, que ocupara o cargo de presidente internacional do BankBoston, foi indicado para o Banco Central, e o ministro da Fazenda, Antonio Palocci, a despeito de ser um político petista de origem trotskista, foi ainda mais ortodoxo do que seu antecessor no que diz respeito à manutenção do chamado tripé econômico.

Para tanto, Palocci adotou como base do programa econômico levado a cabo pelo governo um documento conhecido como "agenda perdida".[4] Elaborado inicialmente para a campanha presidencial de Ciro Gomes no ano de 2002 pelos economistas José Alexandre Scheinkman, que atuou como professor nas Universidades de Chicago e Princeton, e Marcos Lisboa, na época professor da Escola Brasileira de Economia e Finanças (FGV/EPGE), o texto acabou sendo descartado pela campanha de Gomes. Porém, seu conteúdo foi posteriormente resgatado por Palocci, e a agenda foi implementada de 2003 até 2005 por economistas que passaram a compor o governo, como o próprio Marcos Lisboa, seu elaborador direto, e o economista Ricardo Paes de Barros, doutor pela Universidade de Chicago e que se tornou conhecido pela formulação do Programa Bolsa Família.

Foi assim que, durante o primeiro mandato de Lula, o PT conseguiu deixar de ser visto como uma ameaça pelo mercado[5] e passou a contar com uma aprovação popular similar à obtida por FHC em seu primeiro governo. Apesar de ter experimentado em agosto de 2004 sua pior taxa de aprovação, 35%, no fim do ano já havia recuperado a popularidade, especialmente junto aos brasileiros com ensino superior, entre os quais sua taxa passou de 30% em agosto para 47% em dezembro, e junto àqueles com renda mensal acima de dez salários mínimos, entre os quais sua taxa de aprovação foi de 36% para 50%.[6] Ao final dos dois primeiros anos de seu primeiro mandato, em dezembro de 2004, Lula somava 45% de aprovação, sendo que 40% consideravam seu governo regular e 13% o reprovavam, taxas praticamente idênticas ao do ex-presidente tucano na mesma época; no entanto, para 54% dos brasileiros, Lula estaria fazendo um governo melhor. Mas a crescente aprovação que Lula vinha angariando sofreria um forte solavanco em junho de 2005, com o escândalo de corrupção que ficou popularizado como "mensalão".

O mensalão acabou se tornando um dos escândalos de corrupção mais conhecidos da população brasileira[7] provavelmente devido à ampla divulgação que recebeu na época por parte dos grandes veículos de mídia, os quais teriam realizado uma cobertura mais dura do escândalo em comparação com episódios passados. No entanto, os remédios apontados pela grande imprensa para conter a crise política instalada pelo escândalo, notadamente a punição daqueles considerados culpados, variaram ao longo dos anos, e o núcleo do governo federal foi atingido em ondas sucessivas tendo em vista os desdobramentos das denúncias originais. Em uma primeira onda, em junho de 2005, José Dirceu, ministro-chefe da Casa Civil, renunciou ao cargo e meses depois teve seu mandato de parlamentar cassado. Em março de 2006 foi a vez do então ministro da Fazenda, Antonio Palocci, que renunciou ao cargo no mesmo mês a despeito de ter se tornado peça-chave para a manutenção da política econômica do governo.

Além de provocar a renúncia de ministros-chave da gestão petista, o escândalo político impactou a imagem do partido e contribuiu para o aumento da desconfiança em relação ao sistema político como um todo. Assim, não só o PT experimentou uma queda de 16% no que tange à identificação partidária entre 2002 e 2006, como a taxa de brasileiros que passaram a mencionar o PT entre as siglas cujos políticos "só pensam neles mesmos" subiu de 5% para 20%; e o partido, que antes era considerado por apenas 4% da população como aquele que possuía mais políticos corruptos, passou a ser mencionado por 27% das pessoas. Em 2006, o PT estava na liderança em ambas as taxas, desbancando o PMDB quanto à primeira e a categoria espontânea "todos" quanto à segunda.

Além disso, em um artigo sobre opiniões políticas e sentimentos partidários dos brasileiros entre 1990 e 2007, o cientista político Yan Carreirão afirmou que ao final do período enfocado foi possível constatar uma diluição ideológica generalizada entre os eleitores mais partidários. Para Carreirão, tal diluição estaria relacionada principalmente ao afastamento de eleitores petistas mais ideológicos do partido, a qual, após o escândalo do mensalão, teria se tornado, na visão dos eleitores, indiferenciada em relação às demais no que tange à questão ética. O distanciamento do eleitorado petista possivelmente teve relação com a queda no número total de eleitores que declaravam sentir-se representados por algum partido político de 2002 para 2006, bem como com a queda, de 35% em 2002 para 27% em 2006, dos eleitores que diziam gostar de algum partido. Finalmente, os desvios éticos atribuídos ao PT também teriam impactado os sentimentos partidários e a confiança no Congresso, que declinaram em comparação com outras instituições. Crescia o descontentamento geral com o sistema político e o eleitorado passava a ter mais dificuldade para diferenciar os partidos entre si.

Foi justamente na esteira do impacto do mensalão que foi fundado o primeiro movimento relacionado à nova direita, ainda em 2006, o Movimento Endireita Brasil (MEB), liderado por Ricardo Salles, que posteriormente se tornaria ministro do Meio Ambiente do governo Bolsonaro. A intenção do grupo, formado por jovens advogados, era promover uma campanha pelo impeachment de Lula por causa do escândalo. No entanto, a ideia não decolou, de acordo com um de seus membros, o historiador Rodrigo Neves, em razão da melhora econômica experimentada pelo país na mesma época:

> O Endireita Brasil surgiu em 2006. Era um clubinho de advogados de direita que eram amigos do Ricardo Salles. Eram todos jovens recém-formados vindos do Largo São Francisco, PUC, Mackenzie, eram contra o PT e haviam se chocado com o mensalão. Na época eles começaram com uma perspectiva de montar um movimento de massa. Eles quiseram ser o MBL na época do mensalão, a ideia era mobilizar as pessoas para conseguir o impeachment do Lula. Era um projeto vanguardista demais para o tempo e não colou, porque em 2006 o Brasil estava naquele *hype* da bolha econômica que o PT criou, todo mundo tendo aumento do salário artificialmente, a economia crescendo numa bolha frenética. Todo mundo sabia que o Lula tinha cometido um crime, todo mundo sabia que o Lula era corrupto e que o PT tinha comprado votos, mas ninguém estava nem aí.[8]

Assim como os membros do Endireita Brasil, boa parte dos analistas políticos que apareciam na grande imprensa avaliava que depois do mensalão Lula já seria carta fora do baralho e Geraldo Alckmin, candidato do PSDB, sairia vitorioso da disputa pela presidência em 2006. Porém, Lula não apenas derrotou Alckmin, como o tucano perdeu votos entre o primeiro e o segundo turno.

Com o intuito de compreender como Lula conseguiu se reeleger apesar do escândalo, a Fundação Perseu Abramo coordenou uma pesquisa de opinião publicada na revista *Teoria e Debate* no primeiro semestre de 2006. A pesquisa revelou que, se por um lado a imagem de defesa da ética promovida até então pelo partido havia se perdido, por outro a taxa dos brasileiros que consideravam o PT como o partido mais aberto à participação da população subira 10%. Além disso, a taxa daqueles que consideravam que o PT era o partido que mais defendia a justiça social teve um aumento de 6%, e a porcentagem daqueles que o consideravam como o que defendia os mais pobres subiu dez pontos, para 57%.

Outro fator que também passou a impactar positivamente na imagem do PT foi o seu vínculo à figura de Lula, sinalizando sua preponderância em relação ao partido. Assim, ainda que o PT tenha se tornado mais indiferenciado em relação aos demais no tocante à defesa da ética na política, outros atributos foram reforçados, o que ajuda a explicar a reeleição do ex-metalúrgico, especialmente levando em consideração que, em 2006, ao contrário do que ocorrera em 2002, o candidato petista venceu principalmente em razão dos votos oriundos das camadas mais pobres da população. De acordo com o cientista político André Singer, a alteração no padrão de votação que ocorreu em 2006 sinalizaria um realinhamento eleitoral por meio do qual a população mais pobre do país teria passado a apoiar o programa político encabeçado por Lula, dando origem a um novo fenômeno na política brasileira: o lulismo.

O lulismo seria um movimento político em que o então presidente Lula realizaria uma arbitragem do conflito social e político combinando medidas que ao mesmo tempo beneficiariam os mais pobres, por meio de políticas de transferência de renda, e o grande capital, por meio da manutenção de políticas econômicas ortodoxas. Ideologicamente, o lulismo teria promovido mudanças sociais sem romper com a ordem social-econômica vigente, o que teria coincidido com a ideologia de mudança dentro da ordem compartilhada pelos brasileiros mais pobres chamados por André Singer de "subproletariado".[9] Tal coincidência ideológica teria feito com que a adesão à figura de Lula fosse mais forte do que uma simples aprovação do governo de turno, desencadeando uma mudança de padrão eleitoral em que o grupo que Singer classifica como subproletariado, que desde 1989 votava em sua maioria em candidatos a presidente situados à direita no espectro político, teria passado a votar em Lula e nos candidatos por ele apoiados, enquanto a maior parte da classe média e alta teria passado a votar de forma sistemática na oposição.

Dessa forma, se durante o primeiro governo de Lula o fenômeno da direita envergonhada ainda estava em vigor, como aponta Renan Santos, do Movimento Brasil Livre (MBL), em entrevista à cientista política Fanny Vrydagh, após sua reeleição e o auge do lulismo, este se tornou ainda mais acentuado:

> Ser de direita em 2004 em um ambiente universitário era um tabu muito maior do que é hoje em dia, especialmente considerando que nós éramos estudantes de uma faculdade de direito, o Largo São Francisco, que estava ativamente engajada na luta contra a ditadura militar. Então nós tentávamos mostrar que nós estávamos à direita fazendo piadas, agindo como independentes, anarquistas.[10]

Como também relembra Fábio Ostermann, um dos fundadores do mesmo movimento:

> As pessoas que hoje estão engajadas na difusão de ideias libertárias não têm ideia de como a opinião pública era anos atrás. A taxa de aprovação de Lula era algo como 90%, mesmo depois do mensalão ele tinha conseguido se reeleger.[11]

Os membros do Movimento Endireita Brasil chegaram a ser aconselhados a mudar o nome do grupo porque se vincular explicitamente à direita no Brasil "pegava mal". Tendo isso em vista, é possível dizer que o auge do lulismo, entre os anos 2006 e 2010, coincidiu com o auge do fenômeno da direita envergonhada, e até mesmo quem não se reivindicasse explicitamente de direita enfrentou dificuldade em organizar manifestações antipetistas/antilulistas em meio ao auge do lulismo sem ser menosprezado ou ridicularizado no debate público.

Esse foi o caso das lideranças e apoiadores do movimento Cansei, criado em 2007 após um acidente com um avião da TAM. O objetivo do movimento era protestar contra o que foi percebido por seus membros como um "caos aéreo" provocado pela má gestão do governo petista. O movimento chegou a reunir cerca de 5 mil pessoas na Praça da Sé em São Paulo, que rezaram o pai-nosso, entoaram o hino nacional e bradaram gritos de "fora, Lula" e "Lula ladrão, seu lugar é na prisão". As lideranças afirmavam que o protesto era apartidário e pacífico, a despeito de manifestantes terem acuado militantes do PSDB que resolveram desfraldar bandeiras do partido aos gritos de "sem bandeira", "o PSDB também é culpado", "vagabundos, oportunistas" e "traidores da consciência do povo". Encabeçado por sindicatos patronais e figuras destacadas da elite paulistana, como o empresário e atual governador de São Paulo, João Doria Jr., e o então representante da OAB-SP, Luiz Flávio D'Urso, e apoiado por artistas como Seu Jorge, que criticou os governantes do país e citou o mensalão, o Cansei também contou com a participação de outras seis entidades civis: Cidadão, Responsável, Informado e Atuante (CRIA Brasil), Campanha Rir para Não Chorar, Casa do Zezinho, Fundação SOS Mata Atlântica, Instituto Brasil Verdade, Instituto Rukha e Movimento Nossa São Paulo: Outra Cidade. Porém, como vários de seus membros pertenciam à elite do país, em pouco tempo o movimento acabou se tornando alvo fácil de críticas ácidas.

O ex-governador do estado de São Paulo Cláudio Lembo, filiado ao DEM, antigo PFL, afirmou que o Cansei era um movimento de "dondocas", e uma matéria do portal UOL, que cobriu a manifestação da Praça da Sé in loco, acusava logo na manchete: "Movimento 'Cansei' reúne grifes e gritos de 'Fora Lula' na Sé". O texto ressaltava que aquele havia sido "um protesto diferente, com direito a fotógrafos da revista de celebridades *Caras*, equipe do programa *TV Fama*, bolsas Prada e óculos Dior para as mulheres e blazer com abotoaduras, gel no cabelo e colarinho branco para os homens". A matéria destacou ainda que o movimento não ofereceu transporte para os parentes das vítimas do acidente de avião, os quais chegaram atrasados ao protesto e foram impedidos de subir no palco, informação também confirmada pelo jornal *Folha de S.Paulo*.

Em virtude de inúmeras críticas similares, o ex-cônsul-geral dos Estados Unidos em São Paulo Thomas White, que deixou o cargo em 2010, enviou um documento oficial a Washington no dia 18 de setembro de 2007 em que destacava a reclamação a respeito das críticas recebidas. No documento constava que "entrevistado pela revista *Veja*, João Doria Jr. queixou-se que a opinião pública discrimina os bem-sucedidos e ricos [...] e que sua imagem de alguém que nunca fumou, bebeu ou usou drogas, não briga, não fala palavrões e usa gel no cabelo tornou difícil aos brasileiros comuns se identificarem com sua causa", concluindo que "os líderes do movimento, por toda sinceridade e seriedade tornaram-se alvos fáceis para a caricatura". Em conversa com White, o ex-presidente Fernando Henrique Cardoso teria ainda ironizado o nome do movimento afirmando que "Cansei" não é um lema que Martin Luther King Jr. teria escolhido para inspirar seus seguidores. Em 2011, já não havia mais vestígios do Cansei e a página do movimento na internet tinha sido retirada do ar.

A despeito do clima refratário a manifestações integradas pela elite e proibitivo para protestos declaradamente de direita, os membros do Movimento Endireita Brasil não seguiram os conselhos recebidos e resolveram manter o nome. Contudo, em vista do fracasso da ideia de promover o impeachment de Lula, optaram por percorrer apenas circuitos restritos e participar ativamente de determinados fóruns digitais onde estariam protegidos das desconfianças suscitadas pela exposição pública de suas ideias.

Nessa época, a internet funcionava como um refúgio para antipetistas, direitistas, ou simplesmente para quem não se sentisse representado pela bonança lulista. Sentindo-se acuadas na esfera pública tradicional, tais pessoas descobriram nos meios digitais a possibilidade de encontrar outros com quem pudessem trocar ideias e se solidarizar por meio da interação em fóruns, blogs, sites e comunidades digitais. Nesse sentido, foi especialmente importante o surgimento da rede social Orkut, criada pelo Google em 2004, que acabou por se tornar o espaço principal de formação de arenas discursivas que dariam origem à nova direita brasileira.

O primeiro passo nessa direção foi dado ainda no fim dos anos 1990, com a criação do já referido blog de Olavo de Carvalho. Contando com a colaboração de outros críticos do marxismo e da esquerda nacional, no ano de 2002 o autor de *O imbecil coletivo* criou o site Mídia Sem Máscara (MSM), fazendo com que Carvalho passasse a se tornar mais conhecido pelos brasileiros que possuíam acesso à internet na época. Assim, quando a rede social Orkut surgiu, já era possível encontrar duas comunidades formadas por leitores e admiradores da obra de Olavo de Carvalho: "Olavo de Carvalho" e "A Filosofia de Olavo de Carvalho", além de uma comunidade formada por seus detratores, "Eu odeio Olavo de Carvalho", mais tarde renomeada como "Olavo de Carvalho nos odeia".

Voltado inicialmente para o público norte-americano, o Orkut, ao contrário do Facebook, se popularizou tão rapidamente no Brasil que, em janeiro de 2006, cerca de 75% do total dos usuários eram brasileiros, sinalizando um engajamento precoce em comparação a pessoas de outras nacionalidades em redes sociais desse tipo. No entanto, o número recorde de brasileiros não significava que o acesso ao Orkut fosse homogêneo junto à população como um todo, pelo contrário. Entre os anos de 2005 e 2007, auge do Orkut no Brasil, o acesso à internet no país era bastante restrito a grupos formados sobretudo por adolescentes e jovens adultos com alta escolaridade, em sua maioria oriundos das classes A e B das regiões Sul e Sudeste. Eles possuíam computadores em casa ou frequentavam centros de acesso público pagos (*lan houses* e internet cafés)[12] e utilizavam a rede principalmente para se comunicar, buscar informações e como fonte de lazer. O Orkut era a rede social que proporcionava essas três atividades.

Ali era possível criar comunidades sobre assuntos diversos em que os usuários inauguravam tópicos de conversação por meio dos quais interagiam entre si. O uso de perfis falsos, porém, não era incomum, o que contribuía para que os debates nas comunidades se desenvolvessem de forma bastante livre e, por vezes, violenta. O ambiente de ampla liberdade atraía justamente pessoas que não se sentiam representadas nos debates que ocorriam na esfera pública tradicional. Inclusive, até mesmo aqueles que não se sentiam representados em debates travados nas próprias comunidades do Orkut poderiam criar as suas próprias comunidades, como o fez o professor de filosofia Marcus Boeira.

Então estudante de pós-graduação em direito, Boeira já percorria os circuitos formados pelos *think tanks* pró-mercado desde os anos 1990, de onde conhecia as pessoas que atuavam no Cieep, como Alex Catharino, e fora aluno de Olavo de

Carvalho em um curso presencial em Porto Alegre no início dos anos 2000. Com a intenção de se distanciar de discussões conjunturais mais rasas, e por vezes agressivas, das comunidades que frequentava, decidiu criar um grupo no Orkut, chamado "Ética e Filosofia Política". Seu objetivo era estabelecer debates rigorosos e razoáveis sobre temas controversos que eram pouco discutidos na academia e nos circuitos culturais brasileiros na época. Em sua visão, naquele momento haveria uma "hegemonia gramsciana" mais forte da esquerda no país, de modo que seriam "praticamente noventa e tantos por cento de pessoas falando a mesma coisa".

A "hegemonia gramsciana" à qual se refere Boeira está relacionada ao argumento desenvolvido por Olavo de Carvalho a respeito de uma revolução gramsciana capitaneada por intelectuais de esquerda e pelo PT desde o fim da ditadura militar. Ainda que teorias similares já circulassem em outros países, é possível dizer que Carvalho as adaptou ao contexto nacional,[13] e, ao longo do tempo, suas ideias foram difundidas por meio da internet numa versão simplificada que acabou por se tornar a pedra angular do discurso da nova direita. Por esse motivo optei por reproduzir abaixo uma síntese de seu argumento original, extraída do prefácio da primeira edição de *A nova era e a revolução cultural: Fritjof Capra & Antonio Gramsci*, escrito em junho de 1994, ou seja, ainda durante o primeiro ano de governo de Fernando Henrique Cardoso:

> A inteligência nacional está indo ladeira abaixo, ao mesmo tempo que sobe, das ruas e dos campos, o rumo sombrio de uma revolução em marcha. Sim, o Brasil está inequivocamente entrando numa atmosfera de revolução comunista. [...] A geração que, derrotada pela ditadura militar, abandonou os sonhos de chegar ao poder pela luta armada [...] se dedicou, em silêncio, a uma revisão de sua estratégia, à luz

dos ensinamentos de Antonio Gramsci. O que Gramsci lhe ensinou foi abdicar do radicalismo ostensivo para ampliar a margem de alianças; foi renunciar à pureza dos esquemas ideológicos aparentes para ganhar eficiência na arte de aliciar e comprometer; foi recuar do combate político direto para a zona mais profunda da sabotagem psicológica. Com Gramsci ela aprendeu que uma revolução da mente deve preceder a revolução política; que é mais importante solapar as bases morais e culturais do adversário do que ganhar votos; que um colaborador inconsciente e sem compromisso, de cujas ações o partido jamais possa ser responsabilizado, vale mais que mil militantes inscritos. [...] A conversão formal ou informal, consciente ou inconsciente da intelectualidade de esquerda à estratégia de Antonio Gramsci é o fato mais relevante da História nacional dos últimos trinta anos. É nela, bem como em outros fatores concordantes e convergentes, que se deve buscar a origem das mutações psicológicas de alcance incalculável que lançam o Brasil numa situação claramente pré-revolucionária, que até o momento só dois observadores, além do autor deste livro, souberam assinalar, e aliás mui discretamente. [...] Durante algum tempo, nutri a insensata esperança de que o PT expeliria de si o veneno gramsciano e se transformaria no grande partido socialista, ou trabalhista, de que o Brasil precisa para compensar, na defesa do interesse dos pequenos, o avanço neoliberal aparentemente irreversível no mundo, e propiciar, pelo sadio jogo de forças, o movimento regular e harmônico da rotatividade do poder que é a pulsação normal do organismo democrático. Movido por essa ilusão, votei em Lula para presidente. Hoje não votaria nele nem para vereador em São Bernardo. É que, pela sucessão de acontecimentos desde a campanha do impeachment, o PT mostrou sua vocação, para mim surpreendente, de partido manipulador e golpista, capaz de conduzir o país às vias fraudulentas da "revolução passiva" gramsciana, usando para isso dos meios mais covardes e ilícitos — a espionagem política, a chantagem psicológica, a prostituição da cultura, o boicote a medidas saneadoras, a agitação histérica que apela aos sentimentos mais baixos da população —, e de adornar esse pacote de sujidades com um discurso moralista que recende a sacristia. [...] Se o PT faz isso, é porque perdeu sua confiança no futuro majestoso a que o destinava a nossa democracia em formação, e, excitado por indícios de um sucesso momentâneo que teme não repetir-se nunca mais, resolveu apostar tudo no jogo voraz e suicida do *it's now or never*. Não quer mais apenas eleger o presidente, governar bem, submeter seu desempenho ao julgamento popular daqui a cinco anos, fazer História no ritmo lento e natural dos moinhos dos deuses: quer tomar o poder, fazer a Revolução, desmantelar os adversários, expelir da política para sempre os que poderiam derrotá-lo em eleições futuras. [...] O que importa é aproveitar o momento, levar a todo preço o Lulalá, carregado nos ombros de garotos raivosos, insolentes e analfabetos, e, antes que o "consenso passivo" da população tenha tempo de avaliar o que se passa, atrelar irreversivelmente o país ao carro-bomba que se precipita, morro abaixo, no rumo da Revolução.

De acordo com Boeira, existiam então três grupos principais de usuários do Orkut que circulavam nas comunidades dedicadas à apreciação positiva dos argumentos de Carvalho. Um grupo majoritário que compreendia desde anarcocapitalistas a neoliberais que se posicionavam consistentemente contra a esquerda, sobretudo a partir de uma crítica baseada na disputa entre *mais mercado vs. mais Estado*; um grupo disperso formado por defensores de pautas mais conservadoras; e um público católico que seria minoritário e menos participativo em comparação aos outros dois. A despeito de suas diferenças, o que reunia as pessoas desses diferentes grupos nas comunidades de Olavo de Carvalho era, sobretudo, o sentimento de não se sentir representado em meio à esfera pública tradicional que atuava a partir das prerrogativas estabelecidas pelo pacto de 1988, e que era percebida, em consonância com as teses defendidas por Carvalho, como sendo hegemonizada pela esquerda — o que fazia com o que o filósofo conseguisse vocalizar os anseios daqueles que se sentiam marginalizados. Boeira relata:

> Ele falava tudo aquilo que muitas pessoas gostariam de falar para os jornalistas, professores universitários, pessoas dos meios de comunicação e que atuavam no terceiro setor e não tinham voz. Então, de certa forma, ele canalizava essas vozes todas. Me parece que o sucesso dele naquela altura se deve a isso, e, claro, sem contar o brilhantismo intelectual que ele tem e isso é inegável. Um sujeito realmente impressionante desse ponto de vista.[14]

A percepção de Boeira acerca do isolamento e da falta de representação de pessoas de direita no debate público na época, especialmente tendo em vista o campo das ciências humanas na academia, editoras de livros e a mídia tradicional, era compartilhada por praticamente todas as pessoas que entrevistei. Isso ocorria mesmo entre o grupo que o professor gaúcho apontou como hegemônico entre os frequentadores das comunidades do Orkut relacionadas à obra de Olavo de Carvalho, os defensores do livre mercado, os quais também possuíam suas próprias comunidades onde trocavam e traduziam textos que quase não circulavam nos ambientes acadêmicos até então, como apontam Cibele Bastos e Filipe Celeti, ambos estudantes universitários à época:

> Em 2005 eu estava no segundo semestre de economia e tinha uma disciplina chamada Evolução dos Movimentos Sociais, que era, basicamente, Marxismo I e Marxismo II. Eu peguei um seminário de neoliberalismo para fazer, e, na bibliografia complementar tinha um livro do Hayek: *O caminho da servidão*. Aquilo ali mudou o meu rumo, e eu comecei a querer me aprofundar um pouco mais. Então, na época do Orkut, eu comecei a entrar em comunidades sobre liberalismo e fiquei trocando ideias e materiais com as pessoas, porque o pessoal estava traduzindo textos e muitos artigos que não existiam no Brasil.[15]

> No último ano de faculdade eu comecei a descobrir esse universo novo que, de certo modo, não dava as caras aqui no Brasil. A maioria dos textos era em inglês, então era difícil de ter acesso à informação. E aquele momento [2005-6], pelo próprio interesse das pessoas, houve vários movimentos de tradução de obras por conta própria, muitas pessoas montaram blogs para traduzir textos pequenos, artigos. A necessidade de divulgar aquelas ideias que a gente não tinha acesso em língua portuguesa estava fervilhando, e foi isso que aglutinou as pessoas. Com o Orkut, bastava digitar o nome do autor que você queria e tinha comunidades com vinte, trinta pessoas. A maioria não era formada de pessoas do Brasil, mas os brasileiros foram tentando invadir esses espaços para poder dialogar. Foi assim que as comunidades do Orkut possibilitaram o encontro das pessoas, a troca de informações e também grandes debates sobre as ideias.[16]

Dessa forma, as comunidades do Orkut possibilitavam discussões e debates entre pessoas que possuíam os mesmos interesses, a despeito de não se conhecerem, como relatam dois de seus antigos frequentadores, Rodrigo Constantino e Joel Pinheiro da Fonseca, que anos depois viriam a ter espaço em jornais e revistas tradicionais para expor suas ideias:

> Eu fui trabalhar no mercado financeiro e tive um chefe, que é um liberal conhecido no Brasil, o Paulo Guedes, com ph.D. em Chicago. Ali ele começou a me dar umas dicas: "Olha, lê esse troço aí que você vai gostar". E esse "troço aí" era a Escola Austríaca. Então eu comecei, em paralelo ao trabalho no mercado financeiro, que já é um ambiente muito propício para enfrentar as ideias socialistas, a ir me abrindo o horizonte de leituras teóricas. Assim, por volta de vinte anos eu já era um liberal, digamos assim, radical. Eu sempre gostei de uma boa polêmica também, então eu criava uns grupos de e-mail e mandava polêmicas ou coisas que eu havia lido no jornal e queria contestar, mas não tinha muito feedback dos meus amigos. Quando eu descobri o Orkut e essas comunidades onde todo mundo passava o dia debatendo, foi uma mão na roda para mim. Foi uma época marcante. Eu adorava esse bate-boca, essa polêmica toda, e, ao mesmo tempo, isso ia me treinando em termos de debate. O Orkut foi um aprendizado de vida. Eu tinha tesão em debater, em defender as ideias que eu acreditava, e fui encontrando eco, fui encontrando gente disposta a debater.[17]

No ensino médio eu já era um pouco mais liberal do que o resto da classe, mas ainda sem muitas referências. Mas na faculdade eu descobri o Instituto Mises americano e a obra do Mises, que inclusive é superior ao aspecto militante que a coisa ganhou. Eu e um grupo de amigos começamos a nos interessar muito pelo assunto e, graças ao Orkut, pude conhecer mais gente que também participava de várias comunidades de discussão sobre o tema: "Liberalismo Verdadeiro", "Capitalismo versus Socialismo", e que tiveram um papel de colocar em contato pessoas que individualmente conheciam algumas referências.[18]

Em pouco tempo os frequentadores de tais comunidades passaram a perceber que todos defendiam uma versão do capitalismo de livre mercado muito mais radical do que o neoliberalismo. Nas palavras do carioca Bernardo Santoro, outro ativo frequentador dos debates no Orkut: "A gente foi discutindo e alguém virou e rapidamente viu que todo mundo ali era muito radical, todo mundo ali era mais libertário do que liberal propriamente dito". Foi justamente essa radicalidade que motivou os debatedores a eleger como seu principal símbolo o economista austríaco Ludwig von Mises, tido como o defensor mais radical do capitalismo de livre mercado. No Brasil, a referência ao legado do economista costuma vir acompanhada da defesa de ideias sintetizadas em motes como "imposto é roubo", "não existe almoço grátis", "privatiza tudo!" e "menos Marx, mais Mises".

Contudo, na época, os ultraliberais, assim como os demais frequentadores das comunidades de Olavo de Carvalho, não encontravam representatividade na esfera pública tradicional, onde a defesa da ampliação da lógica de livre mercado era realizada em grande medida por neoliberais alinhados em maior ou menor grau ao PSDB. Além disso, entre 2005 e 2006, quando as comunidades ultraliberais foram criadas no Orkut, os ultraliberais brasileiros não se consideravam representados nem mesmo nos circuitos nos quais o neoliberalismo circulava, afinal, a despeito do esforço realizado para a divulgação das obras de Mises por parte de *think tanks* como o Instituto Liberal do Rio de Janeiro, o ultraliberalismo continuava a ser uma ideologia política praticamente inexistente no Brasil até então. Seus defensores experimentavam intolerância, exclusões e silenciamentos em ambientes universitários e nas redes sociais, como apontam Luan Sperandio e Rafaela de Paula ao relembrarem suas experiências durante a graduação:

> O discurso de intolerância existe. É muito forte. As pessoas te veem com bastante preconceito sem nunca terem conversado com você. Existe um mito muito forte de que na academia você pode discutir ideias, mas as pessoas não estão preocupadas em debater. Um professor com quem eu tive aula em 2014, que é petista, socialista e defende Cuba, falava mal do Aécio em todas as aulas. Eu sempre o respeitei academicamente, mas ele me excluiu das redes sociais. É muito triste você ver isso. Tem muitos amigos de infância que me excluíram e eu sinceramente não sei por quê. Por mais que a pessoa discorde de mim, por mais socialista que ela seja, eu não a enxergo apenas como alguém que defende uma ideologia, mas como um indivíduo que merece respeito como tal. Em uma universidade federal é muito difícil, porque você só está querendo aprender, estudar, debater ideias, mas as pessoas não enxergam assim. Elas acham que você não deveria estar lá porque você discorda delas.[19]

> Eu fui fazer comunicação social em uma faculdade que, apesar de ser particular, era extremamente de esquerda. Na minha primeira aula eu já senti um choque enorme. Eu passei por situações de professores me silenciando. No começo eu me senti muito sozinha. Foi muito difícil porque eu não tinha ninguém pra conversar comigo a respeito, e

foi quando eu comecei a pesquisar os grupos e acabei me encontrando com pessoas que fizeram com que essa experiência fizesse ainda mais sentido para mim. Nas faculdades essa presença da esquerda está muito forte, então a gente tem que realmente se reunir mais, falar mais. Não é só questão de lutar para ter um espaço. É importante você lutar para ter um espaço mas sem ter que tirar o espaço do outro de falar.[20]

Não tardou para que boa parte dos frequentadores do Orkut, assim como outros grupos e movimentos da sociedade civil, passasse a compartilhar em alguma medida as ideias acerca da existência de "hegemonia cultural esquerdista" no país, considerando suas próprias experiências em ambientes escolares[21] ou em outros circuitos relacionados à esfera pública tradicional. E, nesse sentido, a influência de Olavo de Carvalho foi inegável. É o que argumenta Joel Pinheiro da Fonseca:

Muita gente foi influenciada por Olavo de Carvalho. Muito liberal hoje em dia tem muito mais a cara de direita do que da esquerda, e ele tem uma grande parte de influência nisso, não tenho a menor dúvida. Ele ajudou a fomentar essa ideia de hegemonia esquerdista, de formar esse instrumento combativo. Em um plano mais prático, foi importante essa visão de que éramos uma minoria encastelada, meio instruída, sem representação, e que por isso tínhamos que lutar. Sem essa crença talvez não houvesse esse ânimo para crescer e para fazer acontecer.[22]

E Lucas Berlanza:

Olavo de Carvalho foi uma das primeiras fontes de conceitos que hoje todo mundo usa. O simples conhecimento da existência do Foro de São Paulo, por exemplo. O Olavo não foi o primeiro a dizer que existia, mas foi o primeiro a levar o conhecimento para o público sobre a importância dessa instituição, em termos ideológicos e estruturais, na América Latina. As pessoas às vezes dizem que não têm nada a ver com ele, mas usam essas ideias. Eu reconheço que elas começaram a ser difundidas de fato com ele, e que foram recebidas por alguns grupos de intelectuais, sobretudo jovens, dispostos a encontrar uma bibliografia distinta das que eles tinham até então.[23]

Com o tempo, a ideia de que existiria uma hegemonia esquerdista no país foi acompanhada pela difusão entre a nova direita em formação de uma estratégia discursiva contra-hegemônica para combatê-la: a política do choque. A política do choque, que pode ser utilizada tanto à esquerda quanto à direita, é uma forma radical de chamar a atenção para determinados temas e demandas e aumentar a circulação pública de discursos que se opõem a um horizonte cultural percebido como dominante.[24] Durante as Marchas das Vadias, por exemplo, as manifestantes se utilizavam da política do choque ao andar com os seios descobertos em público e com palavras como "puta" pintadas em seus corpos, contra o que compreendiam ser uma dominação machista na sociedade e na esfera pública tradicional. Já os frequentadores das comunidades dedicadas à discussão da obra de Olavo de Carvalho faziam uso frequente de palavrões, exageros e de um humor ácido e agressivo com objetivo de chamar a atenção para o que consideram ser uma dominação esquerdista no país, como ilustram estes trechos referentes a postagens originais da comunidade "Olavo de Carvalho", em que se criticava até mesmo o site do próprio filósofo, o MSM:

MSM se rende à novilíngua e ao esquerdismo
Sérgio Marcondes — 29 de outubro de 2004
Nem no antes impoluto Mídia Sem Máscara podemos nos
refugiar dos terríveis intelectuais gramscianos e suas dis-
torções retóricas. Saiu um artigo lá falando de fome, pobreza, exclusão social, desigualdade social, problemas do
capitalismo. Como é possível isto? Espero protestos in-
dignados dos membros desta comunidade contra um artigo evidentemente esquerdista que conspurca o MSM! Depois de tantos membros aqui dizerem que conceitos como
"desigualdade social" fazem parte da novilíngua, e que o
mundo é cada vez melhor com o capitalismo, isto não pode
passar em branco!

Lavagem cerebral nas escolas
Breno Toledo — 10 de maio de 2005
Os marxistas donos da verdade estão cada dia com um
maior controle na educação e na mídia. Assim está o nosso
país de Norte a Sul com um poderoso exército marxista
fazendo lavagem cerebral nos jovens brasileiros. Os aplau-
sos dados ao ilustre Hugo Chávez vieram de drogados, lu-
náticos e fracassados que foram à Meca comunista [Fórum
Social Mundial] viver uma espécie de Woodstock brasileiro onde ninguém é de ninguém, a Coca-Cola não pode
ser servida, e o aperitivo principal é a maconha e a publicidade paga por um banco privado.

Nova novela das 7: mais um show de comunismo
Antonio Luiz Ribeiro — 6 de janeiro de 2010
Nova novela das 7: mais um show de comunismo. Quem
escreve é um tal de Brosco Brasil.
G.B. Schmitt — 7 de janeiro de 2010

A última novela que vi foi O REI DO GADO. Aquilo era uma apologia ao MST.

(Homenagem a Carlos Lacerda)
Priscila Garcia — 4 de outubro de 2012
Eu lamento muito, mas concordo inteiramente com o Olavo quanto a isso. Dá vontade de ressuscitar os cadáveres desses generais e sacudir-lhes as ossadas pra PERGUNTAR furiosamente: Vocês têm NOÇÃO da MERDA que nos legaram, suas ANTAS SEQUELADAS? Têm NOÇÃO do que significou, para o país que vocês queriam defender do comunismo, a perseguição a uma pessoa como CARLOS LACERDA? Essa postagem inflamada é em sua JUSTA HOMENAGEM, Carlos Frederico Werneck de Lacerda!

Ainda que expressões violentas não fossem incomuns em comunidades do Orkut, o jargão dos participantes da comunidade "Olavo de Carvalho" era semelhante àquele utilizado pelo próprio filósofo em seu blog, em fóruns e em redes sociais. Em 2009, Carvalho afirmou, em resposta a um leitor de seus textos:

> Mais vale um bom palavrão atirado em público à cara de um Tarso Genro, de um Marco Aurélio Garcia, do que mil palavras construtivas atiradas ao vento. [...] O Brasil, no momento, não precisa de boas ideias. Precisa é de uma ação vigorosa, implacável, contra o império da maldade, da mentira e da estupidez. [...] Quando nada se faz contra o mal, a apologia do bem torna-se mera desconversa — a forma passível e afável da mentira na qual o mal se sustenta.

O uso de palavrões e de um discurso agressivo e cáustico, especialmente contra seus adversários, é rotineiro nas falas e nos textos publicados por Carvalho na internet. Inclusive, no ano de 2006, o escritor apontou como fonte direta de inspiração o repórter policial Luís Carlos Alborghetti, que também possuía uma comunidade ativa no Orkut no ano de 2006 chamada Alborghetti/Cadeia Sem Censura, através da qual defendia, com o uso de palavrões e expressões chulas, o combate à corrupção por meio do fuzilamento de políticos e a volta da ditadura militar:

> Tinha que pegar os deputados e botar num paredão. Pegar essa quadrilha do PT, a quadrilha de todos os partidos políticos, e botar no paredão! Nada de presídio, é pegar Fernandinho Beira-Mar, Marcola, e mandar fuzilar. Invadir o Rio de Janeiro e explodir tudo. Pegar e meter uma trolha na bunda dos caras, tá?! Hoje eu sou a favor, pela putaria que está acontecendo nesse país, eu seria a favor do vento das Araucárias, é o vento verde! Mas nós não temos um Castelo Branco para retornar.[25]

Segundo Carvalho, o uso de palavrões e de uma abordagem agressiva seria consciente e se justificaria pelas seguintes razões:[26]

O USO DO PALAVRÃO
Eu uso esses palavrões porque são NECESSÁRIOS.
São necessários no contexto brasileiro para demolir essa linguagem polida que é uma camisa de força que prende as pessoas, obrigando-as a respeitar o que não merece respeito.
Então, às vezes, quando você discorda de um sujeito, mas discorda respeitosamente, você está dando mais força pra ele do que se concordasse. Porque você está indo contra a ideia dele, mas você está reforçando a autoridade dele. A autoridade é a respeitabilidade.

O problema dessas pessoas, desses bandidos de que eu estou falando, não são as ideias. É justamente o fato de que são canalhas.

São canalhas, são bandidos, são ladrões.

V-Ã-O T-O-D-O-S T-O-M-A-R N-O C-U!

Certamente, a exposição de certos discursos difundidos por Alborghetti, Carvalho e outros causaria reações de choque ou até mesmo hostilidade entre pessoas comuns, como ocorreu na época em que o filósofo frequentava os circuitos formados por *think tanks* pró-mercado.

No entanto, se por um lado a adesão de Carvalho à política do choque lhe rendeu dificuldades em obter financiamento institucional entre o fim dos anos 1990 e início dos anos 2000, por outro, a adoção de tal retórica foi crucial para a nova direita em formação. Afinal, foi sobretudo a partir da influência de Carvalho e do recurso à política do choque que debates marginais que ocorriam em fóruns e comunidades dedicados à discussão de filosofia e economia a partir de perspectivas conservadoras ou ultraliberais puderam ampliar seu raio de alcance dentro e fora da internet. Carvalho não apenas influenciou um número muito grande de ativistas e apoiadores do que viria a ser a nova direita, mas por meio do site MSM também abriu espaço para que outras vozes pudessem se expressar e eventualmente se tornar, assim como ele, escritores e articulistas em veículos tradicionais de mídia, como foi o caso de Rodrigo Constantino:

Já nessa época de debates no Orkut eu comecei a escrever uns textos um pouco maiores. Aí eu fui em um evento que já era ligado à política, do Partido Federalista, do Thomas Korontai, do movimento federalista.[27] Nesse evento eu conheci o Heitor de Paula, um psiquiatra bem radical, ligado ao Olavo de Carvalho e companhia. Ele me falou do Mídia Sem Máscara, que eu só conhecia de nome, e eu publiquei oficialmente meu primeiro texto lá no comecinho do governo do PT. Depois eu continuei publicando outros textos no MSM e um editor de uma editora mineira chamada Só Ler me pediu permissão para usar alguns trechos dos meus artigos em um livro deles e eu falei: "Eu tenho vários textos já que eu escrevi, se você tiver interesse, a gente pode lançar um livro meu". E assim nasceu meu primeiro livro, *Prisioneiros da liberdade*, publicado em 2004, uma coletânea de artigos, muitos do Mídia Sem Máscara.[28]

É possível dizer que os textos e livros críticos à esquerda e ao PT que circulavam na época, logo após o mensalão, ainda que não tivessem sido escritos por membros da nova direita, prepararam o terreno para sua chegada à esfera pública tradicional, inclusive adiantando o uso de um tom mais agressivo. Em 2007, Diogo Mainardi, por exemplo, então colunista da revista *Veja*, e que também atuava desde 2003 como membro do programa *Manhattan Connection* transmitido pela Globosat, operadora de televisão a cabo da Rede Globo, reuniu suas principais colunas sobre Lula em um volume intitulado *Lula é minha anta*, comercializado por um dos maiores grupos editoriais do país, o Grupo Editorial Record, e que figurou como o quinto livro de não ficção mais vendido daquele ano.

O público leitor de não ficção dos anos 2000 demonstrava possuir maior interesse por livros que abordassem o próprio país, e nesse sentido *Lula é minha anta* acabou por se tornar o precursor de uma série de livros na mesma linha. Dois anos depois, em 2009, o jornalista Reinaldo Azevedo, que também escrevia na *Veja*, lançou, pelo mesmo grupo editorial, *O país dos petralhas* e, no mesmo ano, *Máximas de um país mínimo*. Em 2010, quando Lula atingiu seu auge em termos de popularidade, foi a vez de Merval Pereira, colunista do jornal *O Globo* e comentarista político do canal de televisão a cabo GloboNews, publicar, novamente pelo Grupo Editorial Record, o livro *O lulismo no poder*.

Além de livros sobre política contemporânea, os leitores de não ficção, ao fim dos anos 2000, também demonstraram predileção por narrativas históricas. O livro *1808*, de Laurentino Gomes, sobre a chegada da família real ao Brasil, lançado em 2007, atingiu a marca de 400 mil exemplares vendidos em 2008, abrindo espaço para outras publicações do gênero. Assim, foi publicado pela editora Leya em 2009 o *Guia politicamente incorreto da história do Brasil*, de Leandro Narloch, jornalista e admirador das teses do economista austríaco Ludwig von Mises. A obra logo se tornaria um best-seller e o primeiro de uma série de guias "politicamente incorretos" que foram sendo publicados nos anos seguintes sobre os mais diversos temas.

A publicação de livros críticos ao PT e ao "politicamente correto" logo virou tendência, e algumas editoras pequenas começaram a demonstrar maior interesse em investir em títulos relacionados à expressão de ideias associadas à direita, como relembra a tradutora e *fellow* da Atlas Network, Márcia Xavier de Brito:

O Edson [Filho] estava querendo fazer alguma coisa pela cultura no Brasil e montou a É Realizações. Eu estava na casa do Olavo quando veio o primeiro logo dessa editora. Na época, o Olavo era muito mais "cultural". O Edson meio que foi financiando o Olavo, e quando o Olavo foi virando antiesquerdista, ele começou a dar um tom bem reaça para a editora. Mas o Edson queria uma pauta mais acadêmica, e entre 2005 e 2006, ele começou a largar esse radicalismo de livros que são "do contra", "esquerda é malvadona". Ele começou a descobrir os filósofos brasileiros que o Olavo divulgava e trouxe títulos do Russell Kirk, por exemplo. Aí um admirador de Olavo de Carvalho chamado César Kim criou a Vide Editorial, e quando o Olavo saiu da É Realizações, o César passou a ser o editor do Olavo e começou a entrar nesse mundinho, a mulher dele fez um curso com a gente, enfim, tem toda uma conexão por trás nesse sentido, de as pessoas se conhecerem.[29]

A É Realizações foi responsável por publicar vários livros de autores citados com frequência por Olavo de Carvalho, como Roger Scruton, Eric Voegelin, Theodore Dalrymple e Christopher Dawson, que atualmente figuram na lista dos mais vendidos pela editora. Já a Vide Editorial, além de publicar obras de Scruton e Voegelin, também começou a lançar títulos relacionados mais explicitamente à crítica do marxismo e do comunismo, como *A mente esquerdista: As causas psicológicas da loucura política, O verdadeiro Che Guevara, O livro negro do comunismo, Marxismo desmascarado*, e também promover livros de autores nacionais de direita. Dessa forma, durante esse período, começou a se esboçar um pequeno circuito editorial no qual circulavam alguns membros dos antigos *think tanks* pró-mercado e da nova direita emergente.

A despeito da crescente popularidade de Olavo de Carvalho nesses espaços e nos meios digitais, seus seguidores não tiveram sucesso em se organizar formalmente, e a divulgação das ideias do filósofo era realizada de modo intermitente. Em 2008 foi anunciada na comunidade "Olavo de Carvalho" uma proposta de criar um fórum conservador digital, e em 2010 chegou a ser criado um Instituto Olavo de Carvalho. Contudo, o Instituto durou pouco tempo e teve suas atividades encerradas em 2012, após dois anos e sete meses de funcionamento. No mesmo ano a transmissão do podcast de Carvalho, realizada por meio do site Blog Talk Radio, também foi encerrada. Assim, a divulgação mais consistente das atividades relacionadas à nova direita em formação para audiências mais amplas foi levada a cabo principalmente pela ação dos ultraliberais, que, a partir de 2006, passaram a formar novas organizações civis, grupos de estudo e chapas para centros acadêmicos, além de frequentar os circuitos constituídos pelos antigos *think tanks* pró-mercado.

A nova direita na sociedade civil

A atuação da nova direita foi ganhando uma sustentabilidade maior à medida que novas organizações, mais conectadas com o tipo de engajamento que vinha surgindo no Orkut, foram sendo fundadas. Hélio Beltrão Jr. e Rodrigo Constantino, ativos participantes dos debates nas comunidades do Orkut, que já possuíam contato com personagens importantes da rede de organizações pró-mercado previamente existente,[30] participaram da fundação do Instituto da Realidade Nacional em 2005, mais tarde rebatizado como Instituto Millenium e lançado oficialmente em 2006 durante o Fórum da Liberdade. Constantino relembra:

> O Paulo Guedes me ligou e disse: "Rodrigo, tenho um negócio que eu acho que você vai gostar. É um Instituto ligado ao pessoal lá no Sul que eu sei que você conhece, o IEE, querendo fazer a mesma coisa no Rio. Você quer ir?". Fui no evento, que foi em uma universidade na Lagoa, no Rio de Janeiro. Era com a Patrícia Carlos de Andrade,[31] mas eles não sabiam muito bem o que iam fazer, a ideia original era replicar o Instituto de Estudos Empresariais no Rio. Eles perguntaram quem tinha interesse em tomar a frente da iniciativa e eu fui o primeiro a levantar a mão. O Paulo Guedes ainda brincou falando com a Patrícia: "Eu falei que estava trazendo o cara certo". Mas no Rio a gente achava

que não ia pegar essa coisa de reunião toda segunda-feira para debater ideias com empresários, e então surgiu um projeto muito mais com a cara do Instituto Millenium, do qual eu sou um membro fundador.[32]

Inicialmente pensado para ser uma filial do Instituto de Estudos Empresariais, o Instituto Millenium (Imil) foi fundado por um grupo de acadêmicos, executivos e profissionais liberais, entre os quais estavam o professor universitário Denis Lerrer Rosenfield e os economistas Gustavo Franco, Patrícia Carlos de Andrade e Paulo Guedes. Com a intenção de difundir o ideário pró-mercado para públicos mais amplos, o Imil contou com o financiamento de vários grupos empresariais e de grandes veículos de mídia, como o Grupo Abril, Organizações Globo, Grupo Ultra, Grupo Gerdau, Grupo Évora, entre outros. No entanto, o Imil, assim como as organizações civis que haviam sido fundadas com propósito similar no passado, não atendia aos anseios das pessoas que frequentavam as comunidades do Orkut e defendiam o capitalismo de livre mercado de modo radical.

Os ultraliberais passaram então a somar esforços para fundar novas organizações que pudessem representá-los de fato. Para Hélio Beltrão Jr., a existência de um horizonte utópico seria fundamental para que fosse possível, em suas palavras, ganhar corações e mentes, o que não ocorreria por meio de debates complexos a respeito de quais seriam as melhores políticas públicas a serem adotadas pelo país. De acordo com Beltrão, a ideia de que a adoção da lógica de mercado é sempre a melhor solução para *quaisquer* problemas sociais ou econômicos porque é *moralmente superior* seria muito mais simples, coerente e facilmente compreensível por qualquer pessoa do que as discussões excessivamente técnicas realizadas por intelectuais e tecnocratas neoliberais. Assim, imbuído de tal propósito, no dia 2 de junho de 2006, Beltrão criou uma das principais comunidades para a discussão do liberalismo econômico no Orkut, a comunidade "Liberalismo (verdadeiro)", com a intenção de buscar pessoas para fundar um novo *think tank* inspirado no Mises Institute norte-americano.[33]

Em 2007, com o apoio dos irmãos Cristiano e Fernando Chiocca,[34] que estavam entre os membros mais ativos da comunidade, nasceu o Instituto Mises Brasil (IMB), o primeiro *think tank* ultraliberal do país, que passou a ser presidido por Hélio Beltrão. Em seus primeiros anos o IMB não possuía sede nem funcionários contratados, era apenas uma página na internet, alimentada pela avidez dos frequentadores das comunidades do Orkut, fóruns e blogs em propagar suas ideias para públicos mais amplos. Esse modo de funcionamento era excelente na visão de Beltrão, pois evitaria o risco de a organização se tornar um cabide de empregos para pessoas que não acreditavam de fato nas causas defendidas.

Quando visitei a sede do Instituto Mises, localizada no Itaim Bibi, bairro de elite da cidade de São Paulo, constatei que o quadro de funcionários contratados era realmente enxuto, como Beltrão fez questão de destacar. O espaço era elegante, porém funcional, já que o foco do Instituto é o ambiente digital. Com 280 mil seguidores no Facebook, 110 mil no Instagram e 44 mil no Twitter, o IMB foi considerado pela *Forbes* o *think tank* liberal mais influente na internet fora dos Estados Unidos. A influência do Instituto era palpável entre as pessoas que entrevistei, sobretudo as mais jovens. Ser entrevistado pelo Podcast do Mises Brasil era um sinal importante de reconhecimento pelas contribuições prestadas à defesa do livre mercado. Cibele Bastos e Rafaela de Paula, que tinha o braço tatuado com palavras que remetem ao radicalismo de mercado, ficaram extasiadas quando chamadas para o programa.

Beltrão não negava o rótulo de ultraliberal. De acordo com o fundador e presidente do IMB, existiriam duas grandes correntes ideológicas que atualmente disputariam a hegemonia na sociedade brasileira: a social-democracia e o neoliberalismo. A primeira expressaria os posicionamentos de economistas como Luiz Carlos Bresser-Pereira e Luiz Gonzaga Belluzzo, que defenderiam políticas como a existência de empresas estatais diversas; política industrializante; imposição de tarifas de importação; política cambial ativa; bancos estatais, como o Banco Nacional de Desenvolvimento Econômico e Social (BNDES), Banco do Brasil e Caixa Econômica Federal; eleição de "campeões nacionais"; aposentadoria pública; seguro-desemprego; leis trabalhistas e políticas de distribuição de renda. Já a segunda seria defendida por economistas como Marcos Lisboa, Arminio Fraga, Pérsio Arida e Samuel Pessôa.

O ultraliberalismo, segundo Beltrão, se diferenciaria do neoliberalismo por defender a abolição de uma série de políticas e instituições advogadas pelos neoliberais, como o monopólio da moeda; o Banco Central; uma política monetária ativa; órgãos de defesa da concorrência (antitruste); agências reguladoras estatais; investimentos estatais em infraestrutura essencial como estradas e portos; educação e saúde básicas públicas; políticas de renda mínima; harmonização das leis e impostos entre os estados. Além disso, não é incomum entre os ultraliberais a defesa de pautas liberalizantes no plano dos costumes, como a liberação do porte de armas para cidadãos comuns; do aborto; da união homoafetiva; de substâncias ilícitas como a maconha; de patentes e direitos autorais, porém, sem a existência de qualquer regulação estatal,[35] o que eventualmente gerava tensões importantes com os conservadores que circulavam nos circuitos formados por organizações e movimentos pró-mercado.

Apesar das possíveis divergências, os conservadores se uniam aos ultraliberais na defesa do livre mercado e no combate à "hegemonia cultural esquerdista", e, nessa época, apenas alguns promoviam iniciativas voltadas para suas próprias agendas. Esse foi o caso de Joel Pinheiro da Fonseca, que se declarava católico e defendia pautas mais conservadoras no fim dos anos 2000, mas posteriormente adotou um ponto de vista mais liberalizante acerca de costumes. Em 2008, Fonseca, então estudante de filosofia da USP, formou um grupo de estudos sobre Platão composto de uma maioria de integrantes católicos interessados em restaurar uma discussão de alto nível cultural no Brasil que não fosse acadêmica. Foi assim que surgiu a ideia de publicar uma revista de perfil mais conservador, a *Dicta&Contradicta*, voltada para discussões acerca de literatura e filosofia, que buscava atingir um público formado por pessoas com ensino superior, não necessariamente da área de humanas. A revista, que teve seus volumes semestrais impressos vendidos na Livraria Cultura, somou dez números publicados entre 2008 e 2013 e contou com uma tiragem que oscilou entre 2 mil e 4 mil exemplares. No entanto, teve as atividades encerradas por não se sustentar financeiramente, a despeito de o grupo recorrer a patrocínios, inclusive de familiares (um dos membros de o grupo era enteado de Andrea Matarazzo, empresário e ex-secretário de Comunicação do governo FHC).

Assim como Fonseca, outros estudantes universitários que frequentavam as comunidades do Orkut também começaram a formar grupos de estudo, sendo que o maior deles, na época, foi criado em 2008 em Fortaleza. Por meio do Orkut, Cibele Bastos entrou em contato com outros três estudantes universitários da cidade, Raduán Melo, Bruno Aguiar e Jeová Neto, que compartilhavam de sua dificuldade em encontrar referências sobre temas ligados à defesa da liberdade de mercado. Assim os quatro decidiram se unir para criar um grupo de estudos chamado Dragão do Mar na faculdade de economia da Universidade Federal do Ceará, inaugurado com uma discussão sobre o livro *A ação humana*, de Mises.

Além de formarem grupos de estudo em suas respectivas faculdades, o paulistano Joel Pinheiro da Fonseca e a cearense Cibele Bastos, bem como várias pessoas Brasil afora, puderam, por meio do Orkut, participar de uma iniciativa coletiva ousada: a tentativa de formação de um partido ultraliberal brasileiro inspirado no Libertarian Party norte-americano,[36] cujo nome, Líber, remetia à abreviação de "libertário":

Partido Libertário Brasileiro — Ajudem a fundar
Alex — 12 de fevereiro de 2007
Para aqueles que não sabem, está em andamento o projeto de criação de um partido político que nos represente. A primeira etapa para a fundação desta nova agremiação política é conseguir 101 fundadores em 9 estados. Até o momento em que esta mensagem foi postada, estão faltando 35 nomes. Pare de reclamar dos esquerdistas e parta para a ação! Participe!

Passados dois anos do anúncio no Orkut, o Líber já contava com um site oficial, um programa, contas no Twitter e no Facebook e quinhentos membros que pagavam uma anuidade de cem reais para o partido em formação. No entanto, havia imensas dificuldades para reunir as 500 mil assinaturas necessárias para a oficialização, como relembra Bastos:

A gente montou um grupo de estudos em 2008 e se juntou a mais uma pessoa, o Maris, que era mais ligado à política. Ele participou da fundação do Partido Libertário e então a gente começou a ser uma célula do Líber lá em Fortaleza. Eu lembro que a gente sempre tinha reuniões estratégicas pra coletar assinaturas pra oficialização do Partido, e entre 2008 e 2012 ficamos naquele trabalho de formiguinha: fazendo inscrição no Orkut e tentando captar gente para os grupos de estudo. A gente não tinha dinheiro, nós éramos um bando de estudantes fazendo tudo com dinheiro do próprio bolso.[37]

Como o surgimento do Líber ocorreu a partir do Orkut e seus membros eram, em sua maioria, estudantes universitários e profissionais liberais que não possuíam os meios materiais e a expertise necessários para fundar um partido, ainda que existissem núcleos distribuídos por várias capitais do país, a iniciativa não prosperou. Além disso, de acordo com o primeiro presidente do Líber, o mineiro Juliano Torres, que na época era estudante de jornalismo e publicidade e se definia como anarcocapitalista, a militância ainda não se sentia confortável em atuar politicamente em outros partidos, pois suas ideias seriam muito radicais:

> Alguns poucos tentaram entrar no DEM, mas ficaram menos de um mês. [...] Não tem liberdade. Seus estatutos são muito fechados. Eles garantem o poder a certos grupos. O modelo dos partidos é muito centralizado no diretório nacional. Nós poderíamos ser expulsos. Quando a gente defende alguma ideia contrária ao programa do partido, a comissão de ética pode expulsar. E eu creio que nos expulsariam. Os nossos meios são moderados, mas os fins são radicais.[38]

No entanto, a militância reunida no Líber criou laços importantes de amizade durante os anos em que ocorreu a tentativa de criação do partido, os quais foram importantes para o processo de institucionalização da nova direita na sociedade civil, como lembra Filipe Celeti, responsável pelo partido em São Paulo:

Teve muita discussão até realmente as pessoas se encontrarem para fazer uma assembleia para aprovar o programa e o estatuto. Foram vários anos até juntar pessoas, juntar uma grana, juntar as ideias, formalizar isso. Considerando as leis brasileiras, é muito difícil montar um partido, muita gente nem queria formalizar, queria ter uma organização que atuasse politicamente mas não necessariamente um partido político que participasse de eleição, até porque muitos nem concordam com as eleições. Mas isso aglutinou muita gente e se formaram vários grupos regionais, principalmente em São Paulo, Rio, Belo Horizonte. Aqui em São Paulo geralmente a gente se encontrava num café na avenida Paulista e algumas pessoas ouviam a gente debatendo política, e chegavam no grupo por aí. Um amigo traz o outro, mostra um texto, e vai compondo. A maioria das pessoas que participavam eram empreendedores, profissionais liberais, estudantes de direito, estudante de economia, pessoas, por exemplo da tecnologia, programadores, web designers, gente desse universo profissional autônomo, e um pouco um pessoal mais revoltado com a política, com um perfil mais punk. Eu era o coordenador de São Paulo, fiquei atuante até o fim de 2015, e mensalmente fazia reuniões, geralmente um happy hour em um dia de semana pra bater um papo, discutir projetos, discutir a participação em alguma coisa. De certo modo, o que faz a gente estar junto é essa relação de amizade que foi feita ao longo dos anos.[39]

Os encontros promovidos pelos militantes para organizar a fundação do novo partido acabaram por fomentar uma série de novas iniciativas. Em pouco tempo foram criados vídeos e canais de YouTube, novas comunidades em redes sociais, novas páginas dedicadas à divulgação de suas ideias, os quais passaram a agregar cada vez mais pessoas em torno da defesa radical do livre mercado. Além disso, à medida que o Imil e o IMB foram se consolidando, os frequentadores das comunidades do Orkut começaram a circular pelas organizações pró-mercado brasileiras e estrangeiras mais antigas, como o Instituto Liberal, o Instituto de Estudos Empresariais e suas filiais,[40] a Fundação Friedrich Naumann,[41] a Foundation for Economic Freedom, a Atlas Network e o Cato Institute. Foi assim que suas atividades passaram a alcançar outro patamar em termos de exposição e apoio, possibilitando que a divulgação de ideias e a organização na sociedade civil acontecessem de forma mais sustentável e contínua. Rodrigo Constantino, por exemplo, entre 2009 e 2010, passou a escrever uma coluna semanal para o jornal *O Globo* e a se dedicar cada vez mais à militância.

> Nasce o Instituto Millenium e eu começo a ficar mais próximo desses fundadores, dentre eles, a família Marinho, do *Globo*. Eles me colocam em uma vitrine, então, eu saí do Facebook para uma coisa que tinha gente da mídia olhando, e um belo dia, eu recebo uma ligação: "Rodrigo, aqui é o editor do *Globo*, que tal você escrever colunas para a gente?". Então as coisas foram acontecendo. Eu era militante da causa liberal, nos instrumentos que estavam disponíveis: primeiro Orkut, depois Facebook, o Instituto Millenium, apareceram palestras no IEE, lá em Porto Alegre, e uma coisa foi puxando a outra. Eu fui ficando mais em evidência e aquilo que era um hobby foi deixando de ser, até o dia em que eu decidi que queria viver disso e fui cem por cento para a atividade de militante da causa liberal.[42]

Já o gaúcho Fábio Ostermann, outro frequentador dos fóruns digitais, passou a atuar de modo mais orgânico em defesa do livre mercado após ter entrado em contato com *think tanks* norte-americanos:

Eu sempre ficava na internet procurando coisas, e em 2007 surgiu o site do Ordem Livre, que era o programa de difusão das ideias liberais em língua portuguesa do Cato. Em 2008 eu fui para dois seminários, um do Cato e outro da Foundation for Economic Education, e conheci um pessoal que estava começando a se organizar lá nos Estados Unidos e se intitulavam Students for Liberty. Na volta eu tive um contato mais aprofundado com o Students for Liberty e fui estagiário do Ordem Livre por dois meses e meio em um programa de estágio chamado Koch Summer Fellow Program.[43]

A partir do programa Ordem Livre, ligado ao Cato Institute, foi criado em 2009 no Brasil, com o auxílio de Ostermann, o Instituto Ordem Livre. No mesmo ano o Instituto passou a promover um projeto chamado Liberdade na Estrada, que contava com financiamento do Grupo Localiza[44] e promovia palestras com intelectuais em universidades espalhadas por diversas localidades do Brasil. Em suas cinco primeiras edições, o Liberdade na Estrada esteve presente em quase cinquenta universidades distribuídas em mais de trinta cidades diferentes e ajudou a conectar ainda mais a militância pró-mercado distribuída pelo território nacional. Assim relata Cibele Bastos, responsável por organizar eventos no Ceará:

Em 2009 a gente começou a ter mais atividade porque fizeram um projeto do Ordem Livre no Rio Grande do Sul chamado Liberdade na Estrada. A ideia do projeto era fazer palestras em cada capital brasileira sobre liberalismo econômico, e então entraram em contato pra gente organizar o Liberdade na Estrada em Fortaleza, em 2009, e a gente organizou como Líber Ceará. O evento foi na faculdade de economia e o idealizador do projeto foi o Lucas Mafaldo, que é lá do Rio Grande do Norte, ele que teve essa ideia de percorrer o Brasil, ele dizia que pegava o carro e ia percorrendo o Brasil. Deu até um público considerável, a gente filmou, mas em 2010 a gente repetiu e não deu certo, não teve tanto sucesso de público na UFC. Teve sucesso de público em outra faculdade porque a gente fez em outro horário.[45]

Entre os anos de 2009 e 2010, além de organizarem palestras por meio do projeto Liberdade na Estrada e grupos de estudos, os estudantes universitários que frequentavam as comunidades do Orkut também começaram a montar chapas para disputar centros acadêmicos e diretórios estudantis. A ideia era fazer frente à atuação da esquerda no movimento estudantil, como lembra Rodrigo Neves, que fez sua graduação na USP:

Lancei a chapa Reconquista em 2009 para disputar as eleições do Diretório Central dos Estudantes da USP. Inicialmente não era um projeto de direita, era só um projeto antigreve. A gente venceu as eleições, teve cerca de setecentos votos a mais do que a chapa do Psol, mas houve uma fraude orquestrada pela maioria dos centros acadêmicos que eram vinculados ao Psol, em que eles impugnaram algumas urnas importantes nas quais a gente tinha vencido. A partir da Reconquista eu comecei uma chapa em 2010 chamada "Liberdade USP", que era um grupo político de direita conservadora.[46] Eu comecei a postar textos na internet, tinha uma série de discussões online, tudo via Orkut. Às vezes eu publicava documentários do Mídia Sem Máscara, às vezes mandava ali para um ou outro colega links de blogs. Eu cheguei a ter um blog e fiz um artigo para o site do Endireita Brasil, que hoje não existe mais. Eu frequentava várias comunidades no Orkut, como "Sou de direita, e daí?", que era uma das maiores, a comunidade "Olavo de Carvalho" também, e tinha um grupo de zoeira[47] chamado "Marx de cu é Hegel". Era muito engraçado esse grupo, eu postava sempre paródias de marxismo, eu literalmente criava um perfil fake e pensava "hoje eu vou simular o trotskista", e fazia lá algum texto trotskista que entrava em contradição para estimular o pessoal a entender o quão idiota era aquilo. Aliás nessa época eu conheci Flávio Morgenstern,[48] que foi o criador dessa página.[49]

Lourival de Souza, que frequentou a Universidade Federal do Maranhão:

O Orkut trouxe a possibilidade de que não apenas os representantes estudantis pudessem se manifestar sobre alguma coisa, porque o pessoal só poderia se manifestar se estivesse dentro de um debate, em uma reunião de Centro [Acadêmico], em uma eleição. Nessa época começa a se formar uma turminha das antigas em meio às comunidades do Olavo de Carvalho, comunidade "Liberalismo". Eu não cheguei a participar da comunidade "Olavo de Carvalho", eu acho que eu participei da comunidade "Liberalismo", a primeira, eu sou raiz. Mas enfim, no Orkut eu não discutia tanto política porque eu achava muito enfadonho, como sou à moda antiga eu preferia nos corredores, olho no olho, falar com o pessoal. Eu cheguei a participar de uma eleição para DCE e tive êxito, fui eleito para o DCE em 2010. Tinha uma parte da chapa que era de gente ligada ao PCdoB, [então fui] mantendo aquela prudência, meio Winston Churchill, e sabendo que ali dentro eu era minoritário.[50]

E Fernando Fernandes, que se formou na Universidade Federal do Rio de Janeiro:

Na faculdade a gente formou um grupo de cinco amigos, e uma característica era muito clara: dos cinco, quatro não eram marxistas. Logo em seguida, eu conheci o Bernardo [Santoro], o Rodrigo Constantino, pelos textos na internet conheci o Olavo de Carvalho também. E aí foi quando a minha visão de mundo se abriu. Eu comecei a ler alguns textos e a gente discutia entre nós. A gente começava a ler as bibliografias, não só as que eles indicavam, mas por nossa conta mesmo. Eu acho que eu comecei a ter contato com isso mais ou menos aí entre 2009 e 2010, que coincidiu também quando eu comecei a ter uma atuação política dentro da faculdade e eu percebi que havia um discurso único e a gente começava a confrontar. Você observa que as pessoas não se sentem representadas e elas passam a se afastar. Então a gente fez uma chapa, tinha muito apoiador, mas eram cinco pessoas que realmente tocavam, e é impossível você fazer uma boa disputa eleitoral com cinco pessoas sem dinheiro. Era engraçado que a gente passava a sacolinha e era uma dificuldade danada pra você conseguir dinheiro pra fazer um material preto e branco, aqueles bem chumbregas, e, de repente, você olhava para o lado e tinha um cara com um material colorido, tiragem gigante, com adesivo pra caramba. Aí você pensava: "Pô, de onde eles tiram dinheiro pra isso?".[51]

Com intuito de fornecer auxílio organizacional e conferir maior organicidade aos grupos de estudo e chapas estudantis que vinham sendo formados, Juliano Torres, que havia atuado como primeiro presidente do Líber, resolveu assumir a presidência de uma organização que havia sido criada em 2009 por Fábio Ostermann, chamada Estudantes pela Liberdade (EPL) e inspirada pela organização norte-americana Students for Liberty:

Nas férias de julho de 2008 eu fui para a Freedom University da FEE e conheci o Alexander McCobin, que era o presidente da Students for Liberty. Eles tinham acabado de fazer o primeiro encontro nacional deles e tinha nevado até dizer chega em Nova York, mas mesmo assim eles conseguiram agregar cinquenta pessoas de vários estados. Daí voltei para o Brasil, comentei com o pessoal mas a coisa acabou não evoluindo. Em janeiro de 2012 eu fui participar do primeiro seminário de verão do Ordem Livre. Nesse seminário os participantes foram divididos em grupos temáticos, um grupo ia falar sobre formas de desenvolver o pensamento liberal na academia, outro sobre como desenvolver na imprensa, outro na política por meio dos partidos políticos, e outro ativismo estudantil. Eu fui para o grupo de ativismo estudantil, junto comigo estavam o Juliano Torres e o Pedro Menezes, e eu falei: "O Estudantes pela Liberdade é uma ideia legal, só que precisa de gente pra tocar, vocês estão dispostos?", e o Juliano, que tinha acabado de sair da presidência do Líber, resolveu liderar a iniciativa e eu fiquei como presidente do conselho consultivo. Na época eu estava no final da minha diretoria do IEE e acabei sendo convidado pelo Ordem Livre pra ser o gerente de operações aqui no Brasil.[52]

Com a fundação do EPL, a circulação de ideias pró-mercado nos meios universitários se tornou mais institucionalizada. Desde sua fundação, o EPL realizou 650 eventos em universidades públicas e privadas e criou cerca de duzentos grupos de estudo. No ano de 2014 já contava com seiscentas lideranças voluntárias, como Luan Sperandio, Cibele Bastos e Gabriel Menegale, que passaram a coordenar as atividades da organização em seus respectivos estados:

Em meados de 2010 eu fui lendo vários livros principalmente do Luiz Felipe Pondé e depois participei do Fórum Liberdade e Democracia em Vitória, em 2013. As falas do Rodrigo Constantino e do Paulo Guedes sobre liberdade econômica fizeram muito sentido pra mim, que já estava em um processo de me tornar liberal. Nesse evento eu comprei alguns livros do Instituto Mises Brasil, e comecei a estudar. Em 2014 eu passei a escrever para o site do Instituto Liberal de forma frequente, e a rede Estudantes pela Liberdade estava tentando se articular aqui e a gente acabou criando o Grupo Domingos Martins, que é o maior grupo de estudos liberais do Espírito Santo.[53]

Em 2012 eu soube que teve um seminário de inverno do Ordem Livre em Petrópolis e eles criaram uma instituição chamada Estudantes pela Liberdade. A ideia era criar uma rede de estudantes com núcleos locais e me convidaram para fazer a coordenação local, e aí eu virei coordenadora do EPL lá em Fortaleza.[54]

Embora eu fosse um liberal novato, o EPL tinha o objetivo de se espalhar e o Juliano é um sujeito que escolhe as pessoas certas. Naquela época eu estava próximo da juventude do DEM mas eu topei participar do EPL e para mim foi uma experiência muito boa. Eu assumi a coordenação estadual do EPL, conheci muita gente e minha primeira missão foi organizar um evento no Rio em abril de 2013. Vieram cinquenta pessoas, e como eu manjo bastante de criar site, na época nós criamos também um site do EPL, fizemos o evento no prédio do Millenium, e foi aí que eu conheci o Juliano Torres presencialmente.[55]

Ao mesmo tempo que Juliano Torres, que havia integrado o Líber, se tornava uma liderança conhecida entre os ultraliberais por conta de sua atuação no Estudantes pela Liberdade, Bernardo Santoro, que, assim como Torres, havia atuado no Líber, passou a se destacar nos circuitos pró-mercado. Em 2012 Santoro havia se candidatado a vereador pelo Partido Social Liberal (PSL) na cidade do Rio de Janeiro, angariando 1200 votos. A despeito de não ter sido eleito, a candidatura chamou atenção e Santoro foi convidado para fazer parte do Instituto Liberal do Rio de Janeiro:

> Em 2012 eu fui convidado pra ser o diretor de Relações Institucionais do Instituto Liberal do Rio de Janeiro. O IL estava morrendo e eu era um cara que conhecia todos os institutos e também as tentativas de partidos liberais em formação, como o Partido Novo,[56] o Partido Federalista, o Líber, inclusive eu era presidente do Líber na época. Meu primeiro evento como diretor foi um evento da Fundação Friedrich Naumann. Eu apresentei um projeto de reestruturação do Instituto Liberal e todo mundo achou aquilo o máximo mas ninguém deu nenhum centavo. Depois eu apresentei o mesmo projeto pra empresários locais do Rio de Janeiro, e para o Rodrigo Constantino, que gostou e conseguiu verba, então eu larguei o meu emprego, eu era concursado como assessor jurídico da agência de fomento do estado do Rio de Janeiro, e fui pro Instituto de vez.[57]

Em 2013, o Instituto Liberal do Rio de Janeiro oficializou a troca de sua diretoria, que passou de Arthur Chagas Diniz para Bernardo Santoro, enquanto Rodrigo Constantino ficou responsável pela presidência da organização. A partir de então, Santoro passou a levar para o Instituto pessoas que conhecia do Líber, das comunidades do Orkut ou que atuavam em outras organizações que haviam sido fundadas recentemente, como Fábio Ostermann, Gabriel Menegale e Cibele Bastos. Ao contrário do que ocorria com os primeiros *think tanks* pró-mercado brasileiros, que atuavam de forma centralizada, as novas organizações criadas a partir de 2006, com exceção do Instituto Millenium, passaram a operar de modo mais horizontal e descentralizado.[58] Isso se deu porque, normalmente, eram fruto da iniciativa de profissionais liberais, pequenos e médios empresários ou mesmo estudantes universitários, de modo que a maioria não possuía sede própria, mais de dois funcionários contratados, tampouco grande financiamento. Assim, a fundação de novos institutos liberais em outras cidades do país, como São Paulo e Fortaleza, por exemplo, não obedeceu a um modelo centralizado, mas ocorreu de modo mais autônomo e espontâneo em comparação com o que havia sido feito nas décadas de 1980 e 1990, como relata Rodrigo Saraiva Marinho:

> Os *think tanks* antes eram centralizados, ou seja, a ideia do Hélio da estrela-do-mar, que cria outros braços e trabalha independente, é a grande vantagem do movimento de terceira geração. Quando eu criei o Instituto Liberal do Nordeste, me chamaram de louco na época, mas é uma marca forte e consolidada hoje, e foi feito completamente independente de qualquer grande centro. Antes os ILs eram formados como se fossem ramificações do IL Rio, e o Donald [Stewart Jr.] era muito rico, então o pessoal montou casa, estrutura, bancou, publicou, só que é muito caro manter estruturas, tanto é que o Instituto Liberal do Nordeste ficava no meu escritório, o Instituto Mises fica dentro do escritório do Hélio.[59]

Para descrever a atuação da rede formada pelas organizações contemporâneas, Hélio Beltrão Jr., como ressaltou Marinho, recorre acertadamente à metáfora da estrela-do-mar. Com altíssima capacidade de regeneração, a estrela-do-mar pode perder um de seus "braços" e não apenas reconstituir outro no lugar como o "braço" que foi perdido tem a capacidade de gerar espontaneamente outra estrela-do-mar. Assim, ao contrário do que ocorria com a rede de *think tanks* pró-mercado existente até a metade dos anos 2000, em que a atuação das organizações era centralizada em empresários específicos e dependia deles para funcionar, como bem demonstrou o declínio do Instituto Liberal depois do falecimento de Donald Stewart Jr., os militantes passaram a se organizar de modo descentralizado e a se mobilizar sem dispor de grandes recursos iniciais, apenas fazendo uso intensivo de suas redes na internet e fora dela.

Nessa época, os circuitos formados pelos *think tanks*, onde circulava a nova direita em formação, ainda eram perpassados por uma "hegemonia liberal-libertária", nas palavras de Rodrigo Neves do Endireita Brasil. Isso ocorreu porque os conservadores tiveram menos sucesso em se organizar na sociedade civil em comparação com os jovens defensores do livre mercado, restringindo-se aos *think tanks* e organizações pró-mercado, como aponta Neves:

> Eu já cheguei no Fórum da Liberdade com a reputação de ser conservador, de ser do Endireita Brasil e de ter começado o movimento conservador na USP. Aquele monte de anarcocapitalistas, libertários, e eu ali, junto do Marcel van Hattem que também era *conservative*. O Marcel se diz liberal, mas ele sempre teve uma pegada conserva, porque ele tem uma base religiosa forte, embora a atuação dele seja mais pela óptica econômica liberal. Éramos eu e o Ricardo Salles nadando contra a corrente, porque essa nova direita brasileira era hegemonicamente libertária e liberal. O próprio Ricardo se afirmava como direita liberal, senão

ele não conseguia vender o peixe dele. Mas eu me autodeclarei: eu sou *conserva*.[60]

No entanto, em breve a "hegemonia libertária-liberal" da nova direita brasileira em formação passaria a ceder lugar aos conservadores. Se nos anos 1960 a Sociedade Brasileira de Defesa da Tradição, Família e Propriedade, mais conhecida como TFP, em conjunto com outras organizações e grupos conservadores, teve um impacto importante na sociedade civil mobilizando o discurso anticomunista e apoiando o golpe civil-militar de 1964,[61] após a redemocratização e o declínio do comunismo na Europa, tanto lideranças e organizações mais antigas, ligadas à Igreja católica, como mais recentes, ligadas a igrejas evangélicas, passaram a voltar suas atenções principalmente para questões relacionadas às agendas feminista e LGBT+.

O "choque progressista" e a reação conservadora

Durante os governos de Fernando Henrique Cardoso a agenda de direitos humanos teve avanços, mas ainda estavam longe da agenda proposta pelos movimentos sociais, especialmente no que diz respeito à legalização do aborto. Dessa forma, as lideranças e organizações conservadoras permaneceram em stand-by até a eleição de Lula em 2002. Durante o primeiro governo do petista, a pauta de direitos humanos despertou poucas preocupações da maior parte dos conservadores, ainda que avanços nas demarcações de terras indígenas e quilombolas tivessem irritado grupos militares e setores do agronegócio.[62] No entanto, a aprovação da Lei Maria da Penha, que fortaleceu o combate à violência doméstica, proposta em 2004 e sancionada em 2006, e a proposição de uma legislação sobre a criminalização da homofobia em 2006 sinalizaram que mudanças substantivas poderiam estar a caminho.

De fato, ao longo do primeiro mandato de Dilma Rousseff os conservadores sentiram um verdadeiro "choque progressista". A despeito da permanência, ou mesmo do aumento, dos altos índices de violência contra pessoas LGBT+, negros e mulheres, em um intervalo de apenas quatro anos o Brasil passou a contar com a legalização da união civil entre pessoas do mesmo sexo, a garantia de cotas raciais nas universidades, a permissão para interromper a gravidez em casos de anencefalia fetal[63] e a proibição de castigos físicos destinados a crianças e adolescentes por pais ou responsáveis.

Além disso, em 2011, ainda no primeiro ano do mandato de Dilma Rousseff, foi criada no dia 18 de novembro a Comissão Nacional da Verdade (CNV), cujo objetivo era realizar uma apuração dos crimes que foram praticados pelo Estado entre 1946 e 1988, período que abrangia a ditadura militar. A iniciativa irritou ainda mais determinados setores das Forças Armadas, já incomodados com o avanço nas demarcações de terra durante os governos Lula, especialmente considerando a trajetória de Rousseff, que adicionava uma carga simbólica e emocional ainda maior à iniciativa. Como bem se sabe, a presidente integrou na juventude o grupo de guerrilha Vanguarda Armada Revolucionária Palmares (VAR-Palmares), criado em 1969, que visava a derrubada da ditadura, e que foi dirigido por um militar desertor, Carlos Lamarca. Na época, em razão de seu envolvimento com a organização, Rousseff foi presa e torturada pelo coronel Carlos Alberto Brilhante Ustra, oficial de um órgão de inteligência e repressão subordinado ao Exército, o Destacamento de Operações de Informações — Centro de Operações de Defesa Interna (DOI-Codi).

A criação da Comissão jogou sal em feridas antigas do Exército, despertando reações de contrariedade, sobretudo entre aqueles que defendiam o legado da ditadura e seus métodos repressivos, entre os quais se destacava o então deputado federal Jair Messias Bolsonaro. Apesar de fazer parte da base governista e ter feito lobby para a indicação de Aldo Rebelo, do PCdoB, para o Ministério da Defesa,[64] a partir de 2011 Bolsonaro passou a encampar uma ofensiva aberta contra o PT e a esquerda e a flertar com Olavo de Carvalho e a nova direita emergente.

Capitão reformado do Exército, Bolsonaro iniciou sua carreira política após ter sido acusado publicamente de planejar explodir uma bomba no quartel como forma de reivindicar melhores salários para os militares na época da redemocratização do país. Afastado da ativa, em 1990 Bolsonaro foi eleito pela primeira vez deputado federal pelo Partido Democrata Cristão (PDC), apenas dois anos após ter se tornado vereador da cidade do Rio de Janeiro, com votos oriundos de bases eleitorais na Vila Militar e em algumas zonas de Resende. Em 1994 concorreu à reeleição com base em uma plataforma que incluía a melhoria salarial para os militares, o fim da estabilidade dos servidores públicos, a defesa do controle de natalidade e a revisão da área concedida aos índios ianomâmis, a qual considerava absurda. Após se reeleger com 135 mil votos, mais do que o dobro do que obteve em sua primeira eleição, o político passou a integrar o Partido Progressista Brasileiro (PPB) em 1995.

Em 1998, Bolsonaro decidiu se candidatar à presidência da Comissão de Direitos Humanos da Câmara, o que provocou uma enorme polêmica tendo em vista seus posicionamentos a respeito do tema. Em um artigo publicado na imprensa, no mesmo mês de sua candidatura, Bolsonaro defendeu a pena de morte, a prisão perpétua, o regime de trabalhos forçados para presidiários, a redução da maioridade penal para dezesseis anos e um rígido controle da natalidade como maneira eficaz de combate à miséria e à violência. Ao final daquele mesmo ano se reelegeu novamente com 102 mil votos e desde então o parlamentar continuou a se reeleger com patamares similares de votação.

Em 1999, em uma entrevista ao programa *Câmera Aberta*, na Rede Bandeirantes, o capitão reformado afirmou que o Congresso Nacional deveria ser fechado e que o então presidente, Fernando Henrique Cardoso, deveria ser fuzilado. Em 2003, envolveu-se em nova polêmica com uma deputada do PT, Maria do Rosário, ao afirmar, em público, em meio à entrevista para uma rede de televisão, em resposta à deputada que, segundo ele, o teria chamado de estuprador: "Só não te estupro porque você não merece". Em 2006, após ter trocado de sigla três vezes, o militar se reelege pela quarta vez, com 99 mil votos, e em 2010 pela quinta vez, com 102 mil votos.

Em 2011, após ter feito ataques aos trabalhos da CNV, Bolsonaro se envolveu em mais um embate. Dessa vez, a controvérsia se deu em torno de um material contra a homofobia que seria distribuído pelo Ministério da Educação nas escolas públicas do país. O material, intitulado "Escola sem homofobia", era oriundo do programa Brasil sem Homofobia, e fora formulado originalmente em 2004 em consonância com as diretrizes da Secretaria de Direitos Humanos. A fim de chamar a atenção para a distribuição do material, Bolsonaro apelidou-o de "kit gay" e passou a distribuir panfletos nas escolas do Rio de Janeiro alegando que o Ministério da Educação e grupos LGBT+ "incentivam o homossexualismo" e "tornam nossos filhos presas fáceis para pedófilos".

A disputa instaurada em torno do material contra a homofobia, que fez com que o governo recuasse e barrasse a distribuição do material, ocorreu exatamente no mesmo mês em que o Supremo Tribunal Federal (STF) declarou que a união civil entre pessoas do mesmo sexo era legal no país. Passado um mês do julgamento, a comunidade LGBT+ mostrou seu potencial de mobilização durante a Parada do Orgulho Gay de São Paulo, que ocorre desde 1997, ao reunir na avenida Paulista, no dia 26 de junho de 2011, o que teria sido o maior número de participantes de sua história de acordo com a organização do evento.

No ano seguinte, o filho mais velho de Jair Bolsonaro, Flávio Bolsonaro, então deputado estadual do Rio de Janeiro, participou de uma *live* com Olavo de Carvalho[65] na qual ambos afirmaram que uma reação institucional não seria suficiente para combater os avanços do que entendiam ser uma hegemonia esquerdista no país:

> Flávio Bolsonaro: Essas manifestações hoje em dia são a decadência do ser humano. Recentemente, a televisão mostrou na sua intimidade como é a parada gay de São Paulo, é assustador, é sexo explícito a céu aberto.
>
> Olavo de Carvalho: Por que eles fazem isso? Eles podiam ter defendido a causa deles de uma maneira discreta, tranquila, mostrando os gays como pessoas bem-comportadas, por que eles não fizeram isso? Por que eles escolheram o contrário? Escolheram o escândalo? A esculhambação? O liberou-geral, o carnavalesco? Porque eles sabem que isso vai chocar o pessoal religioso e evangélico, e esses caras vão ter uma reação emocional, vão investir contra o homossexualismo. Daí o que eles fazem? "Tá vendo, homofobia!" Eles usam isso como prova de homofobia, e os evangélicos e católicos caem no engodo. Ficam numa cruzada contra o homossexualismo. E eu digo: isso é besteira, meu filho, o homossexualismo existe desde a queda de Adão, e vocês não vão acabar, o que nós temos que lutar é contra essa legislação gayzista e não botar em questão o homossexualismo em si. Isso é bobagem. Inclusive porque tem um site maravilhoso que chama Gays de Direita, eles denunciam toda essa coisa de que existe perseguição homofóbica, então essas pessoas estão do nosso lado, e acredito que a

maior parte dos gays estaria do nosso lado a hora que eles entendessem a mentira constitutiva desse movimento e as ambições absolutamente psicóticas dessa gente.

Apesar de criticarem comportamentos e performances chocantes realizados por grupos LGBT+, ambos também apontam a importância de utilizar, de forma consciente, a política do choque como uma estratégia contra-hegemônica radical. Em seu entendimento, seria preciso chamar a atenção para o que percebiam como uma ameaça iminente à manifestação de determinadas visões de mundo e modos de vida que, segundo Flávio Bolsonaro, não gozariam de espaço suficiente no debate público tradicional:

> Flávio Bolsonaro: Eu que penso de uma forma contrária, não tenho espaço nenhum, espaço nenhum na imprensa, é aí que fica a explicação do que muitas pessoas nos criticam, e certamente o criticam também, Olavo, pela forma como coloca algumas discussões. Porque *é preciso criar o fato, chamar a atenção, chocar sobre determinados assuntos para que isso tenha espaço na imprensa e a população como um todo tenha acesso a essa discussão.* A maior prova disso é o famoso kit gay. Se não fosse uma atuação mais ostensiva do deputado Jair Bolsonaro, [...] nós jamais saberíamos que havia esse incentivo à sexualidade, seja para o lado homossexual ou pro lado heterossexual, Olavo, para crianças de seis anos de idade.
>
> Olavo de Carvalho: Eles querem fazer clientela para os pedófilos, quem é que não percebe isso aí? (grifo meu)

Condizente com a percepção do filho, Jair Bolsonaro nessa época concentrava seus discursos no plenário em pautas morais e ataques ao PT e à esquerda.[66] Em moldes similares ao que propunha Olavo de Carvalho, o capitão reformado procurava chamar a atenção para o avanço da esquerda na América Latina e criar polêmica em torno de iniciativas relacionadas ao que passou a ser compreendido como parte da difusão de uma "ideologia de gênero". Isso ocorreu porque a expressão, utilizada em discursos da Igreja católica desde os anos 1990, em meio aos avanços institucionais e maior exposição de pessoas LGBT+ na mídia e nas redes sociais, passou a ser livremente interpretada por segmentos conservadores mais amplos da população como a defesa de que crianças possam ter liberdade para escolher o próprio sexo e a orientação sexual.[67]

Contudo, em sua acepção original, a ideia de "ideologia de gênero" visava responder principalmente ao movimento feminista, sobretudo no que diz respeito aos avanços dos direitos sexuais e reprodutivos das mulheres, os quais passaram a causar certa polêmica nos espaços da nova direita em formação. Em meio ao embate que passara a ser travado na sociedade civil em torno da questão do aborto, aqueles que eram contra a legalização da prática começaram a se manifestar de forma mais ostensiva e a fortalecer o campo conservador que circulava nas organizações e institutos que promoviam a lógica de livre mercado. É o que relata José Carlos Sepúlveda, membro do IPCO, herdeiro da antiga TFP, e assessor de Bertrand Maria José de Orleans e Bragança, descendente de dom Pedro II e um dos líderes do movimento monarquista brasileiro:

> Claro que as pessoas que dirigiam os movimentos liberais defendiam os ideais liberais, mas havia muita gente que estava ali dentro como refúgio, mas que não era propriamente liberal. As bordas amplas do movimento liberal que são conservadoras. Por exemplo, o problema do aborto para um liberal coerente, deve ser livre, só que isso não foi aceito pelo movimento liberal no Nordeste e esse ponto

ficou definido: "Nós não podemos defender, a vida é sagrada", e isso é uma posição conservadora. Isso é uma coisa que eu batalho muito, mesmo com pessoas conservadoras, as pessoas olham pouco para as mentalidades e olham muito para os rótulos. Dentro do movimento liberal eles acabaram recolhendo muita gente conservadora, alguns acabaram rompendo, outros continuaram lá dentro, mas com ideias que tendiam mais para o conservadorismo. É uma coisa que o dr. Plinio [Corrêa de Oliveira] sempre defendeu nos livros dele: uma mulher simples, que não tem formação acadêmica, provavelmente tem ideias conservadoras, mas ela nem sabe o que é um movimento conservador, nem sabe o que é um movimento liberal nem nada, mas a mentalidade dela é conservadora.[68]

O IPCO, organização da qual faz parte José Carlos Sepúlveda, compõe o arco de lideranças, movimentos e organizações antiaborto que atuam no país desde a redemocratização, momento em que as feministas passaram a advogar institucionalmente pela descriminalização da prática, tornando-se as principais adversárias dos ativistas antiaborto. Desde então a legalização do aborto começou a avançar lentamente a partir do governo de Fernando Henrique Cardoso, primeiro presidente ateu do país, cuja esposa, a antropóloga Ruth Cardoso, já havia dado declarações favoráveis nesse sentido. Durante o governo do sociólogo, no ano de 1998, foi editada uma norma técnica por José Serra, então ministro da Saúde, para que as mulheres que tivessem interrompido a gestação de acordo com os casos já previstos na lei brasileira pudessem ter acesso a assistência médica pelo SUS. Porém, como o PSDB havia feito uma aliança com setores políticos conservadores, para além da ação promovida por Serra, não deu mais nenhum indicativo de que pudesse legalizar o aborto ou encaminhar outras medidas correlatas.

Durante seu primeiro governo, Lula também avançou pouco nesse sentido, porém, em meio ao seu segundo mandato (2007-10), no ano de 2009 foi decretada a terceira edição do Programa Nacional de Direitos Humanos (PNDH 3). O Programa, que contém objetivos como "considerar o aborto como tema de saúde pública, com a garantia do acesso aos serviços de saúde", "apoiar projeto de lei que disponha sobre a união civil entre pessoas do mesmo sexo", "promover ações voltadas à garantia do direito de adoção por casais homoafetivos", logo foi interpretado pelos ativistas antiaborto como um avanço contra o que classificam como "cultura da vida", e recebeu fortes ataques por parte de parlamentares, juristas e demais militantes contrários à legalização da prática. De acordo com o entendimento dos ativistas antiaborto, a "cultura da vida" diz respeito à manutenção de uma ordem conservadora que extravasa a questão do aborto em si e diz respeito à defesa de um modo de vida tradicional que consiste em se posicionar contrariamente ao uso de métodos contraceptivos, ao uso de células-tronco para pesquisa, à legalização da prática da eutanásia, aos avanços dos direitos das mulheres e da população LGBT+, entre outras pautas relacionadas, caracterizadas como pertencentes a uma "cultura da morte". Para enfrentá-la, os militantes se organizam em uma ampla coalizão política que não se reduz à atuação de lideranças cristãs conservadoras, sejam estas evangélicas ou católicas, afinal, também atuam na defesa de uma moralidade tradicional pessoas que não são cristãs nem mesmo são religiosas. Desse modo, a atuação política de cristãos conservadores não é a causa nem a resultante da reação conservadora que passaria a ganhar maior força a partir de 2011, ainda que seja constituinte e constituída por esta, como bem apontou o sociólogo Ronaldo Almeida.

Um embate crítico nesse sentido ocorreu durante o período das eleições presidenciais em 2010, momento em que a pauta do aborto se tornou central no debate eleitoral e as principais candidaturas à presidência da República optaram por não se posicionar a favor da legalização. No entanto, se integrantes da política institucional não se dispuseram a enfrentar a disputa e avançar na legalização da prática, após as eleições, o surgimento de um novo ativismo feminista, em 2011, deu início a um período de ofensiva aberta por parte de lideranças e ativistas antiaborto à medida que protestos relacionados à Marcha das Vadias pipocaram em todo o território nacional, integrando o início de um novo ciclo de protestos no país que desaguariam nas manifestações de junho de 2013 e, posteriormente, em uma crise política que se aprofundaria nos anos subsequentes.

O ciclo de protestos e a crise política

O ano de 2011 inaugurou um novo ciclo de protestos no país em meio ao qual forças políticas e demandas das mais diversas passaram a se expressar nas ruas. Nessa época, os militantes da nova direita em formação já tinham alguma experiência com demonstrações públicas como o "Dia da Liberdade de Impostos", durante o qual é vendida gasolina livre de impostos, atos para marcar os recordes do "Impostômetro", entre outros.[69] Em meio à profusão de protestos que tiveram lugar nessa época, alguns ultraliberais chegaram a participar de manifestações mais amplas, como a Marcha da Maconha/Liberdade que ocorreu em 2011 em São Paulo, enquanto outros antigos frequentadores das comunidades do Orkut, que já haviam começado a migrar para o Facebook, optaram por integrar manifestações contra a corrupção, em que tomaram parte pessoas que se localizavam tanto à esquerda como à direita.

Em 2011, quatro anos após uma primeira iniciativa lançada em Porto Alegre,[70] em paralelo às comemorações do Sete de Setembro, foram chamadas pelo Facebook manifestações apartidárias contra a corrupção em 34 cidades, distribuídas em dezessete estados, e que tiveram cerca de 26 mil confirmações na rede social. Os protestos, convocados sob o título de "II Marcha contra a Corrupção e a Impunidade", organizados pelo Movimento contra a Corrupção Eleitoral (MCCE), ligado à Conferência Nacional dos Bispos do Brasil (CNBB),[71] e apoiados pela Ordem dos Advogados do Brasil (OAB), reuniram milhares de manifestantes, entre os quais se destacavam pessoas vestidas de preto e portando a bandeira do Brasil, com as faces pintadas de verde e amarelo, de forma similar ao que pôde ser observado na manifestação realizada pelo movimento Cansei em 2007, também apoiada pela OAB de São Paulo. Em 2011, porém, as reivindicações eram mais difusas.

Em Brasília, por exemplo, a marcha reuniu cerca de 25 mil manifestantes que protestaram contra a absolvição da deputada Jaqueline Roriz (PMN-DF); o voto secreto no Congresso; os escândalos de corrupção no governo da presidente Dilma Rousseff; pela aplicação da Lei da Ficha Limpa e contra o presidente da Confederação Brasileira de Futebol (CBF), Ricardo Teixeira.[72] Já no Rio de Janeiro, com apoio de ONGs como Rio de Paz e Greenpeace, a passeata tomou a orla de Copacabana aglutinando cerca de 2 mil pessoas, várias das quais vestindo preto e carregando vassouras verde-amarelas, fazendo alusão à faxina no setor público. Inclusive, aqui é importante lembrar da expressão "faxina ética" utilizada para se referir à "faxina" ministerial realizada por Dilma Rousseff em 2011, e que, de acordo com o cientista político André Singer, foi recebida com aprovação pelas classes médias na época. O tema da limpeza também aparecia no nome do projeto Ficha Limpa no STF, apoiado pelos manifestantes, que também demandavam a transformação da corrupção em crime hediondo. Porém, outras pautas também eram sugeridas, como exemplifica a manifestação realizada em São Paulo, na qual 2 mil pessoas protestaram na avenida Paulista com os rostos pintados e munidas de bandeiras do Brasil pedindo para que 10% do PIB fosse investido em educação.[73]

Já em 2012, os protestos contra a corrupção convocados pela internet ocorreram em várias capitais brasileiras em outro feriado cívico, 21 de abril, Dia de Tiradentes. Os manifestantes demandaram o fim do foro privilegiado para parlamentares; a reversão de aumentos de salários de vereadores; a obrigatoriedade de ficha limpa para candidatos a cargos eletivos; mais recursos para a educação; e a saída de políticos locais. As manifestações reuniram uma média de 2 mil pessoas em cada cidade, e novamente o preto e as cores da bandeira nacional foram utilizados. No entanto, ao contrário do que vinha ocorrendo desde 2007, em São Paulo houve um confronto entre os manifestantes e a polícia, que jogou bombas de efeito moral para dispersar as pessoas que protestavam na avenida Paulista.[74]

Assim como ocorreu em 2011, o foco principal dos atos que foram realizados em abril de 2012 não era o repúdio aberto ao PT ou a Lula, ainda que a pauta da condenação dos "mensaleiros" estivesse presente.[75] Naquela época a indignação contra a corrupção expressa pela maior parte dos manifestantes aparecia invariavelmente conjugada ao mau uso do dinheiro público e à demanda de que uma fatia maior do orçamento fosse destinada para a educação. No entanto, o tom mais propositivo e menos alarmista das manifestações iria começar a mudar a partir de agosto do mesmo ano, quando teve início o julgamento do escândalo do mensalão no STF e frustrações antigas com o PT começaram a vir à tona com mais força.

Em maio de 2006, auge do Orkut e um ano após a eclosão do mensalão, a comunidade "Fora Lula 2006" contava com 110 mil membros e a comunidade "Eu odeio o PT", 93 mil; já a comunidade de apoio a Lula da Silva, chamada "Lula presidente 2006", e a comunidade oficial do PT reuniam, respectivamente, cerca de 30 mil e 12 mil pessoas. Passados seis anos, porém, o

Facebook já havia se tornado a rede social mais popular do país, e vários administradores de comunidades no antigo Orkut se mudaram para a nova rede junto com antigos usuários. Alguns deles, como registrou a cientista política Fanny Vrydagh, resolveram se unir meses antes das eleições presidenciais de 2010 para criar uma nova página, chamada Revoltados Online, para onde teriam migrado muitos dos antipetistas do Orkut. A página era coordenada por Marcello Reis, empresário paulistano e entusiasta do regime militar.

Neto de militares, o empresário foi criado pelo marido de sua prima, um metalúrgico espanhol antigrevista que reclamava das paralisações conduzidas por Lula na década de 1980, chamando-o de "sapo barbudo" e "vagabundo", epítetos que o empresário utilizava desde a infância para se referir ao ex-presidente.[76] De acordo com o depoimento do empresário a Vrydagh, quando a página foi criada no Orkut era possível reclamar de temas diversos, porém, ao longo dos anos teria ficado nítido que o tema da corrupção era o que gerava mais engajamento entre os então mais de 50 mil seguidores. A despeito disso, segundo o empresário, que participou de protestos contra a corrupção em São Paulo, Brasília e Rio de Janeiro entre 2011 e 2012, não foi possível unir os diversos grupos que se mobilizavam nas ruas, pois existiam aqueles que eram favoráveis ao PT ou que não partilhavam do antipetismo de Reis.

De qualquer forma, no mesmo período em que a página Revoltados Online foi criada, outras iniciativas similares foram levadas a cabo. Carla Zambelli, por exemplo, que atuava então como profissional liberal, passou a integrar em julho de 2011 o coletivo NasRuas. Em abril de 2012, o NasRuas apoiou Marcello Reis em um protesto contra a doação de terrenos públicos pelo prefeito Gilberto Kassab (PSD) ao Instituto Lula,[77] o que fez com que o empresário se tornasse mais popular na internet e passasse a organizar pequenos protestos no vão livre do Masp contra Lula e o PT.

Assim, quando o ano de 2013 teve início já havia um certo clima de descontentamento no ar. E, ainda que as pesquisas de opinião pública revelassem que o índice de preocupação com a corrupção na época oscilava em torno de 5%,[78] tal índice iria aumentar progressivamente após a irrupção das manifestações de junho.

Iniciadas por atos organizados pelo Movimento Passe Livre (MPL), que já havia realizado protestos similares em diversas localidades no país, as manifestações se alastraram Brasil afora. Logo os protestos se difundiram e milhões de pessoas passaram a se reunir nas ruas em torno de pautas das mais diversas, porém o que havia em comum entre os manifestantes era a rejeição a um sistema político desconectado das demandas oriundas da sociedade civil. Isso teria desencadeado, nas palavras do filósofo Marcos Nobre, um "choque de democracia" seguido de uma crise política causada pela inabilidade dos políticos de turno em responder aos protestos.

Entre as muitas pessoas e grupos que resolveram sair às ruas estavam justamente os militantes ultraliberais, mobilizados, sobretudo, em torno do Líber, como relembra Joel Pinheiro da Fonseca, que esteve presente nos atos:

Em 2013 a gente conseguiu organizar, durante as passeatas de junho, uma manifestação libertária também. Enquanto a passeata estava passando pela Paulista, a gente estava concentrado no vão do Masp. A passeata grande começou pela questão da tarifa do transporte público e a gente defendia a liberdade de concorrência e de competição dentro do transporte público, inclusive de carros, antes de existir o Uber, a ideia já existia ali, sem nenhum aplicativo. Esse foi um momento muito rico, um momento que teve um grande otimismo com o projeto do Líber, foi um período muito legal, eu gostei de ter me dedicado àquilo.[79]

Além dos ultraliberais, Marcello Reis também marcou presença nas manifestações de junho. No entanto, sua atuação nos protestos desencadeou conflitos mais intensos. Meses antes, em abril de 2013, ele havia organizado um pequeno protesto com duas dezenas de pessoas em que se exibia uma faixa que dizia: "Lula, o câncer do Brasil. Investigação do chefe da quadrilha", porém, em junho, a mesma faixa acabou motivando comportamentos violentos quando foi exposta em meio a outros grupos que também protestavam na avenida Paulista. Sem dúvida, Reis se utilizava da mesma política de choque das comunidades do Orkut ao expressar sua inconformidade com a corrupção na política e com o PT.

Foi justamente em meio às manifestações de junho de 2013 que discursos que mobilizavam conjuntamente os temas da anticorrupção e do antipetismo passaram a se tornar centrais no processo de formação da nova direita, e, nesse sentido, a atuação dos Revoltados Online merece destaque. Porém, naquele momento, os ultraliberais reunidos em torno do Líber e os seguidores de Marcello Reis ainda não se misturavam. Enquanto os primeiros estavam mais preocupados em difundir a ideia de que os problemas do país poderiam ser resolvidos com a adoção de um radicalismo de mercado, Reis demandava uma solução drástica, análoga à defendida pelo jornalista policial Alborghetti em 2006: uma intervenção do Exército "para lavar todos os políticos corruptos e comunistas que ocupam o Congresso", nas palavras de um membro da página Revoltados Online em novembro de 2015 em entrevista a Fanny Vrydagh. Tais diferenças entre ultraliberais e intervencionistas como Reis remontavam, inclusive, a encontros anteriores nas ruas, como aponta Filipe Celeti, que atuou como coordenador do Líber em São Paulo:

Quando estava no auge a discussão de revisitar a história da ditadura a gente fez uma marcha, mas acabou aparecendo um povo nada a ver, uns integralistas doidos, uns fascistões, *skinheads* perdidos, que começaram a falar um monte de groselha no megafone. Aí uma hora eu peguei o megafone e falei uns lances contra os caras também e eles acabaram indo embora.[80]

Apesar de tais tensões, as manifestações de junho renderam uma iniciativa que veio a ser de grande importância tempos depois. Com o intuito de coordenar melhor a participação nos protestos, surgiu a ideia de reunir a militância em um movimento mais amplo, sem as limitações das organizações criadas até então. Foi o começo do MBL. Fábio Ostermann relata:

Eu estava discutindo com o Juliano Torres a ideia de criar um movimento focado exclusivamente em ativismo e juntar pessoas que apoiam a causa da liberdade para mobilizar, fazer protestos, petições, manifestações, esse tipo de coisa que a mídia gosta e que teria uma possibilidade de alavancar ideias liberais. Tinha visto muito liberal por aí a fim de fazer alguma coisa, mas o Ordem Livre e o Estudantes pela Liberdade não poderiam fazer isso, pois não era seu foco, nem de outras instituições liberais como o Líber, que era um partido em formação na época e não devia se meter também para evitar acusações de partidarização. Tinha gente querendo participar e a gente precisava encontrar uma maneira de canalizar esse entusiasmo, a gente passou a tocar isso a partir de 16 e 17 de junho de 2013.[81]

Por meio do então incipiente MBL, os ultraliberais conseguiram se organizar melhor para participar das várias manifestações que ocorreram naquele mês em todo o território nacional.

Ao fim do ano, porém, a página do movimento no Facebook, que contava então com cerca de 20 mil curtidas, acabou sendo abandonada por seus fundadores, que passaram a dedicar seu tempo a outras atividades. Fábio Ostermann, por exemplo, passou a se engajar na campanha do político e amigo pessoal Marcel van Hattem[82] para deputado estadual pelo Rio Grande do Sul, e Juliano Torres voltou suas atenções para as atividades do Estudantes pela Liberdade.

A despeito da interrupção temporária das atividades do MBL, as manifestações de junho de 2013 certamente tiveram um papel formativo para jovens que eram de direita ou passaram a se perceber como tal. Afinal, antes disso, os atos de rua organizados pela militância da nova direita em formação eram pequenos, dado que, desde a redemocratização, os movimentos de massa no Brasil costumavam ser liderados pela esquerda. Assim, não era algo incomum que até então ativistas da nova direita se aventurassem em manifestações de esquerda para aprender como eram organizadas, como me relatou uma militante da nova direita, Patrícia Bueno, que, em meio a suas "incursões em campo", teria até mesmo recebido um abraço de Lula durante um ato petista. Desse modo, ainda que não seja possível dizer que o saldo das manifestações de junho tenha sido maior à esquerda ou à direita, certamente após 2013 ficou claro para a nova direita emergente que, a partir daquele momento, seria possível reunir um número grande de pessoas nas ruas para protestar por pautas que não fossem de esquerda. Tal avaliação se confirmaria um ano depois, após a reeleição de Dilma Rousseff, que sem dúvida foi a oportunidade política *crucial* para a consolidação da nova força política.

Em 2014, Dilma Rousseff, que meses antes de junho de 2013 era bem avaliada por cerca de dois terços dos brasileiros, amargava uma queda abrupta da popularidade.[83] Além disso, a corrupção passou a ser percebida como um dos principais problemas do país, e, no Facebook, acessado por 89 milhões de brasileiros, ou seja, 80,9% dos 110 milhões de brasileiros que utilizavam a internet então, as páginas que circulavam discursos antipetistas e as teses defendidas por Olavo de Carvalho, entre as quais figuravam páginas de políticos tucanos e ligadas a Jair Bolsonaro, já apelidado como "Bolsomito", alcançavam dezenas de milhões de pessoas.[84] Dessa forma, é possível dizer que naquele ano a crise do lulismo já se avizinhava à medida que grupos de esquerda foram se afastando do combate à corrupção nas ruas e nas redes, abrindo uma avenida para forças antipetistas se apropriarem completamente da pauta e para que a nova direita em formação entrasse em modo de combate. Nesse sentido, é possível destacar o papel desempenhado pela campanha do empresário Paulo Batista a deputado estadual em São Paulo, o herói do "Raio Privatizador".

Ainda que alguns raros candidatos ultraliberais tenham se lançado em anos anteriores,[85] foi a campanha do Raio Privatizador que conseguiu unificar em um mesmo projeto toda a militância ultraliberal, boa parte da qual já havia se envolvido com a criação do Líber. O herói da campanha, Paulo Batista, é um pequeno empresário do ramo imobiliário que atuou durante dez anos como diácono de uma igreja local e cujo pai havia sido vereador na cidade de Valinhos, no interior do estado de São Paulo. Inspirado pela experiência política do pai, Batista, que passou a se considerar liberal por volta de 2006 a partir de leituras feitas durante um curso superior de marketing, decidiu se candidatar sem nenhum auxílio de entidades religiosas com cujas práticas políticas não concordasse. Logo encontrou refúgio no Partido Republicano Progressista (PRP), sigla que lhe oferecia a possibilidade de se candidatar de forma independente.

Assim, foi a partir dos esforços de campanha iniciados no ano de 2012, em um escritório de advocacia da cidade de Vinhedo, a sete quilômetros de distância de Valinhos, que Batista entrou em contato com militantes organizados em um movimento em formação chamado Renovação Liberal. O movimento era integrado por vários membros do Líber e capitaneado por Renan Santos, que havia atuado no movimento estudantil da Faculdade de Direito da USP e participado ativamente das manifestações que ocorreram em julho de 2013 contra a PEC 37, que restringiria o poder de investigação do Ministério Público.[86] Santos apresentou Batista ao seu irmão Alexandre Santos, dono de uma produtora de vídeo paulistana chamada ANC, e a Marcelo Faria, que havia conhecido durante junho de 2013 e que em 2014 fundou e passou a presidir o Instituto Liberal de São Paulo.

A partir da produtora de vídeo de Alexandre Santos e das ideias dos militantes que se engajaram na campanha de Batista, como Fábio Ostermann, que passou a acompanhar o grupo em 2014, foi criada uma campanha digital em que Paulo Batista aparecia em vídeos curtos como um super-herói ultraliberal que lançava raios "privatizadores" em cidades comunistas transformando-as em cidades superdesenvolvidas:

> Em 2014 eu estava com foco na campanha do Marcel van Hattem. O pessoal que estava coordenando a campanha do Paulo Batista me encontrou pela internet e eu acabei conhecendo eles aqui em São Paulo. Era um pessoal que tinha uma produtora de vídeos, uma inclinação aos valores liberais, e me chamaram para dar uma palestra em um evento deles. Dei algumas dicas sobre a campanha do Paulo Batista, mas eles estavam com pouquíssimos recursos, era um *startup* de campanha, e eles resolveram fazer uma campanha inovadora para tentar fazer um *case*. A gente teve uma conexão de visão em relação à necessidade de se fazer comunicação política de uma forma inovadora, diferente, mais iconoclasta.[87]

A candidatura de Batista, apesar de ser oficialmente abrigada pelo PRP, era tida por seus organizadores como pertencendo ao Líber, e foi assim que logo se tornou amplamente conhecida entre os ultraliberais, como lembra Paulo Batista:

> O grupo era o Líber, que ficou responsável pela parte de ideias, liberalismo, libertarianismo; Paulo Batista, Rubens [Nunes] e Jeferson, com a estratégia, e o Renan foi buscar ajuda do irmão para a parte midiática. Ele disse: "Olha, o meu irmão, o Alexandre, tem uma produtora, a ANC, que tal a gente juntar o escritório do Rubens, o Líber, o Marcelo [Faria] e a ANC?". Foi perfeito. Eu saí pelo Partido Republicano mas utilizei o logo e o broche do Líber. O Líber teve um candidato, foi o Paulo Batista. E aí fizemos um vídeo de trinta segundos que viralizou, nós tivemos mais de 1 milhão de acessos em três dias, e do dia para a noite eu virei uma celebridade. Essa foi a campanha com que os liberais surgiram no contexto da política brasileira: eu, Marcel van Hattem, Adolfo Sachsida, Paulo Eduardo Martins, nós fomos a vanguarda do negócio. O Rodrigo Saraiva Marinho, do Instituto Liberal do Nordeste, ajudou, Hélio Beltrão, do Instituto Mises, ajudou. O raio privatizador se tornou um projeto dos liberais, era uma voz em oposição a tudo que estava acontecendo.[88]

Além dos vídeos, os militantes unidos na campanha do Raio Privatizador passaram a fazer vários protestos e demonstrações públicas na cidade de São Paulo, a partir dos quais outras pessoas e grupos se aproximavam. Conforme relata Batista:

> O primeiro ato que nós fizemos foi um protesto na porta da Venezuela. Nós levamos um caminhão de *pallets* de papel higiênico, na frente da embaixada, e fizemos um

protesto lá, contra a Venezuela. Apareceu a polícia, a *Folha de S.Paulo*, e uma galera de um partido chamado Novo, que era tão novo que eu não conhecia, eles disseram: "A gente ama o seu trabalho", e depois eu ajudei a pegar mais de trezentas assinaturas para ajudá-los a formalizar o partido. A campanha era uma aventura por dia! Eu fui confrontar o pessoal do PSTU [Partido Socialista dos Trabalhadores Unificado] e PCO [Partido da Causa Operária] ali no centro da cidade, com megafone, e quase apanhei. Eu entrei dentro do comitê principal do PT, e do PCdoB, para levar uma carta para eles fornecerem papel higiênico para a Venezuela. Nós levamos um bote na porta do consulado de Cuba. Eu ia pular com um paraquedas preto e amarelo, a cor do anarcocapitalismo, na USP, mas no dia, graças a Deus, choveu. Várias pessoas contribuíram com essas ideias, a da USP foi do Renan, da Venezuela foi do Marcelo do Instituto Liberal de São Paulo, a ideia de Cuba foi o pessoal do Líber.[89]

Apesar de ter despontado como um fenômeno da internet e ter sido entrevistado no talk show do humorista Danilo Gentili transmitido pelo SBT, ao contrário de Marcel van Hattem, que recebeu 35 mil votos e se tornou suplente e depois deputado estadual, Batista recebeu 16800 votos e não foi eleito. No entanto sua campanha conseguiu agregar boa parte da militância ultraliberal em atividade no país, a qual, para derrotar a candidatura de Dilma Rousseff, somou esforços com outros grupos, como o Vem Pra Rua, criado por empresários e profissionais liberais em setembro de 2014.[90] Havia, no entanto, divergências entre os grupos. Enquanto os membros do Vem Pra Rua possuíam uma identificação maior com a candidatura tucana, o apoio dos ultraliberais era totalmente pragmático e tinha apenas a finalidade de evitar que Rousseff se reelegesse, e, finalmente, os Revoltados Online teriam optado por não participar das manifestações contra a reeleição da petista por considerar que tucanos e petistas seriam "farinha do mesmo saco".

A derrota de Dilma Rousseff era dada como certa pela oposição, tendo em vista que a divulgação das denúncias oriundas da Operação Lava Jato, iniciada em março de 2014, atingiu em cheio o PT, cuja imagem já estava muito desgastada pelo julgamento do mensalão. Desse modo, a quebra de expectativas que ocorreu com o anúncio da vitória da petista foi de tal monta que logo se levantou a suspeita de que a eleição poderia ter sido fraudada. A hipótese foi ventilada pelo candidato perdedor, cujo partido requisitou uma auditoria ao Tribunal Superior Eleitoral para verificar a lisura do pleito, alimentando reações inflamadas entre antipetistas mais ferrenhos e criando um clima propício para quem quisesse protestar contra a situação de alguma forma.

Sem hesitar, o núcleo duro do grupo organizado em torno de Paulo Batista, acostumado a promover protestos e demonstrações de tom mais agressivo contra a esquerda,[91] aproveitou a ocasião para chamar uma manifestação pelo impeachment da presidente reeleita, passados apenas seis dias de sua vitória. O protesto marcado para o dia 1º de novembro foi convocado a partir da página de Facebook de Paulo Batista, teve 100 mil confirmações online e recebeu apoio de Olavo de Carvalho. No entanto, na época, a pauta do impeachment, a despeito de circular nas hostes legislativas como uma ameaça implícita à presidente, era percebida como sendo muito radical e contraproducente por adversários do PT[92] e pelas lideranças do Vem Pra Rua, Rogerio Chequer e Colin Butterfield. Estes viam com maus olhos a manifestação convocada por Paulo Batista, uma vez que consideravam que o ato contra a presidente recém-eleita poderia pôr a perder o acúmulo político que haviam conquistado nas ruas até então.[93]

Não obstante, o primeiro protesto, que marcou o início da Campanha Pró-Impeachment, reuniu, de acordo com a imprensa, cerca de 2500 pessoas munidas de bandeiras do Brasil e cartazes com dizeres como "Fora PT", "Fora Dilma" e "Fora corruptos". Estavam presentes também outros grupos e movimentos que, a princípio, não faziam parte das redes da militância ultraliberal, como grupos intervencionistas e membros do grupo liderado por Marcello Reis, o Revoltados Online. Reis teria sido responsável por levar um caminhão elétrico e reivindicava a organização da manifestação, mas foi vaiado pelos manifestantes ao propor uma intervenção militar, o que fez com que ele passasse a concentrar seus discursos em público na deposição de Rousseff. Foi assim que, pela primeira vez, os ultraliberais, os Revoltados Online e figuras icônicas como Eduardo Bolsonaro e Olavo de Carvalho se uniram em torno de pautas em comum, um marco no processo de consolidação da nova direita.

No dia 15 de novembro teve lugar uma segunda manifestação na avenida Paulista, convocada pelos Revoltados Online. Em face da repetição do protesto, a militância organizada em torno da campanha do "Raio Privatizador" decidiu ressuscitar o Movimento Brasil Livre criado por Fábio Ostermann durante as manifestações de junho de 2013. O MBL substituiria a Renovação Liberal de Renan Santos, cujo nome "não havia colado". Paulo Batista relata:

Nesse momento já havia sido decidido que o nome "Renova" não ia colar. Então entre o dia 1º e o dia 15 de novembro, que foi a segunda manifestação pelo impeachment da Dilma, decidiram usar o nome Movimento Brasil Livre, que era o movimento do Fábio. O Fábio ligou e falou: "Olha, gente, já temos um movimento, está tudo montadinho e é um nome bem facinho: Movimento Brasil Livre",

"Pô, legal". Todo mundo topou, então na segunda manifestação nós fomos já pra rua como Movimento Brasil Livre.[94]

Se o primeiro protesto não havia contado com a presença de políticos, com exceção do deputado federal Eduardo Bolsonaro, o segundo e terceiro protestos, que ocorreram ainda em 2014, tiveram o apoio de lideranças partidárias e grupos políticos tradicionais, como lembra Batista:

Nós fomos para a segunda manifestação como Movimento Brasil Livre, subimos em cima do caminhão e o Solidariedade subiu no caminhão. Eu desci, e aí o Renan falou: "Você está brigando com os caras que estão nos ajudando. São nossos amigos". Eu falei: "Não. Amigo meu, não, eu quero a redução do Estado, eu luto contra o envolvimento das siglas partidárias em uma situação de decisão popular e você traz os caras para cima do caminhão?". Na terceira manifestação eu percebi que a minha postura de protagonista foi alterada para a de um mero coadjuvante, e de novo o pessoal do Solidariedade estava entregando adesivo e o caminhão do Vem Pra Rua estava com o José Serra em cima. Nesse dia o Serra pegou o microfone e falou: "Eu quero agradecer a todos os partidos que apoiam e desenvolvem essa iniciativa". Aí eu peguei o microfone, cortei ele e falei: "Espera aí. Isso aqui não é uma manifestação de partido. É uma manifestação popular. Partido aqui não tem mérito nenhum. Os trabalhos foram realizados pelos populares. Se existem méritos, os méritos são os populares. Em manifestações passadas, o povo saiu em apoio aos partidos. Hoje o partido vem em apoio ao povo. Hoje, de fato, nós temos uma manifestação do povo. A expressão daquilo que o povo quer". Foi um mal-estar muito grande. Na semana seguinte eu falei que eu queria me desassociar do movimento.[95]

Os protestos continuaram, apesar de eventuais baixas, no início do ano seguinte em meio à retração econômica que experimentava o país e ao desenvolvimento das investigações da Operação Lava Jato. Dada a ampla cobertura que a Lava Jato recebeu da mídia, seus personagens principais, sobretudo o juiz Sergio Moro, que se tornou sinônimo da operação, logo se tornaram ícones do combate à corrupção, que passou a ser o principal problema do Brasil para 21% da população. O aumento no índice certamente ajuda a explicar o sucesso do novo ato convocado pelo MBL, em conjunto com o Vem Pra Rua e os Revoltados Online, para o dia 15 de março. A nova manifestação aglutinou milhares de pessoas movidas sobretudo pelo antipetismo e pela revolta contra a corrupção. Segundo a Polícia Militar, o número de manifestantes reunidos na avenida Paulista bateu a cifra de 1 milhão de pessoas, porém, de acordo com o Instituto Datafolha, o número seria menor, 250 mil, mas ainda assim muito expressivo.

Após o êxito da mobilização e a ampla cobertura midiática por jornais, revistas e emissoras de televisão, ausente nos atos que ocorreram anteriormente, o MBL sentiu-se encorajado para chamar mais um protesto no mês seguinte, no dia 12 de abril de 2015. Os Revoltados Online novamente aderiram à ideia, e os membros do Vem Pra Rua consideraram que talvez fosse precipitado chamar uma nova manifestação, mas acabaram participando. No ato de abril, o MBL anunciou que faria uma marcha de São Paulo até Brasília, a "Marcha da Liberdade", percorrendo os mais de mil quilômetros que separam uma cidade da outra para demandar o impeachment de Dilma Rousseff. Marcello Reis acompanhou o MBL durante a marcha, já as lideranças do Vem Pra Rua deram um apoio menor à iniciativa, decidindo concentrar esforços na entrega de uma "Carta do Povo Brasileiro" ao Congresso, em alusão ao documento assinado por Lula em 2002, na qual davam vazão à profunda insatisfação com a corrupção do sistema político.

Ainda que houvesse uma multiplicidade de estratégias adotadas pelos movimentos, os atos continuaram ocorrendo ao longo daquele ano, contando com apoio de grandes organizações e empresários[96] e reunindo milhares de pessoas insatisfeitas com o PT e com o sistema político em geral. De acordo com uma pesquisa de opinião coordenada pela socióloga Esther Solano e pelo filósofo Pablo Ortellado e realizada durante um dos protestos em São Paulo, em agosto de 2015, 96% dos manifestantes disseram não estar satisfeitos com o sistema político, 73% disseram que não confiavam nos partidos políticos e 70% não confiavam nos políticos. Assim, para além de compartilhar a rejeição ao Partido dos Trabalhadores e às suas principais lideranças, corporificada em bonecos gigantescos que passaram a compor os atos como mascotes, os manifestantes rejeitavam quaisquer políticos associados com a política tradicional.

Nesse sentido, não foi surpreendente que 56% das pessoas presentes no mesmo protesto, considerando a crise política e econômica que atravessava o país, concordassem com a frase "alguém fora do jogo político resolveria as crises", e que 64% afirmassem que este alguém poderia ser "um juiz honesto", e 88% um "político honesto". Em meio a tal cenário, ao serem indagados sobre quem inspiraria maior confiança, 19,4% afirmaram que confiavam muito em Jair Bolsonaro, nome que apareceu em primeiro lugar dentre os citados. Apenas 11% disseram confiar no PSDB, partido no qual a maioria dos manifestantes votara nas eleições de 2014, e apenas 1% no Partido do Movimento Democrático Brasileiro (PMDB), futuro MDB, sigla do então vice-presidente Michel Temer, que ocuparia a presidência da República caso o impeachment fosse bem-sucedido.

De fato, Bolsonaro era um dos raros políticos, se não o único, que conseguia participar das manifestações pró-impeachment e ser ovacionado pelo público, ao contrário dos demais políticos de oposição. Por meio de sua atuação nas redes sociais, sobretudo a partir de 2013, quando inaugurou uma *fan page* no Facebook, Bolsonaro passou a ficar mais conhecido e angariar novos apoiadores. No ano seguinte, auxiliado pela conjuntura política favorável de desgaste do PT, foi o deputado mais votado do Rio de Janeiro com uma soma de votos quatro vezes maior do que sua média desde seu ingresso na vida política.

O bolsonarismo começava a se consolidar, facilitado pelos desdobramentos da Operação Lava Jato.

Isso se deu porque, a despeito de seus quase trinta anos de atuação parlamentar, Bolsonaro, até aquele momento, não havia sido formalmente acusado de participar de esquemas de desvio de recursos. Dessa forma, o deputado conseguiu desvincular sua imagem da política tradicional, percebida como sinônimo de corrupção, o que fez com que se tornasse a liderança política de maior expressão nos protestos. Contudo, a adesão ao capitão reformado ainda era bastante controversa na nova direita em formação, especialmente entre aqueles que condenavam a ditadura militar, caso do MBL, que seguia concentrado em promover sua "Marcha pela Liberdade" em Brasília com o objetivo de pedir a cassação de Rousseff.

A peregrinação realizada pelo grupo, acompanhada por Marcello Reis dos Revoltados Online, contou com pouca cobertura da mídia e ganhou pouquíssimas adesões em comparação com os atos de rua, afinal, o pedido de impeachment ainda não era defendido abertamente pelo establishment nem mesmo pelo Vem Pra Rua. Foi apenas quando o Tribunal de Contas da União declarou que havia irregularidades nas contas referentes ao último governo petista (2011-4) que o movimento passou a encampar de forma explícita a pauta do impedimento, o que facilitou a coordenação das ações promovidas pelos três grupos, que continuaram a atuar intensamente nas mídias sociais para aumentar seu número de apoiadores.[97] Tal estratégia fez com que o MBL passasse a se expandir rapidamente de forma um tanto desordenada, o que acabou provocando a saída de outro de seus principais membros-fundadores, Fábio Ostermann.

Segundo o militante gaúcho, inicialmente as pessoas se aproximavam do MBL porque o conheciam, ou conheciam outros membros que logo se tornaram referências, como Kim Kataguiri, criador da página do Facebook Liberalismo da Zoeira, que se juntou ao movimento no fim de 2014. Mais tarde, porém, outros núcleos passaram a ser montados em outras localidades de forma bastante descentralizada, desestruturada e caótica, a partir de contatos de pessoas desconhecidas do grupo original, de modo que quem tinha maior disponibilidade de tempo na época para se dedicar às atividades do movimento automaticamente passava a ter maior poder decisório. Assim, em meio à ascensão de novas lideranças, como o próprio Kataguiri, e sem poder dispor de mais tempo e dinheiro para coordenar o movimento, Ostermann optou por sair do grupo. Poucos meses depois, o MBL, em conjunto com outros movimentos, lançaria mão de uma estratégia conhecida dos movimentos de esquerda para demandar o impedimento de Dilma Rousseff: o acampamento.

Ao contrário da esquerda, porém, que não costuma pedir permissão da polícia para se manifestar, as lideranças dos movimentos pelo impeachment acharam por bem fazê-lo. Com isso pretendiam demonstrar seu compromisso com a manutenção da lei e da ordem e sinalizar para potenciais apoiadores que o acampamento seria "limpo, organizado e seguro". Logo o movimento passou a organizar ônibus para levar militantes de várias cidades até Brasília. À época, fui severamente desaconselhada por meus colegas do Instituto Liberal a entrar em um deles para fazer pesquisa in loco: "Esse pessoal está com sangue nos olhos, se descobrirem que você é de esquerda já era". Me resignei então a receber informações do evento por terceiros.

O acampamento foi erguido no gramado em frente ao Congresso Nacional no dia 21 de outubro com a autorização do então presidente da Câmara dos Deputados, Eduardo Cunha (PMDB), que vinha sistematicamente usando a ameaça de impeachment para chantagear a presidente. O MBL e os Revoltados Online ocuparam o espaço com cerca de cinquenta barracas cada um, e o Vem Pra Rua, na impossibilidade de estar fisicamente no local, fincou uma bandeira do movimento no acampamento para demonstrar apoio simbólico. Grupos de intervencionistas também compareceram, o que acabou por criar tensões crescentes com os outros manifestantes, resultando na expulsão de ativistas mais radicalizados. De qualquer forma, o acampamento seria desbaratado pouco depois, no dia 21 de novembro, sem que o impeachment passasse a ser pautado pela Câmara, apesar da soma de esforços de outros grupos e novas lideranças que emergiram ao logo do protesto e se utilizavam de performances diversas para chamar a atenção dos deputados e da mídia, como os integrantes do NasRuas, que com algemas de brinquedo se diziam "algemados ao Congresso".[98]

Nessa altura, a corrupção já era percebida como o maior problema do Brasil por 34% da população, e a nova direita, distribuída em vários movimentos e organizações país afora, já havia se consolidado na esfera pública tradicional. Não apenas seus integrantes dispunham de maior espaço em rádios, jornais, revistas e canais de televisão da mídia tradicional, mas também aumentavam de forma significativa sua presença em circuitos culturais, sobretudo no mercado editorial.

Ainda em 2013, o Grupo Editorial Record, que já vinha publicando livros críticos ao PT de colunistas e jornalistas conhecidos que escreviam na revista *Veja* e no jornal *O Globo*, contratou Carlos Andreazza para o cargo de editor de não ficção. Andreazza, na contramão da orientação da editora anterior,

Luciana Villas-Boas, passou a apostar nas vendas de livros de direita, que ainda percorriam circuitos mais restritos. Tal movimento iniciou uma guinada à direita no mercado editorial brasileiro, como ressalta Sérgio Machado, presidente do grupo:

> Dá para identificar uma certa guinada para a direita. A teoria que a Luciana defendia era que a esquerda lê mais do que a direita. E, para mim, isso sempre fez um certo sentido. O Andreazza apostou no oposto e, para nossa surpresa, deu certo. Ficou provado que a direita também lê. Ele percebeu um crescimento do pensamento liberal. Essa diversidade é boa para a democracia.[99]

Em 2013 foram lançados *Esquerda caviar: A hipocrisia dos artistas e intelectuais progressistas no Brasil e no mundo*, de Rodrigo Constantino, e *O mínimo que você precisa saber para não ser um idiota*, de Olavo de Carvalho, que logo passaram a integrar a lista dos mais vendidos daquele ano. Em 2015, no auge das manifestações pelo impeachment de Dilma, o livro de Carvalho se tornou um best-seller com mais de 120 mil cópias vendidas, tornando o filósofo *hype* e representando um marco no que tange à penetração dos discursos do Orkut no debate público tradicional. A direita não estava mais envergonhada, e sua demanda reprimida por livros passou a ser atendida por Carlos Andreazza, que afirmou:

> O caso do Olavo é muito simbólico. O que fizemos foi dar um tratamento *pop* ao autor. Nós *hypamos* o Olavo, desde a escolha do título até a capa. Havia uma demanda reprimida por esses autores que nós identificamos.[100]

Após o sucesso atingido por *O mínimo que você precisa saber...*, a Record publicou livros de autores relacionados à nova direita mas que não possuíam o mesmo grau de exposição pública de Carvalho e Rodrigo Constantino. Ainda em 2015 foram publicados os livros *Pare de acreditar no governo*, do cientista político Bruno Garschagen, que havia participado do projeto Liberdade na Estrada em 2009 e é o responsável pelo podcast do Instituto Mises Brasil desde 2012, e *Por trás da máscara*, de Flávio Morgenstern, que havia disputado o DCE da USP ao lado de Rodrigo Neves pela chapa "Reação" em 2011, quando ainda era estudante do curso de letras. Além disso, aproveitando o momento político, a editora tinha anunciado que estava em tratativas para lançar um livro de uma das lideranças mais famosas do MBL, Kim Kataguiri, que naquele ano havia sido considerado pela revista *Time* um dos trinta jovens mais influentes do mundo e em janeiro de 2016 passaria a escrever uma coluna semanal para o jornal *Folha de S.Paulo*.[101] A editora também passou a publicar autores que abordavam temas filosóficos e culturais com maior densidade e eram publicados apenas por selos menores, como a É Realizações e a Vide Editorial, consolidando a nova direita no cenário cultural do país, como aponta Márcia Xavier de Brito:

> Estão revolvendo os catálogos para atender uma demanda que eles estão vendo que existe, e aí é um movimento cultural, não adianta. O Sérgio Machado, antes de morrer, contratou o Andreazza porque ele queria inovar, queria dar uma sacudida na Record. O Andreazza publicou o Roger Scruton, mas quem começou a publicar o Scruton no Brasil foi o Edson da É Realizações, que já tinha várias coisas publicadas quando a Record, com a megadistribuição que eles têm, compra o último livro dele.[102]

A consolidação da nova direita no mercado editorial brasileiro também veio acompanhada de um fenômeno cultural mais amplo que passava a ficar em evidência na mídia tradicional: o "politicamente incorreto". Ainda que o tema já fosse abordado desde a década de 1990 no Brasil, inclusive por Olavo de Carvalho, artistas e humoristas críticos ao PT passaram a aderir cada vez mais à tendência do politicamente incorreto à medida que a crise do lulismo avançava a passos largos. É possível destacar os músicos Lobão e Roger Moreira da banda Ultraje a Rigor, os comediantes Marcelo Madureira, ex-Casseta & Planeta, e o humorista Danilo Gentili, que em 2015 participou como palestrante da Conferência Nacional dos Estudantes pela Liberdade em São Paulo — para a alegria de Cibele Bastos, sua fã, que me acompanhava no evento como membro do Instituto Liberal do Rio de Janeiro e fez questão de tirar uma foto com o comediante. Gentili, que passou a apresentar o talk show *The Noite* no SBT em março de 2014, acompanhado por Roger Moreira, chegou inclusive a publicar ainda em 2010 um livro com piadas oriundas de suas apresentações de *stand-up comedy* intitulado justamente *Politicamente incorreto*. O próprio comediante, em entrevista concedida à TV Antagonista em março de 2017, assim definiu o seu alvo:[103]

O politicamente correto não é um meio para você preservar as pessoas, uma etiqueta para não cometer gafes ou para não magoar ninguém, na verdade é só uma régua para fuzilar quem eles querem que você fuzile e para blindar quem eles querem que se sejam blindados. [...] A conversa sempre começa assim: "E aí, você concorda comigo ou é nazista? Você concorda comigo ou é racista? Não tem outra opção. Você concorda comigo ou é machista? [...] Você concorda comigo ou é um monstro?". Não tem outra opção. Não existe diálogo, ou você é do "bem" ou você é uma pessoa monstruosa, essa é a propaganda deles. Por exemplo, eu me lembro que quando o Joaquim Barbosa se posicionou contra a Dilma e o governo do PT o blog oficial que fazia campanha para a Dilma o chamava de macaco, e aí estava liberado.[104]

Assim, quando a campanha pelo impeachment de Dilma Rousseff finalmente conquistou seu objetivo em agosto de 2016, a nova direita já havia fincado seus pés na esfera pública tradicional. Sem deixar completamente de lado o recurso à política do choque, que continuou a ser utilizado sobretudo nas redes sociais, já estava pronta para dar seu próximo passo em direção a sua consolidação no cenário político brasileiro. Para tanto procurou se espalhar em vários partidos ao mesmo tempo que concentrava forças em três novos grupos político-partidários: a tendência Livres, o Partido Novo e o Partido Social Cristão, que passara a abrigar a família Bolsonaro.

A nova direita na política institucional

A menos de um ano e meio das eleições de 2018, a "hegemonia liberal-libertária" existente no período de formação da nova direita já havia dado lugar a um amálgama ultraliberal-conservador. Assim, ultraliberais, como Bernardo Santoro, que havia ingressado no PSC em 2014,[105] e Rodrigo Constantino[106] passaram a se definir como liberais-conservadores. O intuito era anunciar que faziam uma defesa radical do livre mercado e, ao mesmo tempo, eram conservadores na questão de costumes e no que tange à defesa da ordem, apontando para o que é uma tendência histórica: a adesão dos defensores do livre mercado ao conservadorismo.[107] De início, tal movimento gerou certo desconforto entre a própria militância, pois o rótulo de liberal-conservador parecia soar como um oximoro, como indica o jornalista Lucas Berlanza, atual diretor-presidente do IL-RJ:

Acho que essas palavras têm acepções diferentes de acordo com o lugar, com o tempo e com o interesse ideológico de quem está usando. Acho que quem diz que liberal-conservador é um oximoro porque não existe a possibilidade semântica de usar essa expressão em circunstância alguma, diz isso movido por interesse ideológico. São, sobretudo, os libertários, que querem afastar qualquer pensamento que valorize ordem e instituição do campo liberal. Acho que o pensamento liberal-conservador existe, é uma expressão usada não só no Brasil mas também fora, essas coisas não são tão dogmáticas.[108]

Além disso, a questão eventualmente causava tensões em certos grupos, como foi o caso da organização maranhense Expresso da Liberdade, como relata Lourival Souza:

O Expresso da Liberdade foi concretizado em 2012 em torno do tripé baseado no direito natural, no direito à vida, à liberdade e à propriedade. Todos se diziam liberais, mas eram liberais de matizes conservadores, influenciados por autores como Ortega y Gasset, que é um liberal aristocrático e conservador, ou por autores monarquistas. Então, no final das contas, outras questões da sociedade foram sendo discutidas, e a iniciativa acabou tomando uma forma conservadora.[109]

De fato, como Berlanza aponta, os ultraliberais que não quiseram abraçar o conservadorismo, comumente referidos pela própria militância como *leftlibs*,[110] acabaram ficando em posição incômoda nos circuitos da nova direita, especialmente em face da adesão de militantes ao clã Bolsonaro. Com a ida de Jair Bolsonaro para o PSC no início de 2016, onde estava um dos ex-presidentes do Líber, Bernardo Santoro, os liberais-conservadores passaram a ter um espaço político próprio, o que fez com que vários abandonassem o primeiro termo e começassem a se autodenominar simplesmente como conservadores.

No entanto, os militantes oriundos dos fóruns do Orkut depararam, dentro do PSC, com quadros destituídos de referências ideológicas mais sólidas. Quando Santoro foi convidado para assessorar a campanha presidencial do pastor Everaldo na área econômica em 2014, já teria sido uma tarefa árdua tentar convencer o candidato e os demais membros do partido das vantagens do livre mercado, uma vez que, na visão do advogado, no que tange à economia, o pastor possuía mais semelhanças com Leonel Brizola. Mas o problema também se estendia à reivindicação do conservadorismo, segundo o carioca Fernando Fernandes, que fora aluno de Bernardo Santoro na UFRJ e passou a atuar na juventude do PSC.

Entre alguns membros do PSC era comum ter como única referência intelectual algumas *lives* de Olavo de Carvalho, enquanto outros não tinham nenhum norte nesse sentido, dado que até então a atuação do partido teria sido basicamente fisiológica. Isso começa a se alterar apenas depois de 2013, quando o pastor e deputado federal Marco Feliciano assume a presidência da Comissão de Direitos Humanos e o pastor Everaldo se candidata à presidência. Inclusive, de acordo com Fernandes, a própria esquerda teria ajudado a definir melhor os contornos do partido, que padeceria de falta de coerência política e ideológica, ainda que seus membros partilhassem de um certo senso comum conservador:

> Quando os partidos de esquerda viram um conservador cristão sentando na cadeira da Comissão, eles apontaram: "Conservador, reacionário, vai defender os valores da família, vai ser contra o aborto". Então a esquerda empurrou o PSC para uma posição política que podia até existir por

motivos religiosos, mas não era algo coerente. Por exemplo, o partido era contra a Dilma, mas dentro do partido tinha gente que a defendia. Como faz? Em Niterói teve um vereador que a gente expulsou e ele foi para o PT![111]

Contudo, de acordo com Fernandes, a entrada de Bolsonaro atraiu uma multidão de jovens radicais que defendiam valores tradicionais e radicalismo de mercado, o que ajudou na promoção interna de uma plataforma ultraliberal-conservadora. Além disso, se antes era comum para o PSC ceder para partidos maiores, como o PT ou PMDB, uma vez que o partido compunha a base do governo federal — assim como o PP, antigo partido de Bolsonaro —, após a entrada do capitão reformado as concessões, sobretudo a partidos de esquerda, passaram a ser vistas com maus olhos.

Na mesma época o Partido Novo também anunciava que não faria concessões que o desviassem de seus princípios. No entanto, para Fernandes a demanda reprimida por uma representação autêntica de direita caberia apenas ao PSC, ainda que o legado da ditadura militar, que acompanhava o clã Bolsonaro, continuasse a ser algo desconfortável:

> Foi sinalizado que o PSC daria espaço para uma voz da direita falar, e com isso veio essa enxurrada de gente atrás do Bolsonaro, atrás de conservadorismo, atrás da defesa liberal. Tinha uma demanda reprimida por representação. A gente sempre fala muito que no Brasil até 2014 não existiam partidos de direita. Todos os partidos estavam do centro para a esquerda por uma questão histórica, porque a direita era associada ao movimento militar, à ditadura, o que é bizarro. [Carlos] Lacerda, que era o principal nome da direita, foi o primeiro exilado da ditadura. Porque a ditadura militar não é nem de direita, é imposição, e imposição não tem lado.[112]

Se por um lado a entrada da família Bolsonaro no PSC de fato ajudou a reforçar sua imagem como um partido conservador, por outro Santoro concentrou seus esforços em influenciar ativamente Jair Bolsonaro e seus filhos para que aderissem à defesa radical do livre mercado. Na época o deputado era tido pelos defensores do livre mercado como um adepto do desenvolvimentismo nacionalista vigente na ditadura militar, o que inclusive motivava esquetes cômicos muito aplaudidos em vários eventos pró-mercado. Mas os esforços de Santoro logo começaram a render frutos. Em março daquele mesmo ano Eduardo Bolsonaro anunciou sua matrícula na primeira turma de pós-graduação em economia austríaca oferecida pelo Instituto Mises Brasil.

Ao mesmo tempo que o PSC procurava adquirir contornos ideológicos mais definidos, o Partido Novo, que havia sido oficializado em 2015, enfrentava uma dificuldade similar no que dizia respeito à incorporação de novos quadros. Alguns militantes ultraliberais passaram a enxergar no partido uma alternativa ao conservadorismo do PSC, porém logo avaliaram que o Novo estaria mais preocupado em adotar políticas públicas consideradas eficientes do que ser um partido ultraliberal coerente como um todo em termos ideológicos. Essa era a opinião de Fábio Ostermann. O ativista conhecera o partido, que havia sido fundado em 2011, pela internet, e chamara seu fundador e principal dirigente, o executivo do Itaú João Amoêdo, para dar uma palestra no Instituto de Estudos Empresariais, no qual atuava como diretor. Ainda que julgasse que seus integrantes estavam muito voltados para a eficiência e a gestão da máquina pública sem que houvesse uma base de valores por trás, Ostermann resolveu integrar o partido e, a partir de 2013, passou a atuar como líder da sigla em seu estado natal, o Rio Grande do Sul. No entanto, sentindo que o Novo lhe dava pouca autonomia e limitava suas ambições políticas a curto e médio prazo, resolveu deixar a sigla em 2015, mesmo ano em que o partido foi oficializado, e se abrigar junto com outros militantes ultraliberais na então pequena legenda do Partido Social Liberal (PSL).

Na época, havia discussões sobre o que o MBL faria após o impeachment de Dilma Rousseff ou de um eventual "esfriamento dos movimentos", e Ostermann defendia a ideia de que seria preciso se envolver mais diretamente na política partidária. Para isso existiriam duas opções possíveis: entrar em partidos diversos e atuar por meio de uma frente suprapartidária, ou, preferencialmente, entrar em bloco em um único partido, ocupando-o. Em novembro, lideranças do PSL, um partido pequeno que buscava uma forma de se renovar, passaram a estabelecer contatos com pessoas de um blog chamado Mercado Popular, mais especificamente com Felipe Melo França, que no meio ultraliberal era considerado *leftlib*. França, que ajudou a fundar o MBL durante as manifestações de junho de 2013, estabeleceu uma ponte entre o PSL e Fábio Ostermann, que, empolgado com a abertura do partido para suas ideias, acabou se tornando diretor da fundação do PSL e criando uma tendência chamada Livres, a qual atraiu outros ultraliberais.

Assim, em 2016 a maioria dos militantes oriundos das comunidades do Orkut passou a se concentrar em três frentes partidárias, atuando, inclusive, em mais de uma ao mesmo tempo, como afirmou, na época, Filipe Celeti:

Na atuação política nós estamos construindo três frentes que são o Novo, recém-fundado e que ainda fica transitando ao redor da figura do Amoêdo. Tem o PSC, o próprio Bernardo Santoro fez parte do programa do pastor Everaldo, e o PSL tentando se tornar um partido ideológico. É uma faca de dois gumes no Brasil, porque no Brasil você vota em pessoas, não em ideias. Agora vamos ver como a sociedade vai se comportar com um discurso que vai começar a aparecer um pouco na mídia, o que sempre foi a ideia do pessoal desde o início:

colocar um ponto mais distante do que existia e arrastar o debate para um lugar mais próximo do que desejamos para poder promover mudanças reais, que estejam mais de acordo, por exemplo, com a diminuição do tamanho do Estado.[113]

Se era comum que militantes pertencentes aos mesmos circuitos trafegassem entre diferentes siglas, antagonismos em relação ao bolsonarismo já eram bastante visíveis. Em meio ao clima de campanha, foi realizado em São Paulo em outubro de 2016 o III Fórum Liberdade e Democracia, organizado pelo Instituto de Formação de Líderes, organização que no passado havia sido vinculada ao IEE. Logo que cheguei ao evento, acompanhada de Bernardo Santoro, Fábio Ostermann se aproximou e, enérgico, passou a demandar explicações a respeito do apoio de Santoro a Bolsonaro, que chamou de ditador. Demonstrando um desconforto similar ao que tinha experimentado quando o militar exaltou a memória do coronel Ustra durante a votação do impeachment de Dilma Rousseff, Santoro procurou contornar a situação com simpatia. No entanto, o pico de tensão daquela tarde ainda estaria por vir.

Ostermann iria participar de um debate justamente com Jair Bolsonaro e com a senadora Ana Amélia, do DEM do Rio Grande do Sul, o qual seria mediado por Hélio Beltrão, do Instituto Mises Brasil. O evento estava razoavelmente cheio e o debate ocorria de forma razoavelmente tranquila até que Bolsonaro começou a ser vaiado por metade do auditório, e, ato contínuo, em resposta à vaia a outra metade começou a gritar em uníssono: "Ustra, Ustra, Ustra". Depois disso, segundo as fofocas que trafegavam nos circuitos da nova direita, Bolsonaro teria optado por deixar de frequentar tais espaços.

O ocorrido, no entanto, não abalou as relações que a família mantinha com Santoro. Quando, nas eleições de 2016, Flávio Bolsonaro se lançou candidato à prefeitura do Rio de Janeiro, o advogado decidiu acompanhá-lo em todos os eventos de campanha. Enquanto isso, vários integrantes da nova direita também lançavam suas próprias candidaturas. Fernando Fernandes foi candidato a vereador pela cidade do Rio de Janeiro pelo PSC, já as candidaturas de Filipe Celeti a vereador por São Paulo, de Rodrigo Saraiva Marinho a vereador por Fortaleza e de Fábio Ostermann à prefeitura de Porto Alegre foram abrigadas pela tendência partidária Livres, formada no interior do PSL.

No que diz respeito às 44 candidaturas ao Legislativo ligadas diretamente ao MBL, apenas duas foram abrigadas pelo Novo e quatro pelo PSC. A maior parte, porém, acabou sendo encampada por partidos tradicionais, como o DEM e o PSDB, cada um responsável por dez candidaturas. Ao final das eleições, oito candidatos ligados ao MBL foram eleitos, um pelo DEM, quatro pelo PSDB, um pelo Partido Verde, outro pelo Partido Popular Socialista (PPS)[114] e o último pelo Partido da República (PR). Por fim, houve ainda a conquista da prefeitura de São Paulo por João Doria Jr., candidato que, a despeito de estar vinculado ao PSDB, ecoava o programa proposto pela nova direita.

A partir de 2017, contudo, as três frentes principais nas quais atuava a nova direita começaram a se alterar. As tensões entre Bolsonaro e as lideranças de seu novo partido, cujo excessivo pragmatismo político quase sempre sacrificava as pautas que defendia publicamente, começaram a crescer. A gota d'água teria sido uma coligação do PSC com o Partido Comunista do Brasil no Maranhão visando as eleições de 2016, o que fez com que Bolsonaro e seus filhos, anticomunistas ferrenhos, passassem a procurar uma nova legenda partidária.[115] Assim, em agosto de 2017 foi anunciada oficialmente a migração da família Bolsonaro para o PEN, Partido Ecológico Nacional, que mudou seu nome para Patriota como condição para abrigar a pré-candidatura à presidência do capitão de reserva. Na condição de secretário-geral do Patriota, Bernardo Santoro apresentou um economista conhecido do circuito pró-mercado a Bolsonaro,

Adolfo Sachsida, doutor pela Universidade de Brasília e funcionário de carreira do Instituto de Pesquisa Econômica Aplicada (Ipea), que, a pedido de Santoro, montou um grupo de onze economistas que semanalmente trocavam ideias com o capitão.

As resistências dos defensores do livre mercado a Jair Bolsonaro, cuja pré-candidatura à presidência já contava com o apoio público de Olavo de Carvalho, pareciam começar a ceder aos poucos. Em dezembro de 2017, o nome de Paulo Guedes, a quem Bolsonaro fora apresentado por Winston Ling, fundador do IEE,[116] foi sugerido publicamente por Rodrigo Constantino para ocupar o Ministério da Fazenda em um possível governo. Contudo, no início de 2018, o pré-candidato resolveu romper com o Patriota e se filiar ao PSL sem nem mesmo comunicar Santoro, que ficou sabendo do ocorrido pelos jornais. A filiação-relâmpago ao novo partido logo causou imenso desconforto entre os militantes ultraliberais do PSL, reunidos na tendência Livres desde 2016. Antibolsonaristas convictos, logo abandonaram o barco para se filiar ao Partido Novo.

Jair Bolsonaro ainda causaria mais um choque no circuito pró-mercado ao recusar a participação no debate presidencial promovido naquele ano pelo Fórum da Liberdade, evento anual do IEE que reúne as principais lideranças e ideólogos da direita brasileira, de anarcocapitalistas a monarquistas. Assim, se no início de 2018 sua pré-candidatura já havia alcançado um patamar estável de 20% das intenções de voto, ainda não se sabia qual seria sua equipe econômica, e muitos membros dos circuitos pró-mercado duvidavam que ele fosse adotar um programa econômico liberalizante, tendo em vista suas declarações passadas sobre o tema. Com a intenção de afastar as desconfianças suscitadas por suas movimentações bruscas, Bolsonaro resolveu de uma vez por todas selar sua aliança com os defensores do livre mercado ao apontar Paulo Guedes em abril de 2018 como seu mentor econômico e candidato ao cargo de ministro da Fazenda.[117]

Ao mesmo tempo, o Partido Novo também lançou a candidatura à presidência de seu fundador, o empresário João Amoêdo, que, apesar de encampar um discurso menos agressivo e mais moderado em comparação com o capitão de reserva, também passou a defender um discurso ultraliberal-conservador. Desse modo, ao mesmo tempo que Bolsonaro e Amoêdo circulavam cada vez mais na esfera pública, a publicização da defesa radical do livre mercado e a difusão da percepção acerca de uma hegemonia esquerdista, formulada a partir do diagnóstico de Olavo de Carvalho, passavam a atingir um novo patamar entre o grande público.

À medida que o período eleitoral foi se aproximando, a crise do lulismo atingia seu auge com a prisão de Lula, e a polarização política no país alcançava patamares estratosféricos. O entusiasmo popular em torno da candidatura de Lula passou a dividir as atenções com a euforia em torno da candidatura de Jair Bolsonaro, partilhada por inúmeros grupos de militantes voluntários, articulados em um intenso esforço de campanha em rede, que vinha se estruturando desde 2014 e desafiou as regras eleitorais vigentes, ainda pouco adaptadas à nova lógica das redes sociais, como bem registrou o especialista em direito e tecnologia Francisco Brito Cruz, no livro *Novo jogo, velhas regras: Democracia e direito na era da nova propaganda política e das fake news.*

Quando o primeiro turno se encerrou, Bolsonaro havia reunido mais da metade dos votos válidos em doze estados e no Distrito Federal, para a surpresa de muitos analistas políticos que imaginavam que seria impossível Bolsonaro chegar ao segundo turno. Se por um lado o candidato do PSL se mostrou decepcionado com os resultados eleitorais, pois imaginava que poderia vencer no primeiro turno, por outro os militantes oriundos das comunidades do Orkut e das manifestações de rua ficaram impressionados com a votação que receberam.

Marcel van Hattem foi o sétimo deputado federal mais votado do país e o primeiro do Rio Grande do Sul, e seu partido, o Novo, formou uma bancada de oito deputados na Câmara Federal, mesmo número do PSC. Kim Kataguiri, por sua vez, recebeu quase meio milhão de votos e foi o quarto candidato a deputado federal mais votado do país, e Fábio Ostermann foi o 16º candidato estadual mais votado no Rio Grande do Sul. Além disso, também foram eleitas pelo PSL novas lideranças políticas que surgiram em meio à Campanha Pró-Impeachment, como Bia Kicis, Carla Zambelli, Joice Hasselmann e a advogada e professora universitária Janaína Paschoal, deputada estadual mais votada na história do país, tendo recebido mais de 2 milhões de votos. Em primeiro e segundo lugar entre os deputados federais mais votados, ultrapassando a marca de mais de 1 milhão de votos, ficaram, respectivamente, Eduardo Bolsonaro e Joice Hasselmann, e o PSL saiu do primeiro turno seis vezes maior, com a segunda maior bancada no Congresso, tendo 52 deputados eleitos.

No segundo turno, praticamente toda a nova direita, com algumas poucas exceções, apoiou de forma mais ou menos enfática a candidatura de Bolsonaro. E a segunda abertura das urnas naquele ano, para além da eleição do capitão de reserva como 38º presidente da República, trouxe mais duas surpresas para os observadores da política nacional: a eleição para o governo do estado do Rio de Janeiro do juiz Wilson Witzel (PSC), cujo programa de governo foi coordenado por Bernardo Santoro,[118] e a eleição do empresário Romeu Zema (Novo) para o governo do estado de Minas Gerais. Assim, se havia algo como uma hegemonia esquerdista no Brasil, como argumenta Olavo de Carvalho, seria possível pensar que, após a confirmação dos resultados das eleições de 2018, esta certamente teria passado a enfrentar sua pior crise desde a redemocratização do país.

Considerações finais

Foram raras as análises dentro e fora da academia capazes de antever o resultado das eleições de 2018. Isso se deu porque dinâmicas políticas e sociais que ocorrem no seio da sociedade civil e na esfera pública, ainda que possuam certa coerência e linearidade, dificilmente são apreendidas de modo razoável por aqueles que concentram seu olhar apenas nos possíveis cálculos racionais realizados por atores políticos tradicionais. Na ausência da compreensão do ocorrido, diz-se que foi uma "onda", fenômeno sem origem e aparentemente sem direção definida, resultado direto da manipulação do eleitorado por elites nacionais ou estrangeiras que teriam investido altas somas de dinheiro em sofisticadas formas eletrônicas de difusão de desinformação. Ou fala-se em responsabilidade de lideranças de centro-esquerda e centro-direita que não souberam, ou não quiseram, se coordenar politicamente para evitar a chegada ao poder de uma força política alternativa.

Muitas vezes, a ausência de um olhar mais interessado por sutilezas e tons de cinza impossibilita uma melhor compreensão sobre quem são e como agem as direitas, especialmente tendo em vista o papel desempenhado pela militância no processo político.

Tendo isso em vista, procurei adotar aqui uma sensibilidade similar àquela que perpassa uma nova historiografia sobre a atuação das direitas brasileiras, que já conta com excelentes trabalhos, como os de Rodrigo Patto Sá Motta, Janaína

Cordeiro e Lucia Grinberg, e constituiu uma importante fonte de inspiração para a investigação que conduzi nos últimos cinco anos sobre a formação da nova direita brasileira.

Em sua pesquisa sobre as mulheres engajadas na Campanha da Mulher pela Democracia, responsáveis por organizar as Marchas da Família com Deus pela Liberdade nas quais se demandava uma intervenção militar em março de 1964, Cordeiro aponta como a literatura sobre as direitas, bem como os próprios atores políticos da época, entendiam que o papel dessas mulheres teria sido marginal no processo político. Em sua visão, essas mulheres teriam sido como agentes manipulados por homens "mais importantes", como padres, maridos ou seus próprios pais, quando, na verdade, elas se organizaram conscientemente pela defesa de seu modo de vida, baseado em um modelo de feminilidade centrado no desempenho dos papéis de mãe, dona de casa e esposa, que, de acordo com sua percepção, estavam sob ameaça pelo avanço do comunismo.

Inclusive, a retórica anticomunista, presente no discurso de praticamente todos os grupos de direita atuantes naquele período, como bem ressaltou Sá Motta, não era fruto apenas de histeria e paranoia, pois os avanços políticos dos comunistas dentro e fora do país constituíam ameaças reais a grupos que, como as mulheres conservadoras, também procuravam defender sua existência. Militares de direita, por exemplo, procuravam se organizar contra o que percebiam como uma ameaça à soberania nacional representada pelo comunismo internacionalista, e os cristãos, organizados sobretudo pela Igreja católica, mas não apenas, procuravam defender sua religiosidade dos avanços do secularismo e do ateísmo encampados principalmente pelos comunistas. A valorização da autenticidade dos interesses e reivindicações das direitas também passou ao largo das análises sobre a Aliança Renovadora Nacional, que, segundo destacou Lucia Grinberg, era percebida não apenas pela academia, mas pelos próprios atores políticos da época, à esquerda e à direita, como um partido artificial, fraco e pouco importante, dado que existiria apenas para referendar as decisões tomadas pelo alto escalão do regime militar.

A percepção de que a militância de direita é inautêntica, manipulada por elites políticas mais importantes e experientes, ou formada por pessoas histéricas e paranoicas, possivelmente guarda alguma relação com um entendimento implícito de que a posse de recursos materiais abundantes explicaria o sucesso das direitas em mobilizar parte significativa da sociedade civil em prol de suas causas. Contudo, ainda que a posse de recursos financeiros e organizacionais de fato ajude a explicar parcialmente o êxito de movimentos e mobilizações sociais, diversos outros fatores podem determinar seu sucesso ou fracasso: a criação de fortes identidades coletivas; dinâmicas emocionais que surgem a partir das interações e conflitos entre grupos políticos; mudanças nas estruturas de oportunidades políticas que criam momentos mais propícios para a ação de determinados grupos; e, nos últimos anos, a habilidade no uso, e a própria lógica, das mídias digitais.

Minha intenção aqui foi apontar para a relevância da atuação de uma militância organizada em diversos grupos políticos e entidades civis no processo que culminou na formação de um amálgama ideológico inédito no Brasil: o ultraliberalismo-conservador. Além disso, também procurei chamar a atenção para as continuidades e descontinuidades dos esforços promovidos por essa militância tendo em vista suas conexões com redes formadas por atores que iniciaram suas atividades políticas em décadas anteriores, levando em consideração como os próprios personagens analisados foram conferindo sentido às suas ações ao longo do tempo a partir de conjunturas políticas específicas, orientando e reorientando suas atividades na sociedade civil e na esfera pública.

Espero ter contribuído para fortalecer o entendimento de que o processo de democratização da esfera pública abre espaço para manifestações de atores políticos marginais dos mais diversos, incluindo grupos de direita, compreensão que pode abrir caminhos férteis para a comparação com processos de formação de novas direitas em outros países. Por fim, também espero que o esforço empreendido aqui possa demonstrar a importância de trabalhos realizados a partir de uma metodologia qualitativa que priorize a utilização de entrevistas em profundidade e a realização de etnografias na área de ciência política, os quais ainda são minoritários no campo não apenas no Brasil mas em âmbito internacional. Afinal, ainda que esse tipo de trabalho possa apresentar dificuldades iniciais, quase sempre resulta em experiências gratificantes não apenas em termos acadêmicos mas também pessoais.

Embora não tenha alterado minhas inclinações ideológicas depois da pesquisa, certamente me tornei muito mais democrática e aberta à reflexão genuína diante de opiniões divergentes graças ao convívio com as pessoas que entrevistei, e que foram extremamente generosas — que o digam os vários livros com que fui gentilmente presenteada e as recepções acolhedoras em eventos — e encorajadoras em relação ao trabalho que conduzia, motivo pelo qual espero ter feito jus à confiança que me foi depositada.

Após minha investigação acadêmica ter chegado ao fim, os almoços e cafés com as pessoas que conheci no Instituto Liberal continuaram a ocorrer, ainda que de forma mais espaçada. Foi assim que, em novembro de 2019, Bernardo Santoro veio a São Paulo e combinamos um almoço, que, para a minha surpresa, acabou acontecendo no centro empresarial que sediou o V Congresso do MBL. Por curiosidade, acabei aceitando o convite de Bernardo para acompanhá-lo durante o evento. Como era de praxe, estavam representadas várias forças políticas, tanto da nova direita como da direita tradicional e até mesmo da centro-esquerda, com exceção dos bolsonaristas, o que, segundo Bernardo, explicaria a existência de cadeiras vazias em um espaço que em anos anteriores costumava ficar completamente lotado.

Ao longo da presidência de Bolsonaro, ficou evidente que o bolsonarismo compreende um fenômeno político diferente da nova direita, mesmo que ambos coincidam no desejo de romper com o pacto de 1988.[1] Afinal, ainda que o bolsonarismo tenha se nutrido de ideias, de quadros e da mesma política do choque na esfera pública que caracterizou as atividades da nova direita, especialmente em suas origens, também foi capaz de manter sua independência ideológica e política. Isso ajuda a compreender como, sem a necessidade de maiores explicações, vários personagens e movimentos da nova direita, como o próprio MBL, puderam se afastar do governo federal ao longo dos dois primeiros anos da presidência de Jair Bolsonaro. No momento em que finalizo este texto, após mais de um ano de crise pandêmica, tanto o MBL como outros atores ligados à nova direita vêm se aliando a outros segmentos da esquerda e da direita tradicional para tentar remover Bolsonaro do poder.

Diante disso, uma pergunta parece inevitável: Mas afinal, por que ultraliberais e conservadores que se declaram a favor de princípios republicanos e democráticos apoiaram Bolsonaro? De fato, como procurei destacar em várias passagens, uma característica da nova direita é justamente seu desconforto, quando não o repúdio explícito à ditadura militar. As homenagens de Bolsonaro a Brilhante Ustra arrepiavam boa parte das pessoas que entrevistei de forma análoga ao que ocorria com pessoas de esquerda. Inclusive, quando o gravador não estava ligado, não era incomum que alguns entrevistados usassem as mesmas palavras que a esquerda usava para se referir a

Bolsonaro e seus apoiadores mais convictos — sem que houvesse nenhum incentivo de minha parte.

Em off, vários compartilhavam um desprezo acentuado pelo então candidato a presidente, e nisso se igualavam a praticamente todos os frequentadores do debate público tradicional da época. Em razão disso, acredito que foi justamente uma combinação entre o pragmatismo político e a ânsia de se ver livre do PT e chegar ao poder — "Bolsonaro é desprezível e será fácil que faça o que queremos" — que alimentou, ainda que a contragosto, a inclinação da nova direita pela candidatura do capitão de reserva.

Sem dúvida, como já apontou Martim Vasques da Cunha, a opção política confere ares de tragédia à trajetória da nova direita brasileira. Porém, novas escolhas podem ser feitas, e o futuro permanece em aberto.

Notas

Introdução [pp. 9-16]

1. Raphael Kapa, "Troca de farpas entre aluna e professor de direito vira alvo de investigação na Uerj". *O Globo*, 26 jun. 2014. Disponível em: <oglobo.globo.com/sociedade/educacao/troca-de-farpas-entre-aluna--professor-de-direito-vira-alvo-de-investigacao-na-uerj-13016871>. Acesso em: 2 jun. 2021.
2. Informações complementadas pela reunião de documentos internos e públicos de organizações pró-mercado fundadas nas décadas de 1980 e 1990, para além da bibliografia especializada.

1. O que há de novo na nova direita? [pp. 17-35]

1. De acordo com Sérgio Abranches, cientista político que cunhou a expressão na seguinte passagem: "o Brasil é o único país que, além de combinar a proporcionalidade, o multipartidarismo e o 'presidencialismo imperial', organiza o Executivo com base em grandes coalizões. A esse traço peculiar da institucionalidade concreta brasileira chamarei, à falta de melhor nome, 'presidencialismo de coalizão'" (Sérgio Abranches, "Presidencialismo de coalizão: O dilema institucional brasileiro". *Dados*, Rio de Janeiro, v. 31, n. 1, pp. 5-38, 1988).
2. Especialmente após a tentativa fracassada do presidente Fernando Collor (1990-2) de ignorar o arranjo de governabilidade e o consequente impeachment.
3. É importante lembrar que o avanço nos direitos de pessoas LGBT+ no Brasil, por exemplo, continuou a conviver com altíssimos índices de violência, fenômeno análogo aos avanços institucionais em relação às desigualdades racial e de gênero, considerando-se a continuidade das violências perpetradas contra mulheres e jovens negros no país.
4. Apesar da popularização do termo "neoconservadorismo" para se referir à combinação do ideário pró-mercado com elementos ideológicos

relacionados ao nacionalismo, tendo em vista a ameaça de inimigos internos e externos, e ao conservadorismo moral no contexto anglo-saxão (Stuart Hall e Martin Jacques (Orgs.), *The Politics of Thatcherism*. Londres: Lawrence and Wishart, 1983; e David Harvey, *O neoliberalismo: História e implicações*. Rio de Janeiro: Loyola, 2008), essa expressão poderia ser substituída por "liberal-conservadorismo" — a qual pode inclusive remeter ao legado de Edmund Burke e foi adotada pelo argentino Jorge Nállim (*Trasformación y crisis del liberalismo: Su desarrollo en la Argentina en el período 1930-1955*. Buenos Aires: Gedisa, 2014) em sua análise sobre as transformações do liberalismo argentino —, ou ainda por "neoliberalismo-conservador". Acredito que estas últimas sejam mais adequadas para se referir à fusão do conservadorismo com a defesa do neoliberalismo, afinal, não só o termo "neoconservadorismo" oculta a influência do neoliberalismo, como também passou a designar mais especificamente uma vertente da direita norte-americana originada na década de 1950, que se consolidou na década de 1970, e que defendia a ideia de que o país adotasse uma política externa mais agressiva. Inclusive, é preciso também levar em conta que, no caso do Brasil, assim como de outros países, historicamente o conservadorismo não diz respeito a um nacionalismo bélico em relação a outros países, mas está mais ligado à defesa do status quo, tendo em vista a preservação de costumes e tradições legadas pelas gerações passadas, posicionamento que, na maioria dos países latino-americanos, esteve relacionado sobretudo ao tradicionalismo católico até a década de 1980. Ainda que se possa argumentar, como o faz Marina Basso Lacerda (*O novo conservadorismo brasileiro: De Reagan a Bolsonaro*. Porto Alegre: Zouk, 2019), que, do ponto de vista estritamente político, coalizões conservadoras possam ser formadas em face da percepção de novas ameaças à ordem moral vigente.

5. Walter Lippmann é autor de *The Good Society*, obra publicada nos anos 1930 que tece críticas a políticas de cunho "coletivista" por conduzirem potencialmente ao totalitarismo, argumento que também foi utilizado pelo economista austríaco Friedrich von Hayek anos depois em sua obra mais popular, *O caminho da servidão*, publicada em 1944 (ver: Richard Cockett, *Thinking the Unthinkable: Think-Tanks and the Economic Counter-Revolution 1931-1983*. Londres: HarperCollins, 1995).

6. Lembrando que o libertarianismo não é a única forma possível de defender moralmente a liberdade dos indivíduos, uma vez que, para os liberais-igualitários, a liberdade humana estaria necessariamente ancorada na defesa de uma justiça distributiva que possa exprimir de forma apropriada a igualdade de status social desejável em uma sociedade

democrática. Ver: Álvaro de Vita, *A justiça igualitária e seus críticos*. São Paulo: Martins Fontes, 2007.

7. Os anarcocapitalistas defendem a abolição total do Estado, a manutenção da propriedade privada, o livre mercado e a soberania individual.

8. Corrente inspirada na obra da romancista Ayn Rand, uma imigrante russa que mudou de nome ao se estabelecer nos Estados Unidos e criou uma filosofia própria baseada em uma defesa radical do capitalismo de livre mercado.

9. Os minarquistas compreendem que as únicas instituições estatais que deveriam existir são aquelas relacionadas à justiça e à segurança pública.

10. Ainda que a própria militância entenda que os neoliberais compartilhem, em algum grau, das mesmas bases morais e filosóficas de anarcocapitalistas, minarquistas e objetivistas, Pierre Dardot e Christian Laval (*A nova razão do mundo: Ensaio sobre a sociedade neoliberal*. São Paulo: Boitempo, 2016) compreendem o neoliberalismo como uma corrente de pensamento à parte destas últimas, que comporiam o libertarianismo. Já os cientistas políticos Sergio Morresi e Gabriel Vommaro (*Saber lo que se hace: Expertos y política en Argentina*. Buenos Aires: Prometeo, 2012) compreendem que o libertarianismo seria uma das vertentes do neoliberalismo, ao lado da Escola Austríaca de Economia, da Escola de Chicago e da Escola da Escolha Pública da Universidade de Virgínia. O brasileiro Reginaldo Moraes (*Neoliberalismo: De onde vem, para onde vai?*. v. 6. São Paulo: Senac, 2001), por sua vez, também afirma que essas três escolas comporiam o neoliberalismo, mas, apesar de citar brevemente a existência de anarcocapitalistas e minarquistas, não os considera relevantes o suficiente em sua caracterização.

11. Em 2009, quando ocorreu a primeira eleição de Barack Obama e o surgimento do movimento Tea Party, que combina elementos ideológicos libertarianos e conservadores, as vendas de *A revolta de Atlas* duplicaram em relação ao ano anterior, atingindo 500 mil exemplares.

12. A Sociedade Fabiana participou da fundação do Partido Trabalhista inglês e procurou difundir ideias e políticas públicas de inspiração socialista. Tal dinâmica teria ajudado a formar um consenso em torno das políticas de bem-estar naquele país, que vigorou durante as décadas de 1940, 1950 e 1960. A Sociedade ainda existe atualmente sob a forma de *think tank*.

13. Originalmente Hayek gostaria de ter se aproximado do Partido Liberal, com o qual julgava possuir maior identificação ideológica, e não do Partido Conservador, como ocorreu posteriormente. Foi dentro do Partido Conservador, aliás, que ele veio a se tornar o mentor intelectual de Margaret Thatcher (ver: Richard Cockett, op. cit.).

14. A tradição ibérica é caracterizada por Richard Morse, em *O espelho de Próspero* (São Paulo: Companhia das Letras, 1988), como uma concepção orgânica e comunitária da sociedade em oposição a uma tradição anglo-saxã em que a sociedade é pensada a partir do indivíduo.

2. A direita tradicional: Hayek e o combate ao comunismo [pp. 36-82]

1. Janaina Garcia, "Manifestantes protestam contra e a favor de filósofa americana Judith Butler em São Paulo". UOL, 7 nov. 2018. Disponível em: <noticias.uol.com.br/cotidiano/ultimas-noticias/2017/11/07/manifestantes-protestam-contra-filosofa-americana-judith-butler-em-sao--paulo.htm>. Acesso em: 2 jun. 2021.
2. A marcha a que faz referência Lindenberg é a Marcha da Família com Deus pela Liberdade que ocorreu no início do ano de 1964 e foi organizada por uma série de grupos e associações católicas lideradas por mulheres, algumas das quais mantinham relações com a TFP. Ver: Janaina Martins Cordeiro, *Direitas em movimento: A Campanha da Mulher pela Democracia e a ditadura no Brasil*. Rio de Janeiro: Editora FGV, 2009.
3. Entrevista com Adolpho Lindenberg, IPCO, em mar. 2017.
4. Eugênio Gudin figurava então como um dos principais economistas do país, apesar de formado em engenharia civil. Foi diretamente responsável pela regulamentação do curso de graduação em economia no Brasil, além de ter atuado de modo importante neste campo acadêmico junto à Universidade do Brasil, hoje Universidade Federal do Rio de Janeiro, e à Fundação Getulio Vargas do Rio de Janeiro, e ter trabalhado como ministro da Fazenda entre 1954 e 1955 durante o governo Café Filho.
5. Gudin afirmou à época que a articulação para derrubar o então presidente João Goulart era uma "reação do povo brasileiro e de suas forças armadas contra a tentativa perpetrada por um conjunto comuno-anarquista que visava levar o país ao caos e atrelá-lo ao grupo de países comandados pelo marxismo". Disponível em: <www.fgv.br/cpdoc/acervo/dicionarios/verbete-biografico/eugenio-gudin-filho>. Acesso em: 2 jun. 2021.
6. Albert Hening Boilesen foi presidente do Grupo Ultra e um grande entusiasta da Operação Bandeirante (Oban), criada em 1969 em São Paulo durante a ditadura militar. A Oban era financiada por vários empresários vinculados à Federação das Indústrias do Estado de São Paulo (Fiesp) e foi utilizada pelo Exército para investigar e reprimir grupos da esquerda armada. O envolvimento de Boilesen com a ditadura militar foi retratado no documentário *Cidadão Boilesen*, de 2009, dirigido por Chaim Litewski.

7. Entrevista com Adolpho Lindenberg, IPCO, em mar. 2017.

8. Para evitar confusão com as datas, é importante salientar que a Sociedade Convívio foi criada em 1961 e a revista *Convivium*, dirigida por Crippa, em 1962.

9. Entrevista com Ricardo Vélez Rodríguez, Faculdade Arthur Thomas, em ago. 2017.

10. Para efeito de comparação, no mesmo período a revista semanal *Veja* possuía uma tiragem de cerca de 500 mil exemplares. Ver: Francisco Fonseca, *A imprensa liberal na transição democrática (1984-1987): Projeto político e estratégias de convencimento (revista* Visão *e jornal* O Estado de S. Paulo). 2 v. Campinas: IFCH/Unicamp, 1994. Dissertação (Mestrado em Ciência Política).

11. Entrevista com Paulo Rabello de Castro, Instituto Atlântico, em maio 2017.

12. René Armand Dreifuss, *O jogo da direita na Nova República*. Rio de Janeiro: Vozes, 1989, pp. 52-3.

13. Entrevista com Winston Ling, fundador do IEE, em abr. 2017.

14. Entrevista com Arthur Chagas Diniz, ex-diretor do IL-RJ, em dez. 2015.

15. Entrevista com Ricardo Vélez Rodríguez, Faculdade Arthur Thomas, em ago. 2017.

16. Entrevista com Adolpho Lindenberg, IPCO, em mar. 2017.

17. Apud René Armand Dreifuss, op. cit., p. 44.

18. Ibid.

19. Entrevista com Ricardo Vélez Rodríguez, Faculdade Arthur Thomas, em ago. 2017.

20. Como consta no artigo "Empresários ouvem Maciel em reunião fechada" (*Folha de S.Paulo*, 5 out. 1986, caderno 4, p. 41).

21. Entrevista com Paulo Rabello de Castro, Instituto Atlântico, em maio 2017.

22. Entrevista com Winston Ling, fundador do IEE, em abr. 2017.

23. "Em setembro de 1986, alguns meses antes de a Assembleia Nacional Constituinte iniciar seus trabalhos — o que aconteceu em fevereiro de 1987 —, uma comissão provisória criada pelo Executivo concluiu a elaboração de um anteprojeto de Constituição que, no entanto, acabou não sendo enviado oficialmente ao Congresso. Embora tivesse o nome de Comissão Provisória de Estudos Constitucionais, o grupo ficou conhecido como Comissão Afonso Arinos, pois seu presidente foi o jurista, ex-deputado federal e ex-senador Afonso Arinos de Melo Franco". Disponível em: <www12.senado.leg.br/noticias/materias/2008/10/01/comissao-afonso-arinos-elaborou-anteprojeto-de-constituicao>. Acesso em: 2 jun. 2021.

24. *Position papers* eram textos curtos que procuravam influenciar o leitor a respeito de algum tema específico e que podiam ser formulados por qualquer membro do instituto (no contexto anglo-saxão, atualmente, fala-se em *op-eds.*).

25. As atividades e produções dos Institutos Liberais desde sua fundação até 2001 foram compiladas de forma detalhada pela cientista política Denise Gros e podem ser consultadas em sua tese de doutorado, bem como pelo historiador Flávio Henrique Casimiro (ver referências bibliográficas).

26. Entrevista com N., funcionário do IL-RJ, em out. 2015.

27. Excerto extraído de carta escrita por Donald Stewart Jr. no dia 1º de setembro de 1993 e endereçada aos presidentes dos ILs, Jorge Gerdau Johannpeter, Jorge Simeira Jacob e Roberto Bornhausen.

28. A Cipe é uma das quatro instituições vinculadas ao National Endowment for Democracy (NED), fundação privada pró-mercado criada por Ronald Reagan em 1983, e é afiliada à Câmara de Comércio dos Estados Unidos. Desde 1983, a Cipe apoia iniciativas que promovam a empresa privada e reformas pró-mercado.

29. Informações contidas no informe comemorativo de dez anos do IL.

30. Depoimento de Cláudio R. Contador, doutor em economia pela Universidade de Chicago, para o livro *Og Leme, um liberal: Crônicas*, publicado em 2011 pelo Instituto Liberal.

31. Informação contida em informe do Instituto Atlântico de 1997.

32. Na época em que a entrevista foi realizada, Lucas Berlanza era funcionário do IL-RJ, responsável pela parte de comunicação do Instituto. A partir do segundo semestre de 2018, Berlanza assumiu a diretoria da organização.

33. Entrevista com Arthur Chagas Diniz, ex-diretor do IL-RJ, em dez. 2015.

34. Olavo Henrique Pudenci Furtado, *Trajetos e perspectivas social-democratas: Do modelo europeu para o PSDB e PT no Brasil*. Campinas: Instituto de Filosofia e Ciências Humanas da Unicamp, 1996. Dissertação (Mestrado).

35. Diogo Paiva, *PT e PSDB: Dois programas de governo, um projeto para o Brasil*. Araraquara: Departamento de Ciências Sociais da Unesp, 2006. Dissertação (Mestrado em Ciências Sociais).

36. Ibid.

37. Timothy Power, "The Third Way in the Third World: Theoretical Considerations and a Case Study of Cardoso's PSDB in Brazil". World Congress of the International Political Science Association, Quebec, 2000.

38. Anthony Giddens, *A terceira via e seus críticos*. Rio de Janeiro: Record, 2001, apud André Pereira Guiot, *Um 'moderno príncipe' para a burguesia brasileira: O PSDB (1988-2002)*. Niterói: Departamento de História da Universidade Federal Fluminense, 2006. Dissertação (Mestrado).

39. Entrevista com Alex Catharino, Russell Kirk Center, em dez. 2016.

40. Ver: Rodolfo Borges, "A direita brasileira que saiu do armário não para de vender livros". *El País*, 1 ago. 2015. Disponível em: <brasil.elpais.com/brasil/2015/07/22/politica/1437521284_073825.html>. Acesso em: 2 jun. 2021.

41. Como afirma em entrevista concedida ao apresentador do podcast do Instituto Mises Brasil, Bruno Garschagen. Disponível em: <www.mises.org.br/FileUp.aspx?id=274>. Acesso em: 2 jun. 2021.

42. "Ele se aproximou do IL e foi lá fazer um projeto. Og Leme falou para o Alex Catharino: 'Vai lá e assiste. Eu quero saber sua opinião se a gente deve ou não botar esse cara dentro do nosso meio'. Aí o Alex foi e achou que ele foi desrespeitoso com o oponente ideológico. Você pode discordar? Claro que pode, mas ultrapassou a linha do respeito, ele não falava de ideias". Entrevista com Márcia Xavier de Brito, *fellow* da Atlas Network, em mar. 2018.

43. De acordo com o antropólogo norte-americano Benjamin Teitelbaum, em *Guerra pela eternidade: O retorno do tradicionalismo e a ascensão da direita populista* (Campinas: Editora da Unicamp, 2020), Carvalho seria particularmente influenciado por uma corrente de pensamento esotérica antimoderna marginal conhecida como "tradicionalismo", a qual também seria compartilhada pelos ideólogos Steve Bannon e Aleksandr Dugin.

44. Para verificar o autoposicionamento ideológico de Olavo de Carvalho: <www.olavodecarvalho.org/formula-da-minha-composicao-ideologica>. Acesso em: 2 jun. 2021.

45. A primeira menção crítica ao Foro de São Paulo realizada por Olavo de Carvalho, que se encontra registrada em seu blog pessoal, apareceu em um artigo escrito para a revista *Época* sobre transgênicos em Cuba, intitulado "Quem diria? Mas nem tudo o que é bom para Cuba é bom para o Brasil", publicado em 21 abr. 2001 (disponível em: <www.olavodecarvalho.org/transgenicos-em-cuba>. Acesso em: 2 jun. 2021). O Foro de São Paulo é uma articuladora latino-americana fundada em 1990 a partir de um seminário promovido pelo PT na cidade de São Paulo. Atualmente o Foro reúne mais de cem partidos e organizações de esquerda da região. Ver mais informações em <forodesaopaulo.org>.

46. As atividades desenvolvidas pelo IA desde sua fundação podem ser consultadas em <www.atlantico.org.br>.

47. Entrevista com Alex Catharino, Russell Kirk Center, em dez. 2016.

3. A nova direita: Mises e o combate à "hegemonia cultural esquerdista" [pp. 83-172]

1. A versão integral da Carta pode ser acessada em: <www1.folha.uol.com. br/folha/brasil/ult96u33908.shtml>. Acesso em: 2 jun. 2021.
2. Cassuça Benevides, "Mercado externo ainda teme 'efeito Lula' na economia". *Folha de S.Paulo*, 25 set. 2002. Disponível em: <www1.folha.uol. com.br/folha/bbc/ult272u14285.shtml>. Acesso em: 2 jun. 2021.
3. Ivone Portes, "Bovespa termina 2002 com queda acumulada de 17%". *Folha de S.Paulo*, 30 dez. 2002. Disponível em: <www1.folha.uol.com.br/folha/dinheiro/ult91u61320.shtml>. Acesso em: 2 jun. 2021.
4. Guilherme Barros, "Ex-guru de Ciro elogia nomes da equipe econômica de Lula". *Folha de S.Paulo*, 29 dez. 2002. Disponível em: <www1.folha.uol. com.br/fsp/brasil/fc2912200209.htm>. Acesso em: 2 jun. 2021.
5. Gustavo Patu, "Com Palocci, mercado deixou de ver PT como ameaça". *Folha de S.Paulo*, 28 mar. 2006. Disponível em: <www1.folha.uol.com.br/ fsp/brasil/fc2803200620.htm>. Acesso em: 2 jun. 2021.
6. Disponível em: <datafolha.folha.uol.com.br/opiniaopublica/2004/ 12/1222275-apos-dois-anos-lula-e-aprovado-por-45-dos-brasileiros.shtml>. Acesso em: 2 jun. 2021.
7. Em uma pesquisa de opinião realizada pela Fundação Perseu Abramo em 2006, 76% da população afirmou que o mensalão havia existido, o que apontava para a baixa adesão à versão oficial do próprio partido a respeito do escândalo, a de que as movimentações financeiras que foram o foco original das denúncias seriam fruto de dinheiro não contabilizado operado pelo ex-tesoureiro do PT, Delúbio Soares (Gustavo Venturi, "A opinião pública diante da crise", *Teoria e Debate*, n. 66, 2006).
8. Entrevista com Rodrigo Neves, Movimento Endireita Brasil, em abr. 2018.
9. A ideia de que o subproletariado se orientaria ideologicamente com base na fórmula "mudança dentro da ordem" foi proposta por Singer a partir de uma reunião de diversas pesquisas de opinião. Ver: André Singer, *Esquerda e direita no eleitorado brasileiro*. São Paulo: Edusp, 2000.
10. Entrevista realizada pela doutoranda em ciência política pela Universidade Livre de Bruxelas Fanny Vrydagh, em 21 nov. 2016. Ver: Camila Rocha e Fanny Vrydagh, "Right Wing Counter Publics and the Origins of the Brazilian New Right". Tercer Coloquio "Pensar las derechas en América Latina en el siglo XX". Belo Horizonte, UFMG, 20-22 ago. 2018.
11. Entrevista com Fábio Ostermann, Livres, em mar. 2016.
12. Essas e outras informações mais detalhadas a respeito do acesso à internet no Brasil nesse período podem ser consultadas em: <www.cetic.br/ media/docs/publicacoes/10/pal2007ofid-11.pdf>. Acesso em: 15 jun. 2021.

13. Argumentos semelhantes teriam sido mobilizados pela nova direita na França e pela chamada *alt-right* norte-americana (Angela Nagle, *Kill all Normies: Online Culture Wars from 4chan and Tumblr to Trump and the Alt-Right*. Ropley: John Hunt, 2017).

14. Entrevista com Marcus Boeira, UFRGS, em jun. 2018.

15. Entrevista com Cibele Bastos, IL-RJ, em dez. 2015.

16. Entrevista com Filipe Celeti, ex-Líber, em abr. 2016.

17. Entrevista com Rodrigo Constantino, IL-RJ, em dez. 2016.

18. Entrevista com Joel Pinheiro da Fonseca, ex-Líber, em maio 2017.

19. Entrevista com Luan Sperandio, Mercado Popular, em 2016.

20. Entrevista com Rafaela de Paula, Grupo de Estudos Quintino Bocaiuva, em 2015.

21. Experiências compartilhadas por grupos de pais, professores e alunos de ensino fundamental e médio, de forma análoga ao que ocorreu com certos grupos de estudantes universitários, também puderam ser ressignificadas a partir da influência das ideias de Carvalho acerca da existência de uma hegemonia cultural esquerdista no Brasil. Assim apontam Hannah Parnes, Igor Lins e Paula Trindade em investigação realizada junto aos membros do movimento Escola sem Partido, movimento fundado em 2004 por um pai inconformado com a atuação de um professor de história da escola de seu filho na cidade de Brasília (Ver: "Engajamento, identidade e redes: Um estudo de caso do Escola sem Partido". *Interações Sociais*, v. 4, n. 1. Dossiê Extrema-Direita na América Latina: Redes de Sociabilidade e Reinterpretações do Estado, 2020).

22. Entrevista com Joel Pinheiro da Fonseca, ex-Líber, em maio 2017.

23. Entrevista com Lucas Berlanza, IL-RJ, em maio 2016.

24. Em conjunto com o sociólogo Jonas Medeiros, faço uma discussão conceitual sobre a política do choque a partir das noções de públicos e contrapúblicos de forma resumida em: Camila Rocha e Jonas Medeiros, "'Vão todos tomar no...': A política do choque e a esfera pública". *Horizontes ao Sul*. Disponível em: <www.horizontesaosul.com/single-post/2020/04/27/VAO-TODOS-TOMAR-NO-A-POLITICA-DO-CHOQUE--E-A-ESFERA-PUBLICA>. Acesso em: 2 jun. 2021. Também em: Camila Rocha, Jonas Medeiros e Esther Solano, *The Bolsonaro Paradox: The Public Sphere and Right-Wing Counterpublicity in Contemporary Brazil*. Basingstoke: Springer-Nature, 2021.

25. Disponível em: <www.youtube.com/watch?v=XE2PBgFHUYU>. Acesso em: 2 jun. 2021.

26. Uma discussão mais aprofundada sobre o tema é desenvolvida por Olavo de Carvalho na introdução crítica e nos comentários suplementares da edição brasileira do livro de Arthur Schopenhauer, *Como vencer um*

debate sem precisar ter razão (Rio de Janeiro: Topbooks, 2003), tido como a "bíblia dos trolls" pela acadêmica Whitney Philips, em *This Is Why We Can't Have Nice Things: Mapping the Relationship between Online Trolling and Mainstream Culture* (Cambridge: MIT Press, 2015).

27. Em 1996 Thomas Korontai, liderança do Movimento Federalista de Curitiba, passou a envidar esforços para fundar o Partido Federalista, o qual foi registrado em um cartório de títulos em 1999 mas ainda não foi oficializado junto ao Tribunal Superior Eleitoral. O Partido Federalista tem como objetivo principal "a redução das ingerências do Poder Central sobre a vida das pessoas e sobre as estruturas autonômicas estaduais e municipais, independentemente do regime ou do sistema de governo". Disponível em: <www.federalista.org.br/index.php>. Acesso em: 2 jun. 2021.

28. Entrevista com Rodrigo Constantino, IL-RJ, em dez. 2016.

29. Entrevista com Márcia Xavier de Brito, *fellow* da Atlas Network, em jun. 2018.

30. Hélio Beltrão é filho do ex-ministro de mesmo nome que costumava frequentar os círculos formados em torno do Instituto Liberal do Rio de Janeiro.

31. Uma das principais fundadoras do Instituto da Realidade Nacional foi a economista Patrícia Carlos de Andrade, que, na época, segundo uma das pessoas que entrevistei, era leitora assídua da obra de Olavo de Carvalho. A economista é filha do jornalista Evandro Carlos de Andrade, que atuou como diretor de redação do jornal *O Globo* por 24 anos, integrava o conselho editorial do Grupo Globo e, em julho de 1995, assumiu a direção da Central Globo de Jornalismo. Disponível em: <memoriaglobo. globo.com/perfis/talentos/evandro-carlos-de-andrade.htm>. Acesso em: 2 jun. 2021.

32. Entrevista com Rodrigo Constantino, IL-RJ, em dez. 2016.

33. Fundado em 1982 por Llewellyn H. Rockwell Jr., com o apoio de Margit von Mises, Murray N. Rothbard, Henry Hazlitt e Ron Paul, o Mises Institute defende uma ordem baseada na propriedade privada e na economia capitalista de livre mercado que rejeita a tributação, a degradação monetária e o monopólio estatal coercivo dos serviços de proteção.

34. Passados alguns anos da fundação do IMB, os irmãos Chiocca deixaram de fazer parte do Instituto principalmente por motivos ideológicos e estratégicos e decidiram fundar sua própria organização em 2015, o Instituto Rothbard.

35. Nesse sentido, é importante lembrar que também existiam muitas discordâncias entre as diversas correntes de ultraliberais.

36. Fundado em 1971 por David Nolan no estado do Colorado, Estados Unidos, o Libertarian Party defende, exclusivamente, ideias libertarianas.

37. Entrevista com Cibele Bastos, IL-RJ, em dez. 2015.
38. Juliano Torres em entrevista para *O Estado de S. Paulo* em 20 jul. 2009. Disponível em: <politica.estadao.com.br/noticias/geral,partido-nascido-no-orkut-prega-o-ultraliberalismo,405536>. Acesso em: 2 jun. 2021.
39. Entrevista com Filipe Celeti, Livres, em abr. 2016.
40. Posteriormente renomeadas como Institutos de Formação de Líderes.
41. Desde 1992 a Fundação Friedrich Naumann, organização alemã fundada na década de 1950 para divulgar o liberalismo econômico, mantém um escritório em São Paulo a partir do qual atua em conjunto com os principais *think tanks* liberais brasileiros, como o Instituto Liberal, o Instituto de Estudos Empresariais e o Instituto Millenium, promovendo e financiando atividades para a difusão do ideário pró-mercado na sociedade civil.
42. Entrevista com Rodrigo Constantino, IL-RJ, em dez. 2016.
43. Entrevista com Fábio Ostermann, Livres, em mar. 2016. A atuação dos libertarianos David e Charles G. Koch, bilionários do ramo de petróleo, junto às principais organizações pró-mercado dos Estados Unidos e ao Partido Republicano é pública e notória (ver: Bryan Doherty, *Radicals for Capitalism: A Freewheeling History of the Modern American Libertarian Movement*. Nova York: PublicAffairs 2009; Reginaldo Moraes, "A organização das células neoconservadoras de agitprop: O fator subjetivo da contrarrevolução" In: Sebastião Velasco e Cruz et al. (Orgs.), *Direita, volver!: O retorno da direita e o ciclo político brasileiro*. São Paulo: Fundação Perseu Abramo, 2015; Theda Skocpol; Alexander Hertel-Fernandez, "The Koch Network and Republican Party Extremism". In: *Perspectives on Politics*, American Political Science Association, Nova York, v. 14, n. 3, set. 2016). Charles Koch financiou e ajudou a estruturar diversos *think tanks* pró-mercado em seu país principalmente durante os anos 1970 e 1980, entre os quais o Cato Institute, criado em 1977 em conjunto com o ativista libertariano Ed Crane e que foi integrado por Murray Rothbard, conhecido intelectual libertariano, e Sam Husbands Jr., empresário que participou do governo Reagan. Atualmente o Cato atua em conjunto com a Atlas Network, fundada em 1981 nos Estados Unidos com o objetivo de articular mais de quatrocentos *think tanks* pró-mercado espalhados pelo mundo (Camila Rocha, "Direitas em rede: Think tanks de direita na América Latina". In: Sebastião Velasco e Cruz et al. (Orgs.), *Direita, volver!* , op. cit., e figura como o oitavo *think tank* mais importante dos Estados Unidos de acordo com o índice *Global to Go Think Tanks 2014* desenvolvido pela Universidade da Pensilvânia.
44. O mineiro Salim Mattar, proprietário do Grupo Localiza, e a família Ling, proprietária da holding Évora, são tidos pela militância ultraliberal como os principais financiadores de suas atividades.

45. Entrevista com Cibele Bastos, IL-RJ, em dez. 2015.
46. Segundo Rodrigo Neves, em entrevista concedida ao jornalista Reinaldo Azevedo, "desde 2009 o Movimento Liberdade USP mantém contato com o [grupo] Liberdade UnB, e, desde 2010, há uma aliança entre os dois grupos, caracterizada por um apoio mútuo na oposição à partidarização do Movimento Estudantil e pela troca de experiências e informações". Disponível em: <veja.abril.com.br/blog/reinaldo/a-eleicao-do-dce-da--usp-se-aproxima-a-maioria-silenciosa-pode-votar-ja-contra-a-greve-que--eles-decidiram-fazer-no-ano-que-vem-abaixo-o-que-pensa-a-chapa-reacao-ou-a-tecnologia-ja-pode-revelar-a-vontad>. Acesso em: 2 jun. 2021.
47. A zoeira era algo comum entre jovens que frequentavam fóruns digitais e remete à influência de fóruns brasileiros, como o Vale-Tudo, do Fórum UOL Jogos, e de norte-americanos, como o 4chan, onde teve início a circulação de memes (Angela Nagle, op. cit.). Anos depois, Kim Kataguiri também lançaria mão de algo similar em sua página Liberalismo da Zoeira. Uma reportagem sobre a influência do VT do Fórum UOL Jogos e o recurso à zoeira foi realizada pela revista *Vice*. Disponível em: <www.vice.com/pt/article/d3b53m/por-que-o-vale-tudo-do-forum-uol-jogos--foi-a-vanguarda-digital-brasileira>. Acesso em: 2 jun. 2021.
48. Flávio Morgenstern foi estudante de letras na Universidade de São Paulo, onde integrou a chapa Reação, ao lado de Rodrigo Neves, em 2011, para disputar o Diretório Central dos Estudantes. Leitor de Olavo de Carvalho, atualmente é analista político, palestrante e tradutor. Escreve para o jornal *Gazeta do Povo*, além de sites como Implicante, Senso Incomum e os sites do Instituto Millenium e do Instituto Liberal. Lançou seu primeiro livro pela editora Record, *Por trás da máscara*, sobre os protestos de 2013.
49. Entrevista com Rodrigo Neves, Movimento Endireita Brasil, em abr. 2018.
50. Entrevista com Lourival de Souza, Expresso da Liberdade, em abr. 2017.
51. Entrevista com Fernando Fernandes, IL-RJ, em mar. 2017.
52. Entrevista com Fábio Ostermann, Livres, em mar. 2016.
53. Entrevista com Luan Sperandio, Mercado Popular, em fev. 2017.
54. Entrevista com Cibele Bastos, IL-RJ, em dez. 2015.
55. Entrevista com Gabriel Menegale, ex-IL-RJ, em jan. 2017.
56. O Partido Novo, cuja principal liderança é João Amoêdo, ex-executivo do mercado financeiro que se candidatou à presidência da República em 2018, foi fundado em fevereiro de 2011 e obteve seu registro oficial em setembro de 2015. O partido defende uma plataforma liberalizante baseada em uma maior autonomia e liberdade do indivíduo e na redução das áreas de atuação do Estado.

57. Entrevista com Bernardo Santoro, IL-RJ, em out. 2015.
58. Tanto que, em 2015, sentiu-se a necessidade de criar uma articuladora de organizações e grupos, a Rede Liberdade, presidida pelo advogado Rodrigo Saraiva Marinho.
59. Entrevista com Rodrigo Saraiva Marinho, Ilin, em mar. 2017.
60. Entrevista com Rodrigo Neves, Movimento Endireita Brasil, em abr. 2018.
61. Rodrigo Patto Sá Motta, *Em guarda contra o "perigo vermelho": O anticomunismo no Brasil, 1917-1964*. São Paulo: Perspectiva, 2002.
62. Anos depois, os conflitos em torno da demarcação de terras ficariam mais conhecidos no debate público em virtude da demarcação da Terra Indígena Raposa Serra do Sol em 2009, aprovada pelo STF.
63. Contudo, não foram previstas regras para implementar a decisão ou mesmo medidas para viabilizar a prática pelo Sistema Único de Saúde (SUS).
64. Na época, Bolsonaro afirmou que havia votado em Lula e, como justificativa para sua predileção por Rebelo, declarou ao jornal *Folha de S.Paulo*: "as coisas mudaram. Hoje, comunista toma uísque, mora bem e vai na piscina". Disponível em: <www1.folha.uol.com.br/fsp/brasil/fc1912200206.htm>. Acesso em: 2 jun. 2021.
65. A *live*, divulgada no YouTube, ocorreu em virtude da entrega da Medalha Tiradentes ao filósofo Olavo de Carvalho.
66. Como aponta uma pesquisa realizada pela BBC Brasil com base em mais de 1500 discursos proferidos pelo deputado no plenário da Câmara ao longo de 27 anos, "o Bolsonaro do início da carreira era muito mais preocupado com a defesa dos interesses dos militares (sua base eleitoral de então) do que em polemizar com o PT e a esquerda. [...] Em seu primeiro mandato como deputado, de 1991 a 1994, palavras como 'militar', 'forças armadas', 'benefícios', 'salários' e 'pensões' apareceram 702 vezes nos resumos e palavras-chave dos 279 discursos feitos por ele no plenário da Câmara naquele período. Já no atual mandato, de 2015 até agora, o mesmo conjunto de dezesseis palavras só aparece 110 vezes, num conjunto de 143 discursos. [...] Com o passar do tempo e aumento de sua projeção nacional, os assuntos corporativos do Exército, da Marinha e da Aeronáutica recuavam. O tempo de Bolsonaro na tribuna passou a ser ocupado cada vez mais com assuntos com 'apelo' no novo público do deputado, que o conheceu principalmente na internet. Um outro conjunto de dezesseis termos, com palavras como 'direitos humanos', 'PT', 'tortura', 'Cuba', 'esquerda' e 'gays' tiveram um pico no mandato passado (2011 a 2014), aparecem 297 vezes nesse período, mas só foram citados 41 vezes no primeiro mandato de Bolsonaro (1991-1994)". Disponível em: <www.bbc.com/portuguese/brasil-42231485>. Acesso em: 2 jun. 2021.

67. De acordo com pesquisas qualitativas de opinião pública realizadas em 2020 pelo Instituto Update e pela Fundação Friedrich Ebert Brasil.

68. Entrevista com José Carlos Sepúlveda, IPCO, em abr. 2017.

69. "A militância que eu tive foi Líber. Foi participar de manifestação aqui, a gente fez bastante barulho em São Paulo. A gente participou quando proibiu a Marcha da Maconha e mudaram o nome pra Marcha pela Liberdade, a gente foi lá com os nossos cartazes. A gente fazia muita manifestação no Impostômetro também, quando ia bater os recordes a gente estava sempre. A gente sempre apoiou aquele Dia da Liberdade dos Impostos, a gente fazia [protesto] no posto de gasolina, que vende gasolina com o preço que seria se não fossem os impostos." Entrevista com Filipe Celeti, Livres, em abr. 2016.

70. Em 2007, um mês antes da manifestação organizada pelo movimento Cansei em São Paulo, foi lançado em Porto Alegre o Movimento Contra a Impunidade e a Corrupção, organizado pela OAB do Rio Grande do Sul e outras setenta entidades, que reuniu centenas de pessoas na capital gaúcha. Durante a manifestação, os dirigentes das OABs de Santa Catarina, Paraná e Rio de Janeiro anunciaram que protestos semelhantes iriam ser organizados em seus respectivos estados. O então presidente da OAB gaúcha, Carlos Lamachia, afirmou que a iniciativa da seccional do Rio Grande do Sul se transformaria em um grande protesto em Brasília, ainda sem data marcada, para apresentação de agenda positiva ao Congresso e à sociedade em defesa do fim do foro privilegiado, a favor da rejeição à proposta de emenda constitucional (PEC) que estende seus efeitos a ex-agentes políticos e pela criação de mecanismos que evitem que a renúncia seja usada para preservar direitos políticos. Além de advogados, a manifestação também contou com representantes de federações empresariais e centrais sindicais adversárias, como a Central Única dos Trabalhadores (CUT) e a Força Sindical, funcionários públicos, juízes, estudantes, militantes do Partido Verde (PV), do Partido Socialismo e Liberdade (Psol) e deputados estaduais do Partido Progressista (PP) e do Partido Comunista do Brasil (PCdoB). Ver: Elder Ogliari, "Movimento contra a impunidade é lançado por 70 entidades". *O Estado de S. Paulo*, 13 jul. 2007. Disponível em: <politica.estadao.com.br/noticias/geral,movimento-contra-a-impunidade-e-lancado-por-70-entidades,18760>. Acesso em: 2 jun. 2021.

71. "O MCCE foi instituído durante o período eleitoral de 2002. Mas pode-se dizer que a campanha da fraternidade de 1996, que teve por tema 'Fraternidade e Política', contribuiu para aflorar a criação do MCCE, porque posterior à campanha, a Comissão Brasileira Justiça e Paz (CBJP), órgão vinculado da Conferência Nacional dos Bispos do Brasil (CNBB), lançou o Projeto

'Combatendo a corrupção eleitoral' em fevereiro de 1997. Assim, era plantada, em 1998, a semente da iniciativa popular contra a corrupção eleitoral, originando a Lei 9840. [...] O MCCE ampliou sua atuação e hoje funciona de forma permanente com ações em todo o país. Em 2006 é criada a secretaria executiva do comitê nacional do MCCE. Em 27 de abril de 2007, é oficializada legalmente a Secretaria Executiva do Comitê Nacional do Movimento de Combate à Corrupção Eleitoral (SE-MCCE), organização não governamental (ONG) e sem fins lucrativos." Disponível em: <www.mcce.org.br/quando-foi-criado>. Acesso em: 2 jun. 2021.

72. Leandro Colon e Rafael Moraes Moura, "Marcha contra Corrupção reúne 25 mil em Brasília". *O Estado de S. Paulo*, 7 set. 2011. Disponível em: <politica.estadao.com.br/noticias/geral,marcha-contra-corrupcao-reune-25-mil-em-brasilia,769550>. Acesso em: 2 jun. 2021.

73. Paulo Gama, "Ato contra corrupção reúne mais de 3.000 em São Paulo". *Folha de S.Paulo*, 12 out. 2011. Disponível em: <www1.folha.uol.com.br/poder/2011/10/989587-ato-contra-corrupcao-reune-mais-de-3000-em-sao-paulo.shtml>. Acesso em: 2 jun. 2021.

74. "Brasileiros fazem protestos contra a corrupção pelo país". G1, 21 abr. 2021. Disponível em: <g1.globo.com/brasil/noticia/2012/04/brasileiros-fazem-protestos-contra-corrupcao-pelo-pais-neste-sabado.html>. Acesso em: 2 jun. 2021.

75. Daniel Roncaglia, "Ato contra corrupção em SP pede punição para condenados do mensalão". *Folha de S.Paulo*, 7 set. 2012. Disponível em: <www1.folha.uol.com.br/poder/2012/09/1150245-ato-contra-corrupcao-em-sp-pede-punicao-para-condenados-do-mensalao.shtml>. Acesso em: 2 jun. 2021.

76. Guilherme Pavarin, "O ostracismo do maior revoltado online". *piauí*, 26 maio 2017. Disponível em: <piaui.folha.uol.com.br/o-ostracismo-do-maior-revoltado-online>. Acesso em: 2 jun. 2021.

77. Fanny Vrydagh, *"Gagner les Corps, les coeurs et les esprits": Comprendre l'Engagement dans le mouvement brésilien pro-destitution (2014-2016)*. Bruxelas: Université Libre de Bruxelles, 2020. Tese (Doutorado).

78. André Singer, *O lulismo em crise: Um quebra-cabeça do período Dilma (2011-2016)*. São Paulo: Companhia das Letras, 2018.

79. Entrevista com Joel Pinheiro da Fonseca, ex-Líber, em maio 2017.

80. Entrevista com Filipe Celeti, Livres, em abr. 2016.

81. Entrevista com Fábio Ostermann, Livres, em mar. 2016.

82. Marcel van Hattem foi eleito em 2004, aos dezoito anos, vereador de Dois Irmãos, município do Rio Grande do Sul. Concorreu a deputado estadual em 2014 e foi diplomado como primeiro suplente do Partido Progressista (PP), exercendo mandato de fevereiro de 2015 a março de 2018. Atualmente é filiado ao Partido Novo e nas eleições de 2018 foi o

candidato a deputado federal pelo Rio Grande do Sul mais votado, somando mais de 349 mil votos.

83. "Aprovação a governo Dilma Rousseff cai 27 pontos em três semanas". Datafolha, 29 jun. 2013. Disponível em: <datafolha.folha.uol.com.br/ opiniaopublica /2013/06/1303659-aprovacao-a-governo-dilma-rousseff--cai-27-pontos-em-tres-semanas.shtml>. Acesso em: 2 jun. 2021.

84. Marcelo Alves dos Santos Junior, *Vai pra Cuba!!!!: A rede antipetista na eleição de 2014*. Niterói: Departamento de História da Universidade Federal Fluminense, 2016. Dissertação (Mestrado).

85. Como Bernardo Santoro, que se lançou candidato a vereador pelo PSL no Rio de Janeiro ainda em 2012, ou mesmo Marcel van Hattem, que iniciou sua carreira política no Sul como vereador do município de Dois Irmãos, em 2004, com apenas dezoito anos.

86. "Protesto em SP contra a PEC 37 reúne cerca de 30 mil pessoas". O Globo, 22 jun. 2013. Disponível em: <oglobo.globo.com/brasil/protesto-em-sp--contra-pec-37-reune-cerca-de-30-mil-pessoas-8784592>. Acesso em: 2 jun. 2021.

87. Entrevista com Fábio Ostermann, Livres, em abr. 2016.

88. Entrevista com Paulo Batista, ex-MBL, em set. 2017.

89. Ibid.

90. O Vem Pra Rua foi criado em setembro de 2014 por profissionais liberais do mercado financeiro e empresários, sob a liderança de Rogerio Chequer e Colin Butterfield, sem experiência política prévia e que, aparentemente, não possuíam vínculos com os membros da nova direita emergente mas estavam inconformados com a corrupção e as políticas econômicas associadas aos governos petistas. O grupo, que possui inclinação ideológica autodeclarada liberal, se uniu com o objetivo de fazer grandes protestos de rua inspirados pelas revoltas de junho de 2013 e para tanto resolveu fundar um movimento chamado inicialmente de Movimento Basta! Para conseguir mobilizar milhares de pessoas nas ruas, as lideranças do movimento resolveram fazer um vídeo que transmitisse a indignação contra o governo e pudesse ser viralizado nas redes sociais mostrando um *flashmob* na avenida Paulista. Porém, após terem reunido cerca de 30 mil reais a partir de seus próprios recursos para produzir o vídeo, contando até mesmo com o auxílio de um drone, logo constataram que a iniciativa havia sido um fiasco e o dinheiro investido fora jogado fora. O vídeo teve pouquíssimas visualizações e a cor da camiseta dos participantes do *flashmob*, que era laranja, foi confundida pelas poucas pessoas que assistiram à gravação com a cor vermelha, a cor de seus adversários, mas o grupo não desistiu. Um mês depois, quando finalmente conseguiram mobilizar 10 mil pessoas insatisfeitas com o PT

às vésperas das eleições presidenciais por meio de um intenso uso das redes sociais, a manifestação foi ridicularizada pela revista norte-americana *The Economist*, que a chamou de *The Cashmere Revolution* [A revolução do cashmere], fazendo referência ao pertencimento dos manifestantes às classes altas brasileiras e vinculando o movimento à campanha do tucano Aécio Neves. Ver: Rogerio Chequer e Colin Butterfield, *Vem Pra Rua: A história do movimento popular que mobilizou o Brasil*. São Paulo: Matrix, 2016.

91. "Eu e o Renan [Santos] ficávamos brigando, diante de alguns projetos, o Renan muito mais atirado do que eu, sempre muito mais atirado, mais agressivo. Pra ele não bastava só eu estar com o megafone, ele queria que eu colocasse o dedo na cara. Coisas que às vezes não eram necessárias, não é meu perfil. Em alguns momentos eu fui obrigado a adotar [um tom mais agressivo], porque a situação me colocou nessa condição. Tinha dez pessoas na minha frente, eu sozinho, o Renan e o Pedro. Se eu não tomasse uma postura de liderança, e fosse pra cima, nós três iríamos apanhar. Então eu tive que quebrar os meus paradigmas pessoais, às vezes, pra me defender e para defender eles." Entrevista com Paulo Batista, ex-MBL, em set. 2017.

92. Daniela Lima, "Vice do PSDB diz que partido não apoia ato pelo impeachment de Dilma". *Folha de S.Paulo*, 1 nov. 2014. Disponível em: <www1. folha.uol.com.br/poder/2014/11/1542090-vice-presidente-do-psdb-diz-que--partido-nao-incentiva-atos-contra-dilma.shtml>. Acesso em: 2 jun. 2021.

93. "Obviamente, a repercussão do ato foi extremamente nociva. Criou-se uma ideia de que os eleitores do Aécio não sabiam perder. Os apoiadores do PT nadaram de braçada diante dessa postura dos manifestantes. Nós assistíamos incrédulos a tudo isso. 'O que esses movimentos estão fazendo?', nos perguntávamos. O pior foi que a imprensa colocou todos os movimentos, participantes ou não, no mesmo balaio. Como se nós, que havíamos feito um movimento bonito e pacífico antes da votação do segundo turno, tivéssemos agora feito tudo aquilo. [...] Resolvemos fazer algo para deixar claro que não concordávamos com a postura daqueles manifestantes." Rogerio Chequer e Colin Butterfield, op. cit.

94. Entrevista com Paulo Batista, ex-MBL, em set. 2017.

95. Ibid.

96. Além de empresários que passaram a fazer doações para os protestos, a Fiesp, aproveitando a cobertura midiática e o grande número de manifestantes, resolveu lançar em 2015 uma campanha contra o aumento de impostos e a volta da CPMF, "Não vou pagar o pato", cujo símbolo era um gigantesco pato amarelo que passou a compor o cenário das manifestações em São Paulo.

97. Camila Rocha e Fanny Vrydagh, op. cit.
98. Como recorda uma das principais lideranças do grupo, Carla Zambelli, em seu livro *Não foi golpe: Os bastidores da luta nas ruas pelo impeachment de Dilma* (São Paulo: LVM, 2018).
99. Mateus Campos, "Editor de nomes conservadores, Carlos Andreazza se firma como voz dissonante do mercado de livros". *O Globo*, 31 jul. 2015. Disponível em: <oglobo.globo.com/cultura/livros/editor-de-nomes-conservadores-carlos-andreazza-se-firma-como-voz-dissonante--do-mercado-de-livros-17021179>. Acesso em: 2 jun. 2021.
100. Ibid.
101. No entanto, o livro, intitulado *Quem é esse moleque para estar na Folha?*, seguindo a fórmula da coletânea de colunas jornalísticas, foi lançado em 2017 pela editora Simonsen, cujo dono havia participado de cursos do Centro Interdisciplinar de Ética e Economia Personalista (Cieep) no Rio de Janeiro.
102. Entrevista com Márcia Xavier de Brito, *fellow* da Atlas Network, em jun. 2018.
103. Disponível em: <www.youtube.com/watch?v=zlQbDemKXG8>. Acesso em: 2 jun. 2021.
104. Gentili faz referência ao Blog da Dilma, veículo não oficial de campanha da então presidente que veiculou uma imagem de Joaquim Barbosa ao lado de um macaco. Ver: Marina Dias, "Site pró-Dilma que associou Barbosa a macaco é motivo de constrangimento para Planalto". *Folha de S.Paulo*, 26 set. 2013. Disponível em: <www1.folha.uol.com.br/poder/2013/09/1347552-site-pro-dilma-que-associou-barbosa--a-macaco-e-motivo-de-constrangimento-para-planalto.shtml>. Acesso em: 2 jun. 2021.
105. O que explica os panfletos e adesivos do PSC em sua sala no Instituto Liberal do Rio de Janeiro no segundo semestre de 2015.
106. Em setembro de 2018 Constantino lançou um livro pela Record chamado *Confissões de um ex-libertário: Salvando o liberalismo dos liberais modernos*.
107. Seria possível citar ocorrências deste fenômeno em uma série de diferentes contextos, mas, para ficar em dois exemplos, há a adesão dos libertarianos à campanha do senador conservador norte-americano Barry Goldwater na década de 1960 (Bryan Doherty, op. cit.) e o já mencionado apoio de F. Hayek à líder política conservadora britânica Margaret Thatcher (Cockett, op. cit.). Cabe notar que, em ambos os casos, tais apoios não ocorreram sem tensões ideológicas e identitárias importantes.
108. Entrevista com Lucas Berlanza, IL-RJ, em mar. 2017.
109. Entrevista com Lourival de Souza, Expresso da Liberdade, em abr. 2017.

110. Abreviação de *left libertarianism* ou *left libertarians*, ou seja, libertarianismo e libertarianos de esquerda, cuja preocupação central são as questões de injustiça e desigualdade social.

111. Entrevista com Fernando Fernandes, IL-RJ, em mar. 2017.

112. Ibid.

113. Entrevista com Filipe Celeti, Livres, em abr. 2016.

114. Em 2019 o partido mudou seu nome para Cidadania.

115. Após a saída de Bolsonaro do partido, o PSC lançou como candidato a presidente Paulo Rabello de Castro, que, posteriormente, integrou a chapa de Alvaro Dias (Podemos) como candidato a vice-presidente.

116. Como afirmou em seu perfil do Facebook em postagem do dia 16 de novembro de 2018.

117. Posteriormente, o Ministério da Fazenda, durante o governo Bolsonaro, seria recriado como Ministério da Economia.

118. Athos Moura, "O coordenador de Witzel, a placa de Marielle e a pichação". *O Globo*, 19 out. 2018. Disponível em: <blogs.oglobo.globo.com/lauro-jardim/post/o-coordenador-de-witzel-placa-de-marielle-e-pichacao.html>. Acesso em: 2 jun. 2021.

Considerações finais [pp. 173-8]

1. Em conjunto com o sociólogo Jonas Medeiros, entendo o bolsonarismo como um fenômeno que denominamos como "contrapublicidade dominante", como descrevemos em detalhe em "Jair Bolsonaro and the Dominant Counterpublicity" (*Brazilian Political Science Review*, v. 15, n. 3, e0004, Jun. 2021. Disponível em: <brazilianpoliticalsciencereview.org/article/jair-bolsonaro-and-the-dominant-counterpublicity>. Acesso em: 18 jun. 2021.

Referências bibliográficas

ABELSON, Donald E. "Alguien está escuchando? Evaluando la influencia de los think tanks en las politicas". In: GARCÉ, Adolfo et al. (Orgs.). *Think tanks y politicas públicas en Latinoamerica: Dinâmicas globales y realidades regionales*. Buenos Aires: Prometeo, 2007.

_____; LINDQUIST, Evert. "Think Tanks across North America". In: WEAVER, R. Kent; MCGANN, James G. (Orgs.). *Think Tanks and Civil Societies: Catalysts for Ideas and Action*. New Jersey: Transaction, 2000.

ABRANCHES, Sérgio. "Presidencialismo de coalizão: O dilema institucional brasileiro". *Dados*, Rio de Janeiro, v. 31, n. 1, pp. 5-38, 1988.

ALMEIDA, Ronaldo. "A onda quebrada: Evangélicos e conservadorismo". *Cadernos Pagu*, Campinas, n. 50, 017:e17500, 2018.

ALONSO, Angela. "A política das ruas: Protestos em São Paulo de Dilma a Temer". *Novos Estudos CEBRAP Especial*, São Paulo, pp. 49-58, 2017.

_____; MISCHE, Ann. "Changing Repertoires and Partisan Ambivalence in the New Brazilian Protests". *Bulletin of Latin American Research*, Oxford, v. 36, n. 2, pp. 144-59, 2016.

ANDERSON, Perry et al. *Balanço do neoliberalismo. Pós-Neoliberalismo: As políticas sociais e o Estado democrático*. Rio de Janeiro: Paz e Terra, 1995.

ARANHA, Francisco Arantes. *Tecnocracia e capitalismo no Brasil num estudo de caso: A Associação Nacional de Programação Econômica e Social (ANPES) (1964-1967)*. Goiânia: Universidade Federal de Goiás, 2016. Dissertação (Mestrado em História).

BALBACHEVSKY, Elizabeth; HOLZHACKER, Denilde Oliveira. "Classe, ideologia e política: Uma interpretação dos resultados das eleições de 2002 e 2006". *Opinião Pública*, Campinas, v. 13, n. 2, pp. 283-306, 2007.

BARBOSA, Henrianne; HAYASHI, Maria Cristina Plumbato Innocetini; RIGOLIN, Camila Carneiro Dias. "Comunicação, tecnologia e interatividade: As consultas públicas no Programa de Governo Eletrônico Brasileiro". Em Questão, Porto Alegre, v. 17, n. 1, pp. 143-60, 2012.

BARROS, Guilherme. "Ex-guru de Ciro elogia nomes da equipe econômica de Lula". *Folha de S.Paulo*, 29 dez. 2002. Disponível em: <www1.folha.uol. com.br/fsp/brasil/fc2912200209.htm>. Acesso em: 2 jun. 2021.

BENEVIDES, Cassuça. "Mercado externo ainda teme 'efeito Lula' na economia". *Folha de S.Paulo*, 25 set. 2002. Disponível em: <www1.folha.uol.com. br/folha/bbc/ult272u14285.shtml>. Acesso em: 2 jun. 2021.

BIANCHI, Álvaro. "Empresários e ação coletiva: Notas para um enfoque relativo". *Revista de Sociologia e Política*, Curitiba, n. 28, pp. 117-29, 2007.

BOAS, Taylor C.; GANS-MORSE, Jordan. "Neoliberalism: From New Liberal Philosophy to Anti-Liberal Slogan", *Studies in Comparative International Development*, Nova York, v. 44, n. 2, pp. 137-61, 2009.

BOBBIO, Norberto. *Direita e esquerda: Razões e significados de uma distinção política*. São Paulo: Editora da Unesp, 2011.

BOIANOVSKY, Mauro. "The Brazilian Connection in Milton Friedman's 1967 Presidential Address and 1976 Nobel Lecture". *CHOPE Working Paper*, n. 2018, 11 jul. 2018. Center for the History of Political Economy. Duke University, 2018.

BORGES, Rodolfo. "A direita brasileira que saiu do armário não para de vender livros". *El País*, 1 ago. 2015. Disponível em: <brasil.elpais.com/brasil/2015/07/22/politica/1437521284_073825.html>. Acesso em: 2 jun. 2021.

BRENNER, Johanna; FRASER, Nancy. "What is Progressive Neoliberalism?: A Debate". *Dissent*, Nova York, v. 64, n. 2, p. 130, 2017.

BRINGEL, Breno; PLEYERS, Geoffrey. "Junho de 2013... dois anos depois: Polarização, impactos e reconfiguração do ativismo no Brasil". Nueva Sociedad, nov. 2015.

BRITO CRUZ, Francisco. *Novo jogo, velhas regras: Democracia e direito na era da nova propaganda política e das fake news*. São Paulo: Letramento, 2020.

CAMPOS, Mateus. "Editor de nomes conservadores, Carlos Andreazza se firma como voz dissonante do mercado de livros". *O Globo*, 31 jul. 2015. Disponível em: <oglobo.globo.com/cultura/livros/editor-de-nomes-conservadores-carlos-andreazza-se-firma-como-voz-dissonante-do-mercado-de-livros-17021179>. Acesso em: 2 jun. 2021.

CARREIRÃO, Yan de Souza. "Identificação ideológica, partidos e voto na eleição presidencial de 2006". *Opinião Pública*, Curitiba, v. 13, n. 2, pp. 307-39, 2007.

CARVALHO, Olavo de. *A nova era e a revolução cultural: Fritjof Capra & Antonio Gramsci*. 4. ed. São Paulo: Vide Editorial, 2016.

CASIMIRO, Flávio Henrique Calheiros. "A dimensão simbólica do neoliberalismo no Brasil: O Instituto Liberal e a cidadania como liberdade de consumo". *Cadernos de Pesquisa do CDHIS*, Uberlândia, v. 23, n. 1, 2011.

CASTELLS, Manuel. *Redes de indignação e esperança: Movimentos sociais na era da internet*. Rio de Janeiro: Zahar, 2017.

CELIKATES, Robin. "Digital Publics, Digital Contestation: A New Structural Transformation of the Public Sphere?" In: CELIKATES, Robin; KREIDE,

Regina; WESCHE, Tilo (Orgs.). *Transformations of Democracy: Crisis, Protest and Legitimation*. Londres: Rowman & Littlefield, 2015.

CHALOUB, Jorge; PERLATTO, Fernando. "Intelectuais da 'nova direita' brasileira: Ideias, retórica e prática política". XXXIX Encontro Anual da Anpocs, GT 19 Intelectuais, Cultura e Democracia, 2015.

CHEQUER, Rogerio; BUTTERFIELD, Colin. *Vem Pra Rua: A história do movimento popular que mobilizou o Brasil*. São Paulo: Matrix, 2016.

COCKETT, Richard. *Thinking the Unthinkable: Think-Tanks and the Economic Counter-Revolution 1931-1983*. Londres: HarperCollins, 1995.

CODATO, Adriano Nervo. "A burguesia contra o Estado?: Crise política, ação de classe e os rumos da transição". *Revista de Sociologia e Política*, Curitiba, n. 4-5, pp. 55-87, 1995.

_____; BOLOGNESI, Bruno; ROEDER, Karolina Mattos. "A nova direita brasileira: Uma análise da dinâmica partidária e eleitoral do campo conservador". In: VELASCO E CRUZ, Sebastião et al. (Orgs.). *Direita, volver!: O retorno da direita e o ciclo político brasileiro*. São Paulo: Fundação Perseu Abramo, 2015.

COLON, Leandro; MOURA, Rafael Moraes. "Marcha contra corrupção reúne 25 mil em Brasília". *O Estado de S. Paulo*, 7 set. 2011. Disponível em: <politica.estadao.com.br/noticias/geral,marcha-contra-corrupcao-reune-25--mil-em-brasilia,769550>. Acesso em: 2 jun. 2021.

CORDEIRO, Janaína Martins. *Direitas em movimento: A Campanha da Mulher pela Democracia e a ditadura no Brasil*. Rio de Janeiro: FGV, 2009.

COWAN, Benjamin Arthur. "'Nosso terreno': Crise moral, política evangélica e a formação da 'Nova Direita' Brasileira". *Varia Historia*, Belo Horizonte, v. 30, n. 52, pp. 101-25, 2014.

CRISTI, Renato. *El pensamiento político de Jaime Guzmán: Una Biografia Intelectual*. Santiago: LOM, 2000.

DARDOT, Pierre; LAVAL, Christian. *A nova razão do mundo: Ensaio sobre a sociedade neoliberal*. São Paulo: Boitempo, 2016.

DESAI, Radhika. "Second-Hand Dealers in Ideas: Think-Tanks and Thatcherite Hegemony". *New Left Review*, Londres, n. 203, pp. 27-64, 1994.

DEUTSCH, Sandra McGee; DOLKART, Ronald H. *The Argentine Right: Its History and Intellectual Origins. 1910 to Present*. Wilmington: SR, 1993.

DIAS, Marina. "Site pró-Dilma que associou Barbosa a macaco é motivo de constrangimento para Planalto". *Folha de S.Paulo*, 26 set. 2013. Disponível em: <www1.folha.uol.com.br/poder/2013/09/1347552-site-pro-dilma--que-associou-barbosa-a-macaco-e-motivo-de-constrangimento-para-planalto.shtml>. Acesso em: 2 jun. 2021.

DOHERTY, Bryan. *Radicals for Capitalism: A Freewheeling History of the Modern American Libertarian Movement*. Nova York: PublicAffairs, 2009.

DOMINGUEZ, Francisco; LIEVESLEY, Geraldine; LUDLAM, Steve (Orgs.). *Right Wing Politics in the New Latin America: Reaction and Revolt*. Londres: Zed, 2011.

DOWNEY, John; FENTON, Natalie. "New Media, Counter Publicity and the Public Sphere". *New Media & Society*, Londres, v. 5, n. 2, pp. 185-202, 2003.

DREIFUSS, René Armand. *O jogo da direita na Nova República*. Rio de Janeiro: Vozes, 1989.

FILGUEIRAS, Juliana Miranda. "O livro didático de educação moral e cívica na ditadura de 1964: A construção de uma disciplina". Congresso Luso-Brasileiro de História da Educação, Universidade Federal de Uberlândia, Uberlândia, 2011.

FISCHER, Karin. "The Influence of Neoliberals in Chile, Before, During and After Pinochet". In: MIROWSKI, Philip; PLEHWE, Dieter (Orgs.). *The Road From Mont Pelerin : The Making of the Neoliberal Thought Collective*. Cambridge: Harvard University Press, 2009.

FONSECA, Francisco Cesar Pinto da. *A imprensa liberal na transição democrática (1984-1987): Projeto político e estratégias de convencimento* (*Revista* Visão *e jornal* O Estado de S. Paulo). 2 v. Campinas: IFCH/Unicamp, 1994. Dissertação (Mestrado).

FREEDEN, Michael. *Ideology: A Very Short Introduction*. Oxford: Oxford University Press, 2003.

FURTADO, Olavo Henrique Pudenci. *Trajetos e perspectivas social-democratas: Do modelo europeu para o PSDB e PT no Brasil*. Campinas: Instituto de Filosofia e Ciências Humanas da Universidade de Campinas, 1996. Dissertação (Mestrado).

GAMA, Paulo. "Ato contra corrupção reúne mais de 3.000 em São Paulo". *Folha de S.Paulo*, 12 out. 2011. Disponível em: <www1.folha.uol.com.br/poder/2011/10/989587-ato-contra-corrupcao-reune-mais-de-3000-em-sao-paulo.shtml>. Acesso em: 2 jun. 2021.

GARCIA, Janaina. "Manifestantes protestam contra e a favor de filósofa americana Judith Butler em São Paulo". UOL, 7 nov. 2018. Disponível em: <noticias.uol.com.br/cotidiano/ultimas-noticias/2017/11/07/manifestantes-protestam-contra-filosofa-americana-judith-butler-em-sao-paulo.htm>. Acesso em: 2 jun. 2021.

GIDDENS, Anthony. *A terceira via e seus críticos*. Rio de Janeiro: Record, 2001.

GIORDANO, Verónica. "¿Qué hay de nuevo en las 'nuevas derechas'?". *Nueva Sociedad*, Buenos Aires, v. 254, n. 46, 2014.

GONÇALVES, Rodrigo Jurucê Mattos. *História fetichista: O Aparelho de Hegemonia Filosófico — Instituto Brasileiro de Filosofia Convivium (1964-1985)*. Anápolis: Editora Universidade Estadual de Goiás, 2017.

GRINBERG, Lucia M. *Partido político ou bode expiatório: Um estudo sobre a Aliança Renovadora Nacional, Arena (1965-1979)*. Rio de Janeiro: Mauad, 2009.

GRING-PEMBLE, Lisa. "'It's We the People...Not We the Illegals': Extreme Speech in Prince William County, Virginia's Immigration Debate". *Communication Quarterly*, Filadélfia, v. 60, n. 5, pp. 624-48, 2012.

GROS, Denise Barbosa. *Institutos Liberais e neoliberalismo no Brasil da Nova República*. Porto Alegre: Fundação de Economia e Estatística Siegfried Emanuel Heuser, 2003. Tese (Doutorado em Economia).

GUIOT, André Pereira. *Um 'moderno príncipe' para a burguesia brasileira: O PSDB (1988-2002)*. Niterói: Departamento de História da Universidade Federal Fluminense, 2006. Dissertação (Mestrado).

HAAS, Peter M. "Introduction: Epistemic Communities and International Policy Coordination". *International Organization*, Cambridge, v. 46, n. 1, pp. 1-35, 1992.

HALL, Stuart; JACQUES, Martin (Orgs.). *The Politics of Thatcherism*. Londres: Lawrence and Wishart, 1983.

HARVEY, David. *O neoliberalismo: História e implicações*. Rio de Janeiro: Loyola, 2008.

HAUCK, Juliana Cristina Rosa. *Think Tanks: Quem são, como atuam e qual seu panorama de ação no Brasil*. Belo Horizonte: FAFICH-UFMG, 2015. Dissertação (Mestrado).

HAWLEY, George. *Making Sense of the Alt-Right*. Nova York: Columbia University Press, 2017.

HAYEK, Friedrich August. *O caminho da servidão*. São Paulo: LVM, 2017.

HOCHSCHILD, Arlie Russell. *Strangers in Their Own Land: Anger and Mourning on the American Right*. Nova York: The New Press, 2018.

JACKSON, Ben. "At the Origins of Neo-Liberalism: The Free Economy and the Strong State, 1930-1947". *The Historical Journal*, Cambridge, v. 53, n. 1, pp. 129-51, 2010.

JAMES, Simon. "The Idea Brokers: The Impact of Think Tanks on British Government". *Public Administration*, Dublin, v. 71, n. 4, pp. 491-506, 1993.

KAISER, Jonas; PUSCHMANN, Cornelius. "Alliance of Antagonism: Counterpublics and Polarization in Online Climate Change Communication". *Communication and the Public*, Zhejiang, v. 2, n. 4, pp. 371-87, 2017.

KAPA, Raphael. "Troca de farpas entre aluna e professor de direito vira alvo de investigação na Uerj". *O Globo*, 26 jun. 2014. Disponível em: <oglobo.globo.com/sociedade/educacao/troca-de-farpas-entre-aluna-professor-de-direito-vira-alvo-de-investigacao-na-uerj-13016871>. Acesso em: 2 jun. 2021.

KATAGUIRI, Kim; SANTOS, Renan. *Como um grupo de desajustados derrubou a presidente: MBL: A origem*. Rio de Janeiro: Record, 2019.

LACERDA, Marina Basso. *O novo conservadorismo brasileiro: De Reagan a Bolsonaro*. Porto Alegre: Zouk, 2019.

LEVITSKY, Steven; ROBERTS, Kenneth M. (Orgs.). *The Resurgence of the Latin American Left*. Baltimore: JHU, 2011.

LIMA, Daniela. "Vice do PSDB diz que partido não apoia ato pelo impeachment de Dilma". *Folha de S.Paulo*, 1 nov. 2014. Disponível em: <www1.folha.uol.com.br/poder/2014/11/1542090-vice-presidente-do-psdb-diz-que--partido-nao-incentiva-atos-contra-dilma.shtml>. Acesso em: 2 jun. 2021.

LOUREIRO, Maria Rita. *Os economistas no governo: Gestão econômica e democracia*. Rio de Janeiro: Editora da FGV, 1997.

LYNCH, Christian Edward Cyril. "O conceito de liberalismo no Brasil (1750--1850)". *Araucaria: Revista Iberoamericana de Filosofía, Política y Humanidades*, Sevilha, n. 17, pp. 212-34, 2007.

MACHADO, Maria das Dores Campos. "Aborto e ativismo religioso nas eleições de 2010". *Revista Brasileira de Ciência Política*, Brasília, n. 7, pp. 25-54, 2012.

_____. "Discursos pentecostais em torno do aborto e da homossexualidade na sociedade brasileira". *Revista Cultura & Religión*, Iquique, v. 7, n. 2, p. 48, 2013.

MADDUX, Kristy. "When Patriots Protest: The Anti-Suffrage Discursive Transformation of 1917". *Rhetoric and Public Affairs*, Lansing, v. 7, n. 3, pp. 283-310, 2004.

MARQUES, Jales Ramos; FLEISCHER, David. *PSDB: De facção a partido*. Brasília: Instituto Teotônio Vilela, 1999.

MCIVOR, Méadhbh. "Human Rights and Broken Cisterns: Counterpublic Christianity and Rights-Based Discourse in Contemporary England". *Ethnos*, Lund, v. 4, n. 2, pp. 1-21, 2019.

MEDEIROS, Jonas. *Movimentos de mulheres periféricas na Zona Leste de São Paulo: Ciclos políticos, redes discursivas e contrapúblicos*. Campinas: Faculdade de Educação/Unicamp, 2017. Tese (Doutorado em Educação).

_____; FANTI, Fabiola. "Recent Changes in the Brazilian Feminist Movement: The Emergence of New Collective Actors". In: FERRERO, Juan Pablo; NATALUCCI, Ana; TATAGIBA, Luciana. (Orgs.). *Socio-Political Dynamics within the Crisis of the Left: Argentina and Brazil*. Londres: Rowman & Littlefield, 2019, pp. 221-42.

MELO, Marcus André; COSTA, Nilson do Rosário. "A difusão das reformas neoliberais: Análise estratégica, atores e agendas internacionais". *Contexto Internacional*, Rio de Janeiro, v. 17, n. 1, p. 89, 1995.

MESSENBERG, Débora. "A direita que saiu do armário: A cosmovisão dos formadores de opinião dos manifestantes de direita brasileiros". *Sociedade e Estado*, Brasília, v. 32, n. 3, pp. 621-47, 2017.

MIGUEL, Luis Felipe; COUTINHO, Aline de Almeida. "A crise e suas fronteiras: Oito meses de 'mensalão' nos editoriais dos jornais". *Opinião Pública*, Campinas, v. 13, n. 1, pp. 97-123, 2007.

MIROWSKI, Philip; PLEHWE, Dieter (Orgs.). *The Road From Mont Pelerin: The Making of the Neoliberal Thought Collective*. Cambridge: Harvard University Press, 2009.

MORAES, Dênis de. "Comunicação, hegemonia e contra-hegemonia: A contribuição teórica de Gramsci". *Revista Debates*, Porto Alegre, v. 4, n. 1, 54, 2010.

MORAES, Reginaldo. *Neoliberalismo: De onde vem, para onde vai?*. v. 6. São Paulo: Senac, 2001.

_____. "A organização das células neoconservadoras de agitprop: O fator subjetivo da contrarrevolução" In: VELASCO E CRUZ, Sebastião et al. (Orgs.). *Direita, volver!: O retorno da direita e o ciclo político brasileiro*. São Paulo: Fundação Perseu Abramo, 2015.

MOROZOV, Evgeny. *The Net Delusion: How not to Liberate the World*. Londres: Penguin, 2011.

MORRESI, Sergio. *La nueva derecha argentina*: *La democracia sin política*. Los Polverines: Universidad Nacional de General Sarmiento; Buenos Aires: Biblioteca Nacional, 2008.

_____; VOMMARO, Gabriel. *Saber lo que se hace: Expertos y política en Argentina*. Buenos Aires: Prometeo, 2012.

MORSE, Richard. *O espelho de Próspero: Cultura e ideias nas Américas*. São Paulo: Companhia das Letras, 1988.

MOTTA, Rodrigo Patto Sá. *Em guarda contra o "perigo vermelho": O anticomunismo no Brasil, 1917-1964*. São Paulo: Perspectiva, 2002.

MOURA, Athos. "O coordenador de Witzel, a placa de Marielle e a pichação". *O Globo*, 19 out. 2018. Disponível em: <blogs.oglobo.globo.com/lauro-jardim/post/o-coordenador-de-witzel-placa-de-marielle-e-pichacao.html>. Acesso em: 2 jun. 2021.

NAGLE, Angela. *Kill all Normies: Online Culture Wars from 4chan and Tumblr to Trump and the Alt-Right*. Ropley: John Hunt, 2017.

NÁLLIM, Jorge A. *Trasformación y crisis del liberalismo: Su desarrollo en la Argentina en el período 1930-1955*. Buenos Aires: Gedisa, 2014.

NISHIMURA, Katia Mika. "Conservadorismo social: Opiniões e atitudes no contexto da eleição de 2002". *Opinião Pública*, Campinas, v. 10, n. 2, pp. 339-67, 2004.

NOBRE, Marcos. *Imobilismo em movimento: Da redemocratização ao governo Dilma*. São Paulo: Companhia das Letras, 2013.

NOEL, Alain; THÉRIEN, Jean-Philippe. *Left and Right in Global Politics*. Nova York: Cambridge University Press, 2008.

PAIVA, Denise; BRAGA, Maria do Socorro S.; PIMENTEL JR., Jairo. "Eleitorado e partidos políticos no Brasil". *Opinião Pública*, Campinas, v. 13, n. 2, pp. 388-408, 2007.

PAIVA, Diogo Henrique da Silva. *PT e PSDB: Dois programas de governo, um projeto para o Brasil*. Araraquara: Departamento de Ciências Sociais/ Unesp, 2006. Dissertação (Mestrado).

PARNES, Hannah Ribeiro; LINS, Igor Novaes; TRINDADE, Paula Souza. "Engajamento, identidade e redes: Um estudo de caso do Escola sem Partido". *Interações Sociais*, Rio Grande, v. 4, n. 1. Dossiê "Extrema-Direita na América Latina: Redes de Sociabilidade e Reinterpretações do Estado", 2020.

PATU, Gustavo. "Com Palocci, mercado deixou de ver PT como ameaça". *Folha de S.Paulo*, 28 mar. 2006. Disponível em: <www1.folha.uol.com.br/fsp/brasil/fc2803200620.htm>. Acesso em: 2 jun. 2021.

PAVARIN, Guilherme. "O ostracismo do maior revoltado online". *piauí*, 26 maio 2017. Disponível em: <piaui.folha.uol.com.br/o-ostracismo-do--maior-revoltado-online>. Acesso em: 2 jun. 2021.

PHILIPS, Whitney. *This Is Why We Can't Have Nice Things: Mapping the Relationship Between Online Trolling and Mainstream Culture*. Cambridge: MIT Press, 2015.

PINTO, Céli Regina Jardim. "A trajetória discursiva das manifestações de rua no Brasil (2013-2015)". *Lua Nova*, São Paulo, n. 100, pp. 119-53, 2017.

POLLETTA, Francesca; JASPER, James M. "Collective Identity and Social Movements". *Annual Review of Sociology*, Palo Alto, v. 27, n. 1, pp. 283-305, 2011.

PORTES, Ivone. "Bovespa termina 2002 com queda acumulada de 17%". *Folha de S.Paulo*, 30 dez. 2002. Disponível em: <www1.folha.uol.com.br/folha/dinheiro/ult91u61320.shtml>. Acesso em: 2 jun. 2021.

POWER, Timothy. "The Third Way in the Third World: Theoretical Considerations and a Case Study of Cardoso's PSDB in Brazil". World Congress of the International Political Science Association, Quebec, 2000.

_____. *The Political Right in Postauthoritarian Brazil: Elites, Institutions, and Democratization*. University Park: Penn State University Press, 2010.

RAMÍREZ, Hernán. *Corporaciones en el poder: Institutos económicos y acción política en Brasil y Argentina: IPES, FIEL y Fundación Mediterránea*. Lenguaje. Buenos Aires: Lenguaje Claro, 2007.

RAMOS, Jair de Souza. "Toma que o aborto é teu: A politização do aborto em jornais e na web durante a campanha presidencial de 2010". *Revista Brasileira de Ciência Política*, Brasília, n. 7, pp. 55-82, 2012.

RIBEIRO, Ricardo Luiz Mendes. "Decadência longe do poder: Refundação e crise do PFL". *Revista de Sociologia e Política*, Curitiba, v. 22, n. 49, pp. 5-37, 2014.

RICH, Andrew. *Think Tanks, Public Policy, and the Politics of Expertise*. Cambridge: Cambridge University Press, 2005.

ROCHA, Camila. "Direitas em rede: Think tanks de direita na América Latina". In: VELASCO E CRUZ, Sebastião et al. (Orgs.). *Direita, volver!: O retorno da direita e o ciclo político brasileiro*. São Paulo: Fundação Perseu Abramo, 2015.

_____. "O papel dos think tanks pró-mercado na difusão do neoliberalismo no Brasil". *Millcayac — Revista Digital de Ciencias Sociales*, Mendoza, v. IV, n. 7, pp. 95-120, 2017.

_____. "'Imposto é roubo!': A formação de um contrapúblico ultraliberal e os protestos pró-impeachment de Dilma Rousseff". *Dados*, Rio de Janeiro, v. 62, n. 3, pp. 1-42, 2019.

_____. "Cristianismo ou conservadorismo?: O caso do movimento anti-aborto no Brasil". *TOMO*, Sergipe, n. 36, pp. 43-78, jan./jun. 2020.

_____; MEDEIROS, Jonas. "'Vão todos tomar no...': A política de choque e a esfera pública". *Horizontes ao Sul*, 27 abr. 2020. Disponível em: <www.horizontesaosul.com/single-post/2020/04/27/VAO-TODOS-TOMAR-NO-A--POLITICA-DO-CHOQUE-E-A-ESFERA-PUBLICA>. Acesso em: 2 jun. 2021.

_____. "Jair Bolsonaro and the Dominant Counterpublicity". *Brazilian Political Science Review*, v. 15, n. 3, e0004, jun. 2021. Disponível em: <brazilianpoliticalsciencereview.org/article/jair-bolsonaro-and-the-dominant--counterpublicity↗. Acesso em: 18 jun. 2021.

_____; SOLANO, Esther. *The Bolsonaro Paradox: The Public Sphere and Right--Wing Counterpublicity in Contemporary Brazil*. Basingstoke: Springer--Nature, 2021.

RONCAGLIA, Daniel. "Ato contra corrupção em SP pede punição para condenados do mensalão". *Folha de S.Paulo*, 7 set. 2012. Disponível em: <www1.folha.uol.com.br/poder/2012/09/1150245-ato-contra-corrupcao-em-sp--pede-punicao-para-condenados-do-mensalao.shtml>. Acesso em: 2 jun. 2021.

ROTHBARD, Murray N. *Left, Right, and the Prospects for Liberty*. Washington: Cato Institute, 1979.

SALLUM JR., Brasilio. *Labirintos: Dos generais à Nova República*. São Paulo: Hucitec, 1996.

SANTOS JR., Marcelo Alves dos. *Vai pra Cuba!!!!: A rede antipetista na eleição de 2014*. Niterói: Departamento de História da Universidade Federal Fluminense, 2016. Dissertação (Mestrado).

SCHOPENHAUER, Arthur. *Como vencer um debate sem precisar ter razão*. Rio de Janeiro: Topbooks, 2003.

SILVEIRA, Sérgio Amadeu da. "Para analisar o poder tecnológico como poder político". In: SILVEIRA, Sérgio Amadeu da; BRAGA, Sérgio; PENTEADO,

Cláudio (Orgs.). *Cultura, política e ativismo nas redes digitais*. São Paulo: Fundação Perseu Abramo, 2011.

SILVEIRA, Luciana. *Fabricação de ideias, produção de consenso: Estudo de Caso do Instituto Millenium*. Campinas: IFCH/Unicamp, 2013. Dissertação (Mestrado).

SINGER, André. *Esquerda e direita no eleitorado brasileiro: A identificação ideológica nas disputas presidenciais de 1989 e 1994*. São Paulo: Edusp, 2000.

_____. *Os sentidos do lulismo: Reforma gradual e pacto conservador*. São Paulo: Companhia das Letras, 2012.

_____. *O lulismo em crise: Um quebra-cabeça do período Dilma (2011-2016)*. São Paulo: Companhia das Letras, 2018.

SKOCPOL, Theda; HERTEL-FERNANDEZ, Alexander. "The Koch Network and Republican Party Extremism". *Perspectives on Politics*, American Political Science Association, Nova York, v. 14, n. 3, pp. 681-99, 2016.

SMITH, James A. *Idea Brokers: Think Tanks and the Rise of the New Policy Elite*. Nova York: Simon and Schuster, 1993.

SOLANO, Esther; ORTELLADO, Pablo; MORETTO, Márcio. "Guerras culturais e populismo antipetista nas manifestações por apoio à Operação Lava Jato e contra a reforma de previdência". *Em Debate: Periódico de Opinião Pública e Conjuntura Política*, Belo Horizonte, ano 9, n. 2, pp. 35-45, 2017.

SPOHR, Martina. "O empresariado e as relações Brasil-Estados Unidos no caminho do golpe de 1964". *Confluenze: Rivista di Studi Iberoamericani*, Bolonha, v. 4, n. 2, pp. 45-62, 2012.

STEDMAN JONES, Daniel. *Masters of the Universe: Hayek, Friedman, and the Birth of Neoliberal Politics*. Princeton: Princeton University Press, 2014.

STONE, Diane L. "Think Tanks and Policy Advice in Countries in Transition". In: HASHIMOTO, Toru; HELL, Stephan; NAM, Sang-Woo (Orgs.). *Public Policy Research and Training in Vietnam. Hanói: Asian Development Bank Institute*, 2005.

TARROW, Sidney. *Power in Movement: Social Movements and Contentious Politics*. Nova York: Cambridge University Press, 2007.

TATAGIBA, Luciana; TRINDADE, Thiago; TEIXEIRA, Ana Claudia Chaves. "Protestos à direita no Brasil (2007-2015)". In: VELASCO E CRUZ, Sebastião et al. (Orgs.). *Direita, volver!: O retorno da direita e o ciclo político brasileiro*. São Paulo: Fundação Perseu Abramo, 2015.

TEITELBAUM, Benjamin. *Guerra pela eternidade: O retorno do tradicionalismo e a ascensão da direita populista*. Campinas: Editora da Unicamp, 2020.

TELLES, Helcimara. "A Direita Vai às Ruas: O antipetismo, a corrupção e democracia nos protestos antigoverno". *Ponto-e-Vírgula: Revista de Ciências Sociais*, São Paulo, n. 19, pp. 97-125, 2016.

THIMSEN, A. Freya. "Did the Trumpian Counterpublic Dissent against the Dominant Model of Campaign Finance?". *Javnost-The Public*, Ljubljana, v. 24, n. 3, pp. 267-83, 2017.

THUNERT, Martin. "Conservative Think Tanks in the United States and Canada". In: SCHULTZE, Rainer-Olaf; STURM, Roland; EBERLE, Dagmar (Orgs.). *Conservative Parties and Right-Wing Politics in North America: Reaping the Benefits of an Ideological Victory?*. Wiesbaden: VS Verlag für Sozialwissenschaften, 2003, pp. 229-52.

TOEPFL, Florian; PIWONI, Eunike. "Public Spheres in Interaction: Comment Sections of News Websites as Counterpublic Spaces". *Journal of Communication*, Nova York, v. 65, n. 3, pp. 465-88, 2015.

VALDÉS, Juan Gabriel. *Pinochet's Economists: The Chicago School of Economics in Chile*. Cambridge: Cambridge University Press, 1995.

VELASCO E CRUZ, Sebastião C. *Empresariado e Estado na transição brasileira: Um estudo sobre a economia política do autoritarismo, 1974-1977*. Campinas: Editora da Unicamp, 1995.

_____. *Trajetórias: Capitalismo neoliberal e reformas econômicas nos países da periferia*. São Paulo: Editora da Unesp, 2007.

VENTURI, Gustavo. "A opinião pública diante da crise". *Teoria e Debate*, São Paulo, v. 19, n. 66, pp. 20-6, 2006.

VITA, Álvaro de. *A justiça igualitária e seus críticos*. São Paulo: Martins Fontes, 2007.

VRYDAGH, Fanny. *"Gagner les corps, les coeurs et les esprits"*: Comprendre l'engagement dans le mouvement brésilien pro-destitution (2014-2016). Bruxelas: Université Libre de Bruxelles, 2020. Tese (Doutorado).

_____; ROCHA, Camila. "Right Wing Counter Publics and the Origins of the Brazilian New Right". Tercer Coloquio "Pensar las derechas en América Latina en el siglo XX". Belo Horizonte, UFMG, 20-22 ago. 2018.

WARNER, Michael. "Publics and Counterpublics". *Public Culture*, Durham, v. 14, n. 1, pp. 49-90, 2002.

WEAVER, R. Kent. "The Changing World of Think Tanks". *PS: Political Science & Politics*, Washington, v. 22, n. 3, pp. 563-78, 1989.

WILLIAMSON, Vanessa; SKOCPOL, Theda; COGGIN, John. "The Tea Party and the Remaking of Republican Conservatism". *Perspectives on Politics*, Cambridge, v. 9, n. 1, pp. 25-43, 2011.

ZAMBELLI, Carla. *Não foi golpe: Os bastidores da luta nas ruas pelo impeachment de Dilma*. São Paulo: LVM, 2018.

Sobre os entrevistados

ADOLPHO LINDENBERG foi redator do jornal *Catolicismo*, criado em 1951, que deu origem em 1960 à Sociedade Brasileira de Defesa da Tradição, Família e Propriedade (TFP), da qual Lindenberg foi membro-fundador ao lado de seu primo Plinio Corrêa de Oliveira. Engenheiro e arquiteto formado pela Universidade Presbiteriana Mackenzie, Lindenberg é proprietário desde 1952 da Construtora Adolpho Lindenberg (CAL) e publicou vários livros, entre os quais *Os católicos e a economia de mercado: Oposição ou colaboração* (1999) e *Utopia igualitária: Aviltamento da dignidade humana* (2016). Atualmente é presidente do Instituto Plinio Corrêa de Oliveira (IPCO), fundado em 2006 a partir de uma cisão da TFP após o falecimento de Corrêa de Oliveira, com o qual também colaboram Luiz de Orleans e Bragança e Bertrand de Orleans e Bragança, lideranças do movimento monarquista brasileiro. Entrevista realizada em março de 2017 em São Paulo.

ALEX CATHARINO frequentou por mais de dez anos o Instituto Liberal do Rio de Janeiro, onde foi aluno particular do professor Og Leme. É historiador, vice-presidente do Centro Interdisciplinar de Ética e Economia Personalista (Cieep), *fellow* da Atlas Network, editor-assistente da *Communio*, revista internacional de teologia e cultura, e pesquisador do Russell Kirk Center. Desde 2007 é editor-chefe da LVM Editora, ligada ao Instituto Mises Brasil (IMB). Entrevista realizada via Skype em julho de 2016.

ANTÔNIO PAIM formou-se em filosofia pela Universidade Lomonosov, em Moscou, e pela Universidade do Brasil, no Rio de Janeiro. Atuou como militante do Partido Comunista Brasileiro (PCB) até os anos 1950, quando deixou a agremiação. Foi professor na Universidade Federal do Rio de Janeiro (UFRJ), na Pontifícia Universidade Católica do Rio de Janeiro (PUC-Rio) e na Universidade Gama Filho, aposentando-se em 1989. Foi membro do Instituto Brasileiro de Filosofia (IBF), da Academia Brasileira de Filosofia, do Instituto Histórico e Geográfico Brasileiro, da Academia das Ciências de Lisboa e do Instituto de Filosofia Luso-Brasileira, sediado em Lisboa. Prestou assessoria a diversos órgãos oficiais, como BNDES, Finep, Governo do Estado da

Bahia, Ministério da Aeronáutica e Ministério da Agricultura. É autor de vários livros, entre os quais *História das ideias filosóficas no Brasil* (1967), *O liberalismo contemporâneo* (1995) e *História do liberalismo brasileiro*, reeditado em 2018 pela LVM Editora. Faleceu em maio de 2021. Entrevista realizada em maio de 2018 em conjunto com o historiador Alex Catharino.

ARTHUR CHAGAS DINIZ foi vice-presidente do Instituto Liberal e presidente entre 2008 e 2013. Formado em engenharia civil e eletrônica pela Escola Nacional de Engenharia, trabalhou na Companhia Siderúrgica Nacional (CSN) entre 1960 e 1964, no Ministério do Planejamento (1965-7) e no *Jornal do Brasil* (1987-8). Entrevista realizada em dezembro de 2015 no Rio de Janeiro em conjunto com o jornalista Lucas Berlanza.

BERNARDO SANTORO é bacharel em direito e mestre em teoria e filosofia do direito (Uerj). Atuou como professor na Universidade Federal do Rio de Janeiro, na Universidade Estadual do Rio de Janeiro e na Universidade Presbiteriana Mackenzie. Foi vice-presidente do Líber, candidato a vereador da cidade do Rio de Janeiro pelo Partido Social Liberal (PSL) em 2012, diretor-executivo do Instituto Liberal (2012-6) e coordenador do Centro Mackenzie de Liberdade Econômica (2016-7). Santoro foi filiado ao Partido Social Cristão (PSC), com o qual colaborou ativamente até assumir no mês de setembro de 2017 o cargo de secretário-geral do Patriota. Em fevereiro de 2018, o advogado retornou ao PSC, onde atuou como um dos principais coordenadores da campanha do candidato Wilson Witzel (PSC) ao governo do estado do Rio de Janeiro. Foi assessor especial do governo Witzel e atualmente preside o Instituto Rio Metrópole. Entrevista realizada em outubro de 2015 no Rio de Janeiro.

CIBELE BASTOS é economista formada pela Universidade Federal do Ceará. Foi fundadora do grupo de estudos Dragão do Mar na mesma universidade, membro do Líber, e atuou profissionalmente no Instituto Liberal do Rio de Janeiro e no Instituto Liberal do Nordeste (Ilin) entre os anos de 2015 e 2018. Durante as eleições de 2016, colaborou ativamente com a campanha do advogado Rodrigo Saraiva Marinho, fundador e presidente do Ilin, a vereador da cidade de Fortaleza pela tendência Livres, atualmente abrigada pelo Partido Novo. Entrevista realizada em dezembro de 2015 no Rio de Janeiro.

CRISTIANO CHIOCCA é economista e empresário. Em 2007 foi cofundador, ao lado de Fernando Chiocca e Hélio Beltrão Jr., do Instituto Mises Brasil (IMB), no qual atuou como vice-presidente. Em razão de dissensões internas, porém, Chiocca se desligou da organização e fundou, em 2015, em conjunto com seu irmão Fernando, o Instituto Rothbard Brasil. Depoimento via questionário retornado em julho de 2016.

DIEGO BONFIM é formado em administração de empresas pelo Instituto Brasileiro de Mercado de Capitais de Minas Gerais (Ibmec-MG), onde fundou e presidiu seu primeiro Diretório Central dos Estudantes. Bonfim foi fundador e conselheiro da UFMG Finance Club e da Ibmec Social-MG, diretor da CISV International, presidente do Conselho Nacional das Ligas de Mercado e da LB Finance. Atualmente é CEO da empresa FitiBank. Entrevista realizada em outubro de 2015 em São Paulo.

FÁBIO OSTERMANN é formado em direito pela Universidade Federal do Rio Grande do Sul (UFRGS), onde fundou o Núcleo de Extensão em Direito, Economia e Políticas Públicas (Nedep). Foi diretor-executivo do Instituto Liberdade, diretor de formação e conselheiro fiscal do Instituto de Estudos Empresariais (IEE), cofundador da rede Estudantes pela Liberdade, tendo sido o primeiro presidente de seu Conselho Consultivo, diretor-executivo do Instituto Ordem Livre, fundador e coordenador nacional do Movimento Brasil Livre (MBL). É professor (licenciado) da Faculdade Campos Salles, associado honorário do IEE, membro do Grupo Pensar+ e líder estadual do Livres no Rio Grande do Sul. Em 2016, lançou-se como candidato à prefeitura de Porto Alegre pela tendência Livres, então abrigada no Partido Social Liberal (PSL). Atualmente Ostermann é membro do Partido Novo, tendo sido eleito em 2018 para o cargo de deputado estadual pelo Rio Grande do Sul. Entrevista realizada em março de 2016 em São Paulo.

FERNANDO CHIOCCA é empresário e publicitário formado na Universidade Presbiteriana Mackenzie. Em 2007, foi membro-fundador do Partido Libertário (Líber) e cofundador do Instituto Mises Brasil (IMB), ao lado de Cristiano Chiocca e Hélio Beltrão. Em razão de dissensões internas, porém, Chiocca se desligou do IMB e fundou em 2015, em conjunto com Cristiano Chiocca, o Instituto Rothbard Brasil. Depoimento via questionário retornado em julho de 2016.

FERNANDO FERNANDES é bacharel em direito e mestre em filosofia política pela Universidade Estadual do Rio de Janeiro, formado em política e estratégia pela Associação dos Diplomados da Escola Superior de Guerra. Colunista do Instituto Liberal do Rio de Janeiro, desempenhou um papel de liderança junto à juventude nacional do Partido Social Cristão (PSC), pelo qual concorreu ao cargo de vereador na cidade do Rio de Janeiro em 2016. Em 2017 assumiu o cargo de segundo vice-presidente do Partido Patriota no Rio de Janeiro, mas depois voltou a integrar o PSC. No ano de 2018 militou ativamente na campanha do candidato a governador do estado do Rio de Janeiro Wilson Witzel (PSC). Entrevista realizada via Skype em 10 de julho de 2016.

FILIPE RANGEL CELETI é bacharel e licenciado em filosofia pela Universidade Presbiteriana Mackenzie e mestre em educação, arte e história da cultura pela mesma instituição. Professor da Faculdade Sumaré, foi coordenador do Partido Libertário (Líber) em São Paulo, tutor no Instituto de Formação de Líderes de São Paulo e é membro do Livres, pelo qual saiu candidato a vereador em São Paulo em 2016. Entrevista realizada em abril de 2016 em São Paulo.

GABRIEL MENEGALE é graduado em comunicação social pelo Ibmec-RJ. Entre 2014 e 2015 atuou como assessor de marketing e comunicação no Instituto Liberal e desde 2016 é editor-chefe do *Boletim da Liberdade*, veículo jornalístico dedicado à cobertura do "ecossistema pró-liberdade do país". Entrevista realizada via Skype em janeiro de 2017.

HÉLIO BELTRÃO é graduado em finanças e possui MBA pela Universidade Columbia, em Nova York. Foi executivo do Banco Garantia, da Mídia Investimentos e da Sextante Investimentos. É fundador e membro do conselho consultivo do Instituto Millenium (Imil), inaugurado em 2006, e membro-fundador do Instituto Mises Brasil (IMB), no qual atua como presidente desde 2007. Também é membro do conselho de administração do Grupo Ultra, da Le Lis Blanc, da Artesia Investimentos, do conselho consultivo da Ediouro Publicações e da companhia do setor de educação corporativa Lab SSJ (Affero Lab a partir de 2014). Entrevista realizada em abril de 2017 em São Paulo.

JOEL PINHEIRO DA FONSECA é economista formado pelo Insper, bacharel e mestre em filosofia pela Universidade de São Paulo. Foi membro do Partido Libertário (Líber) em São Paulo, editor da revista *Dicta&Contradicta* e atualmente é colunista do jornal *Folha de S.Paulo* e da revista *Exame*. Entrevista realizada em maio de 2017 em São Paulo.

JOSÉ CARLOS SEPÚLVEDA é português e vive no Brasil há 38 anos. Jurista e analista político, colabora com o Instituto Plinio Corrêa de Oliveira (IPCO), é assessor de Bertrand de Orleans e Bragança, escreve para a revista *Catolicismo* e mantém o blog Radar da Mídia desde 2007. Atua também como conferencista sobre temas políticos e religiosos. Entre 2006 e 2007 dirigiu a campanha "Acção Família, pelo NÃO à aprovação do aborto" no referendo realizado em Portugal sobre o tema. Entrevista realizada em abril de 2017 em São Paulo.

JOSÉ STELLE editou e traduziu as principais obras do economista Friedrich August von Hayek para o português. Foi membro do Libertarian Party norte-americano, editor de opinião da revista semanal *Visão*, membro-fundador do Instituto Liberal do Rio de Janeiro, e atualmente é professor universitário na Flórida, Estados Unidos. Entrevista realizada via Skype em fevereiro de 2017.

LOURIVAL DE SOUZA foi estudante de engenharia na Universidade Federal do Maranhão, onde participou do Diretório Central dos Estudantes em 2010. Foi conselheiro executivo da rede Estudantes pela Liberdade, diretor cultural do Instituto Liberal do Nordeste (Ilin) e fundador e presidente do Instituto Expresso Liberdade. Graduado em gestão financeira, mestre em economia política pelo Swiss Management Center, foi assessor executivo da Federação das Associações Empresariais do Maranhão (Faem) e atualmente exerce o cargo de superintendente do Patrimônio da União no Piauí. Entrevista realizada via Skype em abril de 2017.

LUAN SPERANDIO é graduado em direito pela Universidade Federal do Espírito Santo (Ufes) e possui MBA em Liderança e Desenvolvimento Humano pela Fucape Business School. Escreveu artigos para o Instituto Liberal do Rio de Janeiro e criou o grupo de estudos Domingos Martins no Espírito Santo. Foi vice-presidente da Federação Capixaba dos Jovens Empreendedores, editor do Instituto Mercado Popular e atuou junto ao Instituto Millenium e ao Instituto Livre Mercado. Atualmente é editor-chefe da Apex Partners em Vitória. Entrevista realizada via Skype em fevereiro de 2017.

LUCAS BERLANZA é jornalista formado pela Universidade Estadual do Rio de Janeiro (Uerj). Atuou profissionalmente no Instituto Liberal de 2015 a 2018, quando se tornou diretor da organização. Autor do livro *Guia bibliográfico da Nova Direita: 39 livros para compreender o fenômeno brasileiro*, publicado em 2017, Berlanza é criador do site Sentinela Lacerdista e do *Boletim da Liberdade*, veículo jornalístico dedicado à cobertura do "ecossistema pró-liberdade do país". Entrevista realizada via Skype em maio de 2016.

MÁRCIA XAVIER DE BRITO é tradutora e frequentou por mais de dez anos o Instituto Liberal do Rio de Janeiro. Foi fundadora e membro do Centro Interdisciplinar de Ética e Economia Personalista (Cieep), é *fellow* da Atlas Network no Brasil e atuou junto a diversas organizações conservadoras norte-americanas e como palestrante sobre temas como cultura, sociedade e política. Entrevista realizada em março de 2018 em São Paulo.

MARCUS BOEIRA foi aluno de Olavo de Carvalho em Porto Alegre, onde frequentou grupos de estudos ligados ao Instituto de Estudos Empresariais e ao Instituto Liberdade. É formado e pós-graduado em direito pela Universidade de São Paulo e autor dos livros *A natureza da democracia constitucional* (2011) e *A Escola de Salamanca e a fundação constitucional do Brasil* (2018). Atualmente exerce o cargo de professor de filosofia do direito na Universidade Federal do Rio Grande do Sul (UFRGS). Entrevista realizada via Skype em julho de 2018.

N. foi funcionário do Instituto Liberal do Rio de Janeiro, onde exerceu as funções de contínuo, mensageiro e segurança entre 1991 e 2017, quando se aposentou. Entrevista realizada em outubro de 2015 no Rio de Janeiro.

PATRÍCIA BUENO NETTO é uma advogada paulistana e doutoranda em direito pela Universidade Presbiteriana Mackenzie que integrou o Movimento Endireita Brasil. Frequentadora assídua de protestos, acompanhou a advogada e professora Janaína Paschoal durante a campanha pelo impeachment de Dilma Rousseff e, a convite de Paschoal, presenciou o depoimento de Rousseff no Senado em agosto de 2016. Em 2018 se lançou como candidata a deputada federal pelo PSL. Entrevista realizada em julho de 2019 em São Paulo.

PAULO BATISTA é empresário do ramo imobiliário que atua no interior do estado de São Paulo e foi candidato a deputado estadual em 2014 pelo Partido Republicano Progressista (PRP) com a campanha virtual que ficou conhecida como "Raio Privatizador". Atualmente é filiado ao Patriota, partido pelo qual disputou as eleições à prefeitura da cidade de Valinhos, no interior de São Paulo, no ano de 2020. Entrevista realizada em setembro de 2017 em São Paulo em conjunto com a doutoranda em ciência política pela Universidade de Berkeley Elizabeth McKenna.

PAULO RABELLO DE CASTRO é doutor em economia pela Universidade de Chicago, diretor-presidente da SR Rating, presidente do Instituto Atlântico e fundador da oscip Instituto Maria Stella. Integra o Comitê de Gestão do Grupo de Líderes Empresariais (Lide), é um dos coordenadores do Movimento Brasil Eficiente (MBE), foi presidente do Instituto Brasileiro de Geografia e Estatística (IBGE) entre 2016 e 2017, e no segundo semestre de 2017 assumiu a presidência do Banco Nacional de Desenvolvimento Econômico e Social (BNDES). Publicou diversos livros, o último, *O mito do governo grátis: O mal das políticas econômicas ilusórias e as lições de 13 países para o Brasil mudar*, foi lançado em 2014. Em 2018 se lançou como candidato à presidência pelo PSC e posteriormente passou a integrar a chapa de Alvaro Dias (Podemos) como candidato a vice-presidente. Entrevista realizada em São Paulo em maio de 2017 em conjunto com a jornalista Agatha Justino.

RAFAELA DE PAULA foi coordenadora do Núcleo de Pesquisa Libertária sobre a Cultura Brasileira do Grupo de Estudos Quintino Bocaiúva formado em conjunto com Cibele Bastos e Edson Chinchilla em 2015 no Rio de Janeiro. Entrevista realizada em novembro de 2015 em São Paulo.

RICARDO VÉLEZ RODRÍGUEZ é colombiano e se formou em filosofia pela Pontifícia Universidad Javeriana e em teologia pelo Seminário Conciliar de Bogotá. Realizou seus estudos de pós-graduação no Brasil na Pontifícia Universidade Católica de São Paulo e na Universidade Gama Filho (1982). É membro da Academia Brasileira de Filosofia, do Instituto Brasileiro de Filosofia (IBF) e do Instituto de Filosofia Luso-Brasileira. Atualmente é conferencista e membro do conselho consultivo da Universidade Católica Portuguesa, professor associado da Universidade Federal de Juiz de Fora, professor-colaborador do Programa de Pós-Graduação em Ciência da Religião da UFJF e professor da Faculdade Arthur Thomas em Londrina. Atuou como ministro da Educação entre janeiro e abril de 2019. Entrevista realizada via Skype em agosto de 2017.

ROBERTO LIMA NETTO foi fundador do Centro Brasileiro de Apoio às Micro e Pequenas Empresas (Cebrae) e presidente da Companhia Siderúrgica Nacional (CSN) e vice-presidente da Federação das Indústrias do Rio de Janeiro (Firjan) na década de 1990. Engenheiro formado pela Universidade Federal de Minas Gerais (UFMG), possui doutorado em planejamento de sistemas econômicos e engenharia industrial pela Universidade de Stanford. Membro do Instituto Atlântico no Rio de Janeiro, exerceu o mandato de deputado federal pelo Partido da Frente Liberal (PFL) entre 1995 e 1999. Além de diversos artigos sobre a privatização das estatais publicados na imprensa diária e especializada, é autor dos livros *Curso básico de finanças* e *Introdução às finanças* (1979) e *Volta por cima* (1993). Entrevista realizada em junho de 2016 no Rio de Janeiro.

RODRIGO CONSTANTINO é economista e colunista brasileiro. É graduado pela Pontifícia Universidade Católica do Rio de Janeiro (PUC-Rio) e possui MBA em Finanças pelo Ibmec. Foi colunista da revista *Veja*, escreveu regularmente para os jornais *Valor Econômico* e *O Globo* e é autor de vários livros, entre os quais *Privatize já!* e *Esquerda caviar*. Foi membro-fundador do Instituto Millenium em 2006 e atualmente é presidente do Conselho Deliberativo do Instituto Liberal do Rio de Janeiro. Entrevista realizada via Skype em dezembro de 2016.

RODRIGO SARAIVA MARINHO é advogado, mestre em direito constitucional e professor da Universidade de Fortaleza (Unifor). É membro do Conselho Editorial da revista *Mises* e membro do Conselho de Administração do Instituto Mises Brasil. Em 2013 fundou e passou a presidir o Instituto Liberal do Nordeste (Ilin), sediado em Fortaleza, Ceará. Nas eleições de 2016 saiu candidato a vereador da cidade de Fortaleza pela tendência Livres, então abrigada no Partido Social Liberal (PSL). Em 2017 colaborou para a organização da Rede Liberdade, que reúne dezenas de organizações civis e grupos de estudo que defendem o capitalismo de livre mercado, e da qual se tornou diretor de operações. Entrevista realizada via Skype em março de 2017.

RODRIGO NEVES se formou em história pela Universidade de São Paulo e militou no movimento estudantil universitário, onde integrou a chapa de direita Reação em 2011 para concorrer ao Diretório Central dos Estudantes e formou o Movimento Liberdade, vinculado a grupos de outras universidades públicas brasileiras. Tornou-se membro da organização Endireita Brasil e passou a trabalhar ao lado de Ricardo Salles no Palácio dos Bandeirantes durante a gestão de Geraldo Alckmin entre 2013 e 2018. Entrevista realizada em abril de 2018 em São Paulo.

THOMAZ MAGALHÃES atua como empresário no Rio de Janeiro. Foi fundador e primeiro presidente do Instituto Atlântico. Em 2002 foi convidado pelo Partido da Frente Liberal (PFL) para coordenar uma possível candidatura de Roseana Sarney nas eleições que iriam ocorrer naquele ano. Entrevista realizada em junho de 2016.

WINSTON LING mora em Xangai há treze anos, é mestre em economia pela Universidade de Chicago e empresário ligado ao grupo Petropar/Évora. Foi membro-fundador do Instituto Liberal do Rio Grande do Sul (que depois se tornou o atual Instituto Liberdade) e do Instituto de Estudos Empresariais. Entrevista realizada via Skype em abril de 2017.

Índice remissivo

1808 (Laurentino Gomes), 110
3º Fórum Liberdade e Democracia (São Paulo, 2016), 168
V Congresso do MBL (São Paulo, 2019), 176

A

ABC, greves do (1978-80), 46
aborto, 115, 130-1, 136-8, 164, 214; movimentos e organizações antiaborto, 137-9
Abranches, Sérgio, 179*n*
acampamentos de movimentos liberais (2013), 157-8
Ação humana, A (Mises), 116
África, 32, 51
"agenda perdida" (base do programa econômico de Palocci), 85
agricultura, 48-9; reforma agrária, 36-7, 48
agronegócio, 130
Aguiar, Bruno, 116
AI-5 (Ato Institucional nº 5), 45
Alagoas, 41
Alborghetti, Luiz Carlos, 107-8, 144
Alckmin, Geraldo, 88, 218
Aleixo, Pedro, 82
Alemanha, 81, 189*n*
Alencar, José de (empresário), 83
Almeida, Ronaldo, 138

alt-right norte-americana, 187*n*
Amélia, Ana, 168
América do Norte, 31
América Latina, 32, 33, 50, 78, 104, 136, 180*n*
Amoêdo, João, 166-7, 171, 191*n*
anarcocapitalismo, 13, 26-7, 29, 97, 118, 129, 150, 170, 181*n*
ANC (produtora de vídeo), 148-9
ancaps, 15, 26
Andrade, Evandro Carlos de, 188*n*
Andrade, Flávio, 62
Andrade, Patrícia Carlos de, 112-3, 188*n*
Andrade Vieira, família, 49
Andreazza, Carlos, 158-60
Anfavea (Associação Nacional dos Fabricantes de Veículos Automotores), 62
Annichinno, Werner, 62
Anpes (Associação Nacional de Programação Econômica e Social), 42-3, 47
Antagonista (TV), 161
Antich, Carlos, 62
antipetismo, 91, 93, 141-2, 144, 147, 151, 154
Arena (Aliança Renovadora Nacional), 60, 174
Argentina, 19, 75, 180-1*n*
Arida, Pérsio, 115
Arinos, Afonso, 65, 72, 183*n*

Arns, d. Paulo Evaristo, 80
Aron, Raymond, 25
Arruda, Armando Nogueira, 40
Ásia, 32
Assembleia Nacional Constituinte (ANC, 1987-8), 59-60, 62-4, 72
Associação Brasileira da Indústria de Eletro Eletrônicos, 47
Associação Brasileira para o Desenvolvimento das Indústrias de Base, 47
ateísmo, 33, 137
Atlas Network (rede global de *think tanks*), 32, 75, 77, 79, 81, 83, 110, 120, 185n, 189n, 211, 215
Austrália, 32
autoritarismo, 11, 19, 46, 48, 82, 156
avião da TAM, queda de (2007), 91
Ayres Filho, Paulo, 38, 39, 50, 58
Azevedo, Reinaldo, 109, 190n

B

Bahia, 41, 56
Bamerindus, Banco, 49
Banco Central, 84-5, 115
Banco de Ideias (revista), 65
Banco do Brasil, 115
Banco Mundial, 51
Bank Boston, 85
Bannon, Steve, 185n
Barbosa, Joaquim, 162, 196n
Bardella, Claudio, 47
Barreto, Vicente, 45
Barros, Ricardo Paes de, 85
Barros, Roque Spencer Maciel de, 45
Bastiat, Frédéric, 26
Bastos, Cibele, 13-4, 24, 99, 114, 116-7, 121, 125, 128, 161, 190n, 212, 216
Batista, Paulo, 147-53, 216
Belluzzo, Luiz Gonzaga, 115

Beltrão, Hélio, 188n
Beltrão Jr., Hélio, 112-4, 128, 149, 168, 188n, 212-4
Berlanza, Lucas, 13-4, 24, 71, 103, 162-3, 184n, 212, 215
BNDES (Banco Nacional de Desenvolvimento Econômico e Social), 115, 211, 216
Boeira, Marcus, 94-5, 97-8, 215
Böhm-Bawerk, Eugen von, 15
Boilesen, Henning, 39, 182n
Bolsa Família, Programa, 85
bolsonarismo, 9, 17, 156, 168, 177
Bolsonaro, Eduardo, 152-3, 166, 172
Bolsonaro, Flávio, 134-5, 168
Bolsonaro, Jair, 9, 16, 41, 87, 132-5, 147, 155-6, 162-3, 165-6, 168-72, 177-8, 191-2n, 197n
Bonfim, Diego, 213
Bornhausen, Jorge, 61, 71-2, 74
Bornhausen, Roberto, 49, 61, 72, 184n
Bovespa, 84
Bradesco, 57
Bragança, Bertrand Maria José de Orleans e, 136
"Brasil sem homofobia" (programa), 133
Brasil: Esse país tem jeito? (Rabello de Castro), 69
Brasília, 46, 56, 65, 140, 142, 154, 156-7, 170, 187n, 192n
Bravo! (revista), 76
Bresser-Pereira, Luís Carlos, 115
Brito, Márcia Xavier de, 76, 78-80, 83, 110, 160, 185n, 215
Brizola, Leonel, 164
BTG Pactual, Banco, 71
Buckley, William, 15, 82
Bueno Netto, Patrícia, 146, 216
Bulhões, Otávio Gouveia de, 42, 46, 82
Burke, Edmund, 23, 180n

Butler, Judith, 36, 182*n*
Butterfield, Collin, 151, 194-5*n*

C

Cairu, Visconde de, 24
Caixa Econômica Federal, 70, 115
Callaghan, James, 31
Câmara, d. Helder, 37
Câmara dos Deputados, 68, 132, 158, 164, 172, 191-2*n*
câmbio, taxas de, 48, 83
Caminho da servidão, O (Hayek), 29, 30, 36, 58, 99, 180*n*
"Campanha contra a estatização" (anos 1970), 46
Campanha da Mulher pela Democracia (anos 1960), 174
Campos, Milton, 82
Campos, Roberto, 39, 42, 46, 47, 51, 55, 77, 82
Canadá, 32
Cansei (movimento de 2007), 91-2, 140, 192*n*
"caos aéreo" (2007), 91
Capalho, Creusa, 42
capitalismo, 15, 24, 28, 33, 43, 46, 50, 53, 63, 70, 101, 105, 113, 181*n*, 218
Cardoso, Fernando Henrique, 71-4, 83, 85, 92, 95, 130, 132, 137
Cardoso, Ruth, 137
Carreirão, Yan, 87
"Carta ao povo brasileiro" (Lula, 2002), 83-5
Carter, Jimmy, 31
Carvalho, Olavo de, 76-7, 93-5, 98, 101, 103-4, 106-11, 123-4, 132, 134-6, 147, 151-2, 159, 161, 164, 170-2, 185*n*, 187-8*n*, 190-1*n*, 215
Casaldáliga, d. Pedro, 80
Casimiro, Flávio Henrique, 184*n*

Casseta e Planeta (grupo humorístico), 161
Castelo Branco, Humberto de Alencar, 42-3, 51, 54-5, 58, 107
Castro, Paulo Rabello de, 47-9, 62, 64-5, 69, 71, 81, 183*n*, 197*n*, 216
Catharino, Alex, 74-5, 77, 79-80, 82, 94, 185*n*, 211-2
Cato Institute, 120-1, 189*n*
catolicismo *ver* Igreja católica
Catolicismo, O (jornal), 38
CBF (Confederação Brasileira de Futebol), 140
CBJP (Comissão Brasileira Justiça e Paz), 193*n*
Ceará, 41, 56, 116, 121, 212, 217
Cedes (Câmara de Estudos e Debates Econômicos e Sociais), 48-50, 62-3, 65, 69
Celeti, Filipe, 99, 118, 144, 167, 169, 214
Centrão, 62-4
centro, 72; "centro radical", 73; "centro", 19; *ver também* "direita envergonhada"
Cezar Coelho, Ronaldo, 72
Chacon, Vamireh, 45
Chafuen, Alejandro, 75
Chávez, Hugo, 105
Chequer, Rogério, 151, 194-5*n*
"chicaguistas" *ver* Escola de Chicago
Chile, 23, 34-5
Chiocca, Cristiano, 114, 188*n*, 212-3
Chiocca, Fernando, 114, 188*n*, 212-3
"choque de democracia" (2013), 143
"choque progressista" (governo Dilma), 130-1
Chorodov, Frank, 28
Churchill, Winston, 123
CIA (Central Intelligence Agency), 12
Cieep (Centro Interdisciplinar de Ética e Economia Personalista), 79-80, 94, 196*n*, 211, 215

Cipe (Center for International Private Enterprise), 68, 184*n*
classes trabalhadoras, 63
CNBB (Comissão Nacional dos Bispos do Brasil), 140, 193*n*
Collor de Mello, Fernando, 69, 72, 179*n*
Colóquio Walter Lippmann (Paris, 1938), 24-5, 27
"Combatendo a corrupção eleitoral" (projeto da CBJP, 1997), 193*n*
Comissão Afonso Arinos, 65, 183*n*
Comissão de Direitos Humanos da Câmara dos Deputados, 132, 164
Comissão Nacional da Verdade (CNV), 131, 133
Comissão Nacional de Moral e Civismo (órgão da ditadura militar), 44
Como vencer um debate sem precisar ter razão (Schopenhauer), 188*n*
comunidades eclesiais de base, 37
comunismo, 27, 33-4, 36-7, 39, 41, 44, 56-7, 59, 78, 105-6, 111, 130, 144, 148, 174, 182*n*; anticomunismo, 19, 28, 33, 40-4, 56-7, 130, 169, 174
Confederação Nacional da Indústria, 47
Confissões de um ex-libertário: Salvando o liberalismo dos liberais modernos (Constantino), 197*n*
Congresso Nacional, 60, 132, 140, 154, 158, 172, 183*n*, 192*n*
Consciência conservadora no Brasil, A (Mercadante), 45
Conselho Federal de Cultura, 45
conservadorismo, 9, 15, 19, 21-3, 32, 35, 38, 40, 44, 49, 57-8, 76, 115, 129-31, 136-8, 162-6, 177, 181*n*; cristãos conservadores, 138; "cultura da vida" e, 138; liberais-conservadores, 58, 81, 129,

162-3; moral, 180*n*; mulheres conservadoras, 174, 182*n*; mulheres conservadoras, 137; "neoconservadorismo", 23, 180*n*; "neoliberalismo-conservador", 180*n*
Constantino, Rodrigo, 10, 100, 108, 112, 120, 124, 126-7, 159, 160, 162, 170, 197*n*, 217
Constituição brasileira (1988), 17, 59, 62-3, 65, 70, 183*n*
Contador, Cláudio, 68
Convívio *ver* Sociedade Convívio (organização católica)
Convivium (revista anticomunista), 41, 183*n*
Copersucar, 62
Cordeiro, Janaína, 173-4
corrupção, 18, 86, 107, 139-44, 146, 154, 156, 158, 193-4*n*
Costa, João Cruz, 40
Couto e Silva, Golbery do, 39
Covas, Mário, 64, 72
Crane, Ed, 189*n*
Crippa, Adolpho, 42, 44, 56
Crippa, Domingos, padre, 40-1
crise econômica de 1929, 24-5
crise política brasileira, 139, 143, 155
Cruz, Francisco Brito, 171
Cuba, 102, 150, 185*n*, 192*n*
"cultura da vida", 138
Cunha, Eduardo, 158
Cunha, Martim Vasques da, 178
CUT (Central Única dos Trabalhadores), 192*n*

D

D'Urso, Luiz Flávio, 91
Dalrymple, Theodore, 111
Dardot, Pierre, 32, 181*n*

Dawson, Christopher, 111
Delfim Netto, Antônio, 42, 57, 60
DEM (Democratas, partido brasileiro), 92, 118, 126, 168-9
demarquia, 61-2
DeMillus, 51
democracia, 33, 35, 97, 143, 159, 215; abertura democrática brasileira, 59
desenvolvimentismo, 48, 63, 166
desenvolvimento social, 50
desigualdade(s), 18, 33, 105, 179*n*, 197*n*
"Dia da Liberdade de Impostos" (manifestação liberal), 139, 192*n*
Diário do Comércio (jornal), 76
Dias, Álvaro, 197*n*
Dicta&Contradicta (revista), 116, 214
Diniz, Arthur Chagas, 54-5, 71-2, 74, 127, 212
Dirceu, José, 86
direita, 19-21, 139, 146, 159, 165, 174-5; "envergonhada", 9, 19, 90-1, 159; extrema direita, 17, 22; livros de direita no Brasil, 158-61; "menos Marx, mais Mises" como mote da nova direita, 13; militância de, 43, 175; nova direita, 9-10, 13, 16-8, 20, 26, 83, 87, 93, 95, 104, 108-9, 111-2, 118, 129-30, 132, 135-6, 139, 144, 146-7, 152, 156, 158, 160-3, 168-9, 172, 174, 177-9, 187*n*, 194*n*; tradicional, 9-10, 14, 36, 177; *ver também* liberalismo; *think tanks*
direito de propriedade, 35, 38
Direito, legislação e liberdade (Hayek), 51
direitos civis, 33
direitos das mulheres, 18, 136-8
direitos humanos, 23, 130, 192*n*
ditadura militar brasileira (1964-85), 18-9, 40, 43, 45, 82, 90, 95, 107, 131, 142, 156, 165-6, 175, 177, 182*n*

ditadura militar chilena (1973-90), 23, 31, 33, 35
DOI-Codi (Destacamento de Operações de Informação — Centro de Operações de Defesa Interna), 131
Domingos, Guilherme Afif, 62
Doria Jr., João, 91-2, 169
"Dragão do Mar" (grupo de estudos na Universidade Federal do Ceará), 116, 212
Dreifuss, René, 49, 59-60
Dugin, Aleksandr, 185*n*
Duratex, 47, 62

E

É Realizações (editora), 110-1, 160
Ecisa (construtora), 51, 59, 66
Economist, The (revista), 195*n*
educação moral e cívica (disciplina escolar), 44
eleições de 2018, 162, 172-3, 194*n*
elites, 30, 32, 42, 65, 83, 91, 173, 175
emendas constitucionais, 63-4, 70
empresários, 17-8, 29, 38-9, 41, 46-7, 49-55, 57-60, 62, 64-5, 68-9, 71, 74-5, 79, 81-3, 113, 127-9, 150, 155, 182*n*, 194*n*, 196*n*
Endireita Brasil *ver* Movimento Endireita Brasil
EPL (Estudantes Pela Liberdade), 124-7, 145-6, 161, 213, 215
Época (revista), 185*n*
Escola Austríaca, 24, 29, 100, 181*n*
Escola da Escolha Pública de Virgínia, 26
Escola de Chicago, 26, 29, 31, 47, 51, 181*n*
"Escola sem homofobia" (programa educacional), 133

Escola Sem Partido (movimento), 187n

Escola Superior de Guerra, 82, 213

esfera pública, 18-9, 21, 24, 77, 93-4, 98, 101, 103-4, 109, 158, 162, 171, 173, 175-7

Espelho de Próspero, O (Morse), 182n

Espírito Santo, 126, 215

esquerda, 9, 21, 72-3, 77-8, 103, 132, 139, 146, 151, 157, 159, 164-5, 175, 177, 192n, 197n; católica, 36, 37, 38, 80; "hegemonia cultural esquerdista", 9, 20, 83, 103, 115, 186-7n

Esquerda caviar. A hipocrisia dos intelectuais e artistas progressistas no Brasil e no mundo (Constantino), 159, 217

Estado de bem-estar social, 30, 73-4

Estado intervencionista *ver* intervencionismo estatal

Estados Unidos, 27-9, 31-3, 50-1, 69, 76, 79, 92, 114, 121, 181n, 184n, 189-90n, 214

estatais, empresas e instituições, 48, 63, 115, 181n, 217

estatização, 46-7, 52

estudantil, ativismo/movimento, 15, 122, 125, 148, 190n, 218

Estudo de Problemas Brasileiros (EPB, curso do período militar), 44

Europa, 22, 32, 73, 130

evangélicos/igrejas evangélicas, 58, 130, 134, 138

Everaldo, pastor, 164, 167

Évora (holding, ex-Petropar), 52, 113, 190n, 218

F

fabiano, socialismo *ver* Sociedade Fabiana (Inglaterra)

Facebook, 14, 19, 94, 114, 117, 120, 139, 142, 146-7, 151, 156-7, 197n

Faculdade de Direito do Largo São Francisco, 45, 88, 90

falhas de mercado, 25

Faria, Marcelo, 148

fascismo, 21

Feliciano, Marco, 164

feminismo, 19, 37, 130, 136-7, 139

Fernandes, Fernando, 123, 164-5, 169, 213

Fernandes, Florestan, 18

Ferreira, Oliveiros S., 42, 45

FGTS (Fundo de Garantia por Tempo de Serviço), 70

Ficha Limpa, projeto/lei da, 140

Fiesp (Federação das Indústrias do Estado de São Paulo), 47, 182n, 196n

Figueiredo, João, 60

Fipe (Fundação Instituto de Pesquisas Econômicas), 49

Fisher, Antony, 30, 51

fisiologismo, 60

Folha de S.Paulo (jornal), 84, 92, 150, 160, 183n, 186n, 191n, 195n, 214

Fonseca, Joel Pinheiro da, 100, 103, 116-7, 143, 214

Forbes (revista), 114

Força Sindical, 70, 192n

Foro de São Paulo (organização de esquerda), 77, 104, 185n

foro privilegiado, 141, 192n

Fortaleza (CE), 116-7, 121, 126, 128, 169, 212, 217

Fórum da Liberdade (Porto Alegre), 65, 79, 81, 112, 129, 170

Fórum da Liberdade e Democracia (Vitória), 126

Fórum Social Mundial, 105

Foundation for Economic Education (FEE), 28-9, 38, 50, 121, 125

Fraga, Armínio, 84, 115

França, 187n
França, Felipe Melo, 167
Freeden, Michael, 21, 26
Freedom Project, The (organização norte-americana), 79
Freedom School (Colorado Springs), 28
Freeman (revista), 28
Friedman, Milton, 25, 28-9, 31-2, 36, 38, 42, 45-6, 51
funcionamento do mercado, 25
Fundação Friedrich Naumann (Alemanha), 81, 120, 127, 189n
Fundação Perseu Abramo, 88, 186n, 189n
Fundamentos da liberdade (Hayek), 46

G

Galvêas, Ernane, 60, 70
Garcez, Lucas Nogueira, 40
Garcia, Marco Aurélio, 106
Garcia, Priscila, 106
Garschagen, Bruno, 160, 185n
gasolina, 139, 192n
Gazeta do Povo (jornal), 190n
Gazeta Mercantil (jornal), 47
Geisel, Ernesto, 46-7, 58-9
gênero, sexo e orientação sexual, questões de, 136
Genro, Tarso, 106
Gentili, Danilo, 150, 161, 196n
Gerdau Johanpeter, Jorge, 47, 52, 65, 72, 184n
Giddens, Anthony, 73
Globo, O (jornal), 76, 110, 120, 158, 188n, 217
Globo, Rede, 109
Goldwater, Barry, 197n
golpe civil-militar (1964), 37, 38, 42, 46, 57, 82, 130

Gomes, Ciro, 85
Gomes, Laurentino, 110
Gomes, Severo, 47
Gonçalves, Rodrigo, 41
Good Society, The (Lippmann), 180n
Goodrich, James P., 28
Goodrich, Pierre F., 28
Goulart, João, 40, 43, 182n
"governo mundial", 77
Gramsci, Antonio, 96
Greenpeace (ONG), 140
greves do ABC (1978-80), 46
Grinberg, Lúcia, 174
Gros, Denise, 184n
Grupo Abril, 113
Grupo Bardella, 47
Grupo de Estudos Domingos Martins (Espírito Santo), 126, 215
Grupo Editorial Record, 109-10, 158, 160
Grupo Fenícia, 61-2
Grupo Gerdau, 47, 56, 113
Grupo Globo, 188n
Grupo Iochpe, 56
Grupo Localiza, 190n
Grupo Ultra, 113, 182n, 214
Grupo Villares, 47
Gudin, Eugênio, 38, 46, 182n
Guedes, Paulo, 71, 81, 100, 112-3, 126, 170
Guerra pela eternidade: O retorno do tradicionalismo e a ascensão da direita (Teitelbaum), 185n
Guia politicamente incorreto do Brasil, O (Narloch), 110
Guzmán, Jaime, 33, 35

H

Harper, F. A., 28
Hasselmann, Joice, 172

Hattem, Marcel van, 129, 146, 148-50, 172, 194n

Hayek, Friedrich von, 12, 24-6, 29-32, 34, 36, 38, 45, 46, 50-1, 62, 99, 180-1n, 197n, 214

Hazlitt, Henry, 188n

Hidroservice, 45, 51-2, 55

História das ideias filosóficas no Brasil (Paim), 45, 212

"Homem de Visão" (prêmio), 52

homofobia, 130, 133-4

Hummes, d. Cláudio, 80

Husbands Jr., Sam, 189n

I

ianomâmis, índios, 132

IBF (Instituto Brasileiro de Filosofia), 40-1, 44-5, 56-7, 211, 217

Idade Média, 35

Ideias filosóficas no Brasil, As (org. Adolpho Crippa), 44

Ideias políticas no Brasil, As (org. Adolpho Crippa), 45

"ideologia de gênero", 136

ideologias políticas, 14, 20-2, 26-7

ideologias modulares, 22, 26

IEE (Instituto de Estudos Empresariais), 52, 65, 81, 112

Igreja católica, 33-4, 36-8, 58, 80, 98, 130, 136, 174, 182n

Ilin (Instituto Liberal do Nordeste), 212, 215, 217

ILs (Institutos Liberais), 64, 67, 69, 74-5, 78-9, 128, 184n

Iluminismo, 22

IMB (Instituto Mises Brasil), 114, 120, 126, 128, 149, 160, 166, 168, 185n, 188n, 211-4, 217

Imbecil coletivo, O (Carvalho), 76-8, 93

impeachment de Collor, 179n

impeachment de Dilma, 10, 151-6, 158-9, 162, 167, 168, 172, 216

impeachment de Lula, campanha pelo, 88, 93, 96

Impostômetro, 139, 192n

impostos/tributação, 76, 115, 139, 188n, 192n, 196n

imprensa, 11, 39, 46, 71, 77, 86, 88, 125, 132, 135, 152, 195n, 217

indígenas, 18, 130, 132, 191n

individualismo possessivo, conceito de, 32-3

inflação, 31, 34, 63, 65, 74, 83-4

infraestrutura essencial, 115

Inglaterra, 31, 33

Institute for Humane Studies (IHS, Califórnia), 28, 32

Institute of Economic Affairs (IEA, Londres), 31-2, 51

Instituto Atlântico (IA), 69-71, 79, 183n, 216-8

Instituto de Estudos Empresariais (IEE), 52-4, 79, 112-3, 120, 125, 166, 189n, 213, 215, 218

Instituto Liberal (IL-Rio de Janeiro), 10-3, 24, 27, 51-6, 58-9, 64-6, 68, 71-2, 74-5, 77, 79, 82, 102, 120, 126-9, 149, 157, 161-2, 176, 183-4n, 188-90n, 196n, 211-7

Instituto Liberal de São Paulo, 56-8, 61-2, 67, 148, 150

Instituto Liberal do Rio Grande do Sul (atual Instituto Liberdade), 78-9, 213, 215, 218

Instituto Lula, 142

Instituto Millenium (Imil, ex-Instituto da Realidade Nacional), 112-3, 120, 126, 128, 188-90n, 214-5, 217

Instituto Olavo de Carvalho, 111

Instituto Ordem Livre, 121, 125, 213

intervencionismo estatal, 25, 34, 48, 82

investimentos estrangeiros, estímulos a, 63

IPCO (Instituto Plinio Corrêa de Oliveira), 36, 136-7, 182-3n, 211, 214

Ipea (Instituto de Pesquisa Econômica Aplicada), 170

IPES (Instituto de Pesquisa e Estudos Sociais), 38-9, 41-3, 58

Itaú, Banco, 166

J

Jacob, Jorge Simeira, 61-2, 184n

Jardim das aflições, O (Carvalho), 76-7

Jeová Neto, 116

João XXIII, papa, 33

Jornal da Tarde, 76

Jornal do Brasil, 76, 212

K

Kassab, Gilberto, 142

Kataguiri, Kim, 157, 160, 172, 190n

Keynes, John Maynard, 30

Kicis, Bia, 172

Kim, César, 111

Kirk, Russel, 15, 211

Kirk, Russell, 111

"kit gay", 133

Koch, David e Charles G., 189-90n

Korontai, Thomas, 108, 188n

L

Lacerda, Carlos, 82, 106, 165

Lacerda, Marina Basso, 180n

laissez-faire (liberalismo econômico), 24, 25; *ver também* liberalismo

Lamachia, Carlos, 192n

Lamarca, Carlos, 131

Lane, Rose Wilder, 29

Lava Jato, Operação, 151, 154, 156

Laval, Christian, 32, 181n

LeFevre, Robert, 28

leftlibs, 15, 163, 167, 197n

Lei Maria da Penha (2006), 130

lei natural, 38

Lembo, Cláudio, 92

Leme, Og, 51, 55, 68-9, 72, 77, 82, 185n, 211

Leonelli, Domingos, 64

LGBT+, comunidade, 19, 130-1, 133, 135-6, 138, 179n

Líber (Partido Libertário Brasileiro), 117, 118, 121, 124-5, 127, 143-5, 147-50, 163, 192n, 212, 213-4

liberalismo, 21-6, 35, 43, 55, 62, 64, 67, 82, 99, 114, 121, 149, 180n, 189n, 212; argentino, 180n; como macroideologia política, 26; contexto anglo-saxão, 50, 180n, 184n; economia liberal como parte da lei natural, 38; econômico, 24, 43, 114, 121, 189n; igualitário, 26; liberais-conservadores, 58, 81, 129, 162-3; liberal-conservadorismo, 180n; ordoliberalismo, 25; pensamento liberal, 82, 125, 159, 163; político, 24, 35; ultraliberalismo, 15, 20, 27, 46, 81, 101-2, 108, 112-5, 117, 127, 139, 143-5, 147-50, 152, 162-3, 165-7, 170-1, 175, 177, 189-90n; *ver também* direita; neoliberalismo; *think tanks*

Liberalismo da Zoeira (página do Facebook), 157, 190n

Liberdade na Estrada (projeto do Instituto Ordem Livre), 121-2, 160

liberdade política, 24, 35

Liberdade UnB (grupo), 190n

liberdades individuais, 30

Libertarian Party (EUA), 50, 117, 189n, 214

libertarianismo, 11, 25-7, 149, 180-1n, 189n, 197n; "movimento libertariano moderno", 29

Liberty Fund (Indianapolis), 28, 52, 76, 81

Lima Netto, Roberto, 217

Lindenberg, Adolpho, 36, 38, 40, 58, 182-3n, 211

Ling, família, 56, 81, 190n

Ling, Sheun Ming, 52

Ling, William, 52

Ling, Winston, 52-4, 56, 64, 78-9, 170, 183n, 218

Lins, Igor, 187n

Lippmann, Walter, 24, 30, 180n

Lisboa, Marcos, 85, 115

Livraria Cultura, 116

livre mercado, 9, 11, 14, 23, 25-9, 33, 40, 43-4, 46, 53-4, 70, 77, 78, 80, 98, 101, 113-5, 120, 129, 136, 162, 164, 166, 170-1, 181n, 188n, 218; *ver também* liberalismo; mercado; neoliberalismo

Livres (tendência partidária), 162, 167, 169, 217-8

livros de direita no Brasil, 158-61

Lobão (músico), 161

London School of Economics, 30

Lula da Silva, Luiz Inácio, 19, 83-6, 88-93, 96, 109, 130, 131, 138, 141-4, 146, 154, 171, 191n

Lula é minha anta (Mainardi), 109

lulismo, 20, 81, 89-91, 147, 161, 171

Lulismo no poder, O (Pereira), 110

Luther King Jr., Martin, 92

M

Macedo, Ubiratan Borges de, 45

Machado, Luiz Alberto, 57

Maciel, Marco, 57, 62, 65, 71, 74

Macpherson, C. B., 32

macroideologias, 21-2, 26

Madureira, Marcelo, 161

Mafaldo, Lucas, 121

Magalhães, Thomaz, 69-71, 218

Mainardi, Diogo, 109

Maksoud e Você (programa de TV), 54

Maksoud, Henry, 45-6, 50-2, 54-5, 61

Manela, Nahum, 51

Manhattan Connection (programa de TV), 109

manifestações de junho (2013), 139, 143-6, 152, 167, 194n

Maranhão, 41, 123, 169, 215

"Marcha da Família com Deus pela Liberdade" (São Paulo, 1964), 37, 174, 182n

Marcha da Maconha/Marcha pela Liberdade (São Paulo, 2011), 139, 192n

Marcha das Vadias, 104, 139

Marcondes, Sérgio, 105

Marinho, família, 120

Marinho, Rodrigo Saraiva, 128, 149, 169, 191n, 212, 217

Mário, Covas, 72

Martins, Ives Gandra, 39

Martins, Paulo Eduardo, 149

Marx, Karl, 13, 101

marxismo, 76, 78, 93, 105, 111, 123-4, 182n

Mascarenhas, Eduardo, 70

Matarazzo, Andrea, 116

Mater et Magistra (encíclica papal de 1961), 33

Mattar, Salim, 81, 190n

Máximas de um país mínimo
(Azevedo), 109
Mayer, d. Antônio de Castro, 37
MBL (Movimento Brasil Livre), 88,
90, 145-6, 152-4, 156-8, 160, 167,
169, 176, 177, 213
MCCE (Movimento Contra a
Corrupção Eleitoral), 140, 193n
MDB (Movimento Democrático
Brasileiro), 155
Medalha Tiradentes, 191n
Medeiros, Jonas, 187n
Médici, Emílio Garrastazu, 45
meios de produção, propriedade
privada dos, 34
Meira Penna, José Osvaldo de, 77-8
Meirelles, Henrique, 85
Melo, Raduán, 116
memes da internet, 190n
Mendonça, Jacy, 62
Menegale, Gabriel, 125, 128, 214
Menezes, Flávio Teles, 62
Menezes, Pedro, 125
"mensalão", escândalo do (2005), 19,
86-8, 90-1, 109, 141, 151, 186n
Mercadante, Paulo, 42, 45
mercado: analistas de, 83-4; como
fundamento da sociedade natural,
34; como obra espontânea da
natureza humana, 34; Estado
subsidiário ao, 34; falhas de, 25;
financeiro, 83-4, 100, 191n, 194n;
funcionamento do, 25; ideário pró-
mercado, 12, 29-32, 36, 42-3, 45, 46,
52-3, 55-8, 69, 74, 79, 81, 113, 180n,
189n; lógica de, 113; radicalismo
de, 9, 26, 114, 144, 165; *ver também*
liberalismo; livre mercado;
neoliberalismo
mercado editorial brasileiro, livros de
direita no, 158-61
Mercado Popular (blog), 167, 215

Metal Leve S.A., 47
mídia, 86, 98, 105, 108, 113, 120, 136,
145, 154, 156, 158, 161, 167
Mídia Sem Máscara (MSN, site), 78,
93, 104-5, 108-9, 122
Mill, John Stuart, 26
minarquismo, 26-7, 29, 181n
Minas Gerais, 56, 172, 213, 217
Mindlin, José, 47
*Mínimo que você precisa saber para
não ser um idiota, O* (Carvalho),
159-60
Ministério da Defesa, 132
Ministério da Educação, 44, 133
Ministério da Fazenda, 42, 65, 85-6,
170, 182n, 197n
Ministério do Meio-Ambiente, 87
Ministério do Planejamento, 42, 54-
5, 212
Ministério Público, 148
Mises, Ludwig von, 13, 24-6, 28-30,
36, 38, 45, 77, 83, 100-2, 110, 114,
116, 217
Mises, Margit von, 188n
Mises Institute (EUA), 114, 188n
moeda, monopólio da, 115
Moinho Pacífico, 51
Montoro, Franco, 72
Moraes, Antonio Ermírio de, 47
Moreira, Roger, 161
Morgenstern, Flávio, 123, 160, 190n
Moro, Sérgio, 154
Morse, Richard, 182n
Motta, Rodrigo Pato Sá, 173
Movimento Basta!, 194n
Movimento Contra a Impunidade e a
Corrupção (Porto Alegre), 192n
Movimento Endireita Brasil, 87-8, 90,
93, 122, 129, 186n, 216, 218
Movimento Liberdade USP, 190n
"movimento libertariano moderno", 29
movimentos sociais, 9, 130

MPL (Movimento Passe Livre), 143
MST (Movimento dos Trabalhadores Sem Terra), 80, 106
mulheres conservadoras, 137, 174, 182n
mulheres, direitos das, 18, 136-8
MUP (Movimento de Unidade Progressista), 64, 72

N

N. (funcionário do IL-RJ), 66, 216
nacionalismo, 22, 180n
Não foi golpe: Os bastidores da luta nas ruas pelo impeachment de Dilma (Zambelli), 196n
Narloch, Leandro, 110
NasRuas (coletivo), 142, 158
negros: direitos dos, 18-9; violência contra, 131, 179n
neoliberalismo, 9, 23-6, 30, 33-6, 49, 74, 99, 101, 115, 180-1n; "neoliberalismo progressista", 23; "neoliberalismo-conservador", 180n; políticas neoliberais, 23, 31; *ver também* liberalismo
networking empresarial, 74, 79
Neves, Aécio, 102, 195n
Neves, Rodrigo, 88, 122, 129, 160, 186n, 190n, 218
Nobre, Marcos, 18, 143
Noite, The (programa de TV), 161
Nolan, David, 189n
Nordeste brasileiro, 61, 128, 136, 149, 212, 215, 217
North, Douglass, 75
Notas (revista), 65, 68
Nova era e a revolução cultural: Frijtof Capra e Antonio Gramsci, A (Carvalho), 76, 95
Nova Zelândia, 32

Novo (partido), 127, 150, 162, 165-6, 169-72, 191n, 194n, 212-3
Novo conservadorismo brasileiro: De Reagan a Bolsonaro, O (Basso Lacerda), 180n
Novo jogo, velhas regras: Democracia e direito na era da nova propaganda política e das Fake News (Cruz), 171

O

OAB (Ordem dos Advogados do Brasil), 91, 140, 192n
objetivismo, 26-7, 29, 181n
Observações sobre o comércio franco no Brasil (Visconde de Cairu), 24
Odebrecht, Emílio, 64-5
Odebrecht, Norberto, 62
Oliveira, Plinio Corrêa de, 36-7, 39, 57, 137, 211, 214
Operação Bandeirante (Oban), 182n
Opus Dei (organização católica tradicionalista), 77
ordoliberalismo, 25
Organizações Globo, 113
orientação sexual, sexo e gênero, questões de, 136
Oriente Médio, 32
Orkut, 14-5, 19, 80, 93-5, 97-101, 103, 106-8, 112-4, 116-8, 120, 122-3, 127, 139, 141-2, 144, 159, 164, 167, 171
Orleans e Bragança, Bertrand Maria José de, 136
Ortega Y Gasset, José, 163
Ostermann, Fábio, 90, 120-1, 124, 128, 145-6, 148, 152, 157, 166-9, 172, 186n, 189n, 213

P

Paim, Antonio, 42, 45, 58, 60, 211
País dos petralhas, O (Azevedo), 109
palavrões (usados por militantes de
direita), 107
Palocci, Antonio, 85-6
Parada do Orgulho Gay de São Paulo,
133-4
Paraíba, 41
Paraná, 41, 56, 192*n*
Pare de acreditar no governo
(Garschagen), 160
parlamentarismo, 72
Parnes, Hannah, 187*n*
Partido Conservador (Inglaterra),
181*n*
Partido Federalista (Brasil), 108, 127,
188*n*
Partido Liberal (Brasil), 83
Partido Liberal (Inglaterra), 181*n*
Partido Libertário Brasileiro *ver*
Líber
Partido Novo *ver* Novo
Partido Republicano (EUA), 28, 189*n*
Partido Trabalhista (Inglaterra), 181*n*
partidos políticos, 35, 107, 125, 153,
155; *ver também* política; sistema
político
Paschoal, Janaína, 172, 216
Passarelli, Silvio, 57
Pastoral da Terra, 80
patentes e direitos autorais, 115
Paterson, Isabel, 29
Patriota (partido), 169-70, 212-3, 216
Paul, Ron, 188*n*
Paula, Heitor de, 108
Paula, Rafaela de, 102, 114, 216
"Paz no Campo" (movimento
católico conservador), 37
PCB (Partido Comunista Brasileiro),
211

PCdoB (Partido Comunista do Brasil),
123, 132, 150, 169, 192*n*
PCO (Partido da Causa Operária), 150
PDC (Partido Democrata Cristão), 132
PDS (Partido Democrático Social),
60, 63
Pedro II, d., 136
PEN (Partido Ecológico Nacional), 169
Pereira, Merval, 110
Pernambuco, 41
Pessoa, Samuel, 115
petróleo, 48, 189*n*
Petropar (holding), 52, 218
PFL (Partido da Frente Liberal), 60-3,
71, 74, 92, 217-8
Pih, Lawrence, 51
Pinochet, Augusto, 23, 31, 33, 35
Plano K, 69
Plano Real, 74
PMDB (Partido do Movimento
Democrático Brasileiro), 63-4, 72,
87, 158, 165
PMN (Partido da Mobilização
Nacional), 140
Podemos (partido), 197*n*
política: institucional, 70, 139, 162;
internacional, 77; monetária
e fiscal, 70, 115; sistema
político, 18, 30, 86-7, 143, 154-5;
tradicional, 155-6
"política do choque", 104, 108, 135,
162, 177, 187*n*
Politicamente incorreto (Gentili), 161
"politicamente incorreto", 110, 161-2
políticas públicas, 21, 27, 32, 42-3, 49,
71, 113, 166, 181*n*
Pondé, Luiz Felipe, 126
Por trás da máscara (Morgenstern),
160, 190*n*
porte de armas, políticas de, 115
Porto Alegre (RS), 39, 65, 81, 95, 120,
139, 169, 192*n*, 213, 215

position papers, 65, 184*n*
Power, Timothy, 19
PP (Partido Progressista), 165, 179*n*, 192*n*, 194*n*
PPB (Partido Progressista Brasileiro), 132
PR (Partido da República), 169
pragmatismo político, 15, 169, 178
"presidencialismo de coalizão", 18, 179*n*
Previdência Social, 70
Primeiro Documento dos Empresários (Brasil, 1978), 47, 52
Prisioneiros da liberdade (Constantino), 109
privatizações, 58, 60, 70, 74, 217
Processo de Reorganização Nacional (Argentina), 35
Programa Nacional de Direitos Humanos (PNDH 3 - 2009), 138
propriedade privada, 27, 34, 181*n*, 188*n*
protestos no Brasil, ciclo de, 18, 139-45, 149, 151, 153-6, 192*n*, 194*n*; *ver também* manifestações de junho (2013)
PRP (Partido Republicano Progressista), 147, 149, 216
PSB (Partido Socialista Brasileiro), 64
PSC (Partido Social Cristão), 11-2, 162-7, 169, 172, 196-7*n*, 212-3, 216
PSD (Partido Social Democrático), 142
PSDB (Partido da Social Democracia Brasileira), 60-1, 67, 70-4, 86, 88, 91, 101, 137, 147, 150-1, 155, 169, 195*n*
PSL (Partido Social Liberal), 127, 167, 169-72, 194*n*, 212-3, 216, 218
Psol (Partido Socialismo e Liberdade), 122, 192*n*
PSTU (Partido Socialista dos Trabalhadores Unificado), 150

PT (Partido dos Trabalhadores), 10-1, 18, 80, 83-9, 91, 95-7, 102, 107, 109-10, 130, 132-3, 135, 141-4, 146, 150-2, 155-6, 158, 161-2, 165, 178, 185-6*n*, 190-2*n*, 194-5*n*
PUC (Pontifícia Universidade Católica), 41, 88, 211, 217

Q

Quem é esse moleque para estar na Folha? (Kataguiri), 196*n*
quilombolas, 130

R

"Raio Privatizador" (campanha virtual), 147-9, 152, 216
Rand, Ayn, 15, 29, 181*n*
Read, Leonard, 28, 50
Reader's Digest (revista), 30
Reagan, Ronald, 31, 184*n*, 189*n*
Reale, Miguel, 40, 42, 45, 57
Rebelo, Aldo, 132, 191*n*
Record *ver* Grupo Editorial Record
Rede Liberdade, 191*n*
redemocratização brasileira, 9, 17, 19-20, 130, 132, 137, 146, 172
redes sociais, 15, 94, 102, 106, 119, 136, 142, 155-6, 162, 171, 175, 195*n*
reforma agrária, 36-7, 48
Reforma agrária, Questão de consciência (Oliveira), 37
Reforma Protestante, 22
Reis, Diego, 13
Reis, Marcello, 142, 144, 152, 154, 156
renda mínima, políticas de, 115
Renovação Liberal (movimento), 148, 152
Revolta de Atlas, A (Rand), 29, 181*n*

Revoltados Online (página do Facebook), 142, 144, 150, 152, 154, 156, 158
Revolução Francesa (1789), 23, 35
Ribeiro, Antonio Luiz, 105
Richa, José, 72
Rio de Janeiro, 10-1, 13, 24, 27, 39, 41, 43, 48, 51, 53-5, 58, 65, 67, 69-71, 75, 77-80, 102, 107, 112, 123, 127, 132-4, 140, 142, 156, 161, 168, 172, 182-3n, 188n, 192n, 194n, 196n, 211-8
Rio de Paz (ONG), 140
Rio Grande do Norte, 121
Rio Grande do Sul, 41, 52-3, 56, 78, 121, 146, 166, 168, 172, 192n, 194n, 213, 215, 218
Rockwell Jr., Llewellyn H., 188n
Rogier, Louis, 24-5
Ropke, Wilhelm, 25
Roriz, Jaqueline, 140
Rosário, Maria do, 133
Rosenfield, Denis Lerrer, 113
Rothbard, Murray, 15, 46, 188-9n, 212-3
Rousseff, Dilma, 10, 131, 140, 146, 150-2, 154, 156-7, 159, 162, 165, 167-8, 196n, 216
Rustow, Alexander, 25

S

Sachsida, Adolfo, 149, 170
Saldanha, Nelson, 42, 45
Sales, d. Eugênio, 80
Salles, Ricardo, 87-8, 129, 218
Sallum Jr., Brasílio, 63
Sanbra, 62
Santa Catarina, 41, 192n
Santana, Jaime, 72
Santoro, Bernardo, 11-3, 101, 124, 127, 162-4, 167-70, 172, 176, 194n, 212

Santos, Alexandre, 148
Santos, Antônio de Oliveira, 59
Santos, Renan, 90, 148-9, 152-3, 195n
São Paulo, 10, 36-41, 48, 56-8, 61-2, 67, 70, 72, 77-9, 91-2, 104, 114, 118-9, 128, 139-42, 144, 147-50, 154-5, 161, 168-9, 176, 182n, 185n, 189n, 192n, 196n, 211, 213-8
Sapientiam Autem Non Vincit Malitia (blog de Olavo de Carvalho), 76
Sarney, José, 65, 72, 73
Sarney, Roseana, 71, 218
saúde pública, 138
SBT (Sistema Brasileiro de Televisão), 150, 161
Scalco, Euclides, 72
Scheinkman, José Alexandre, 85
Schopenhauer, Arthur, 188n
Scruton, Roger, 15, 22, 111, 160
Secretaria de Direitos Humanos, 133
Senado, 68
Sentidos do lulismo, Os (Singer), 11
Sepúlveda, José Carlos, 136, 137, 214
Sergipe, 41
Serra, José, 137, 153
Setúbal Filho, Laerte, 47
Setúbal, Laerte, 47, 62
Seu Jorge (cantor), 91
sexo, gênero e orientação sexual, questões de, 136
Sigaud, d. Geraldo de Proença, 37
Sindicato do Açúcar de São Paulo, 62
sindicatos, 12, 73, 91
Singer, André, 11, 89, 140, 186n
sistema político, 18, 30, 86-7, 143, 154-5
SNI (Sistema Nacional de Informações), 40
Soares, Delúbio, 186n
social-democracia, 23, 31, 46, 73, 78, 115

socialismo, 21, 31, 34-5, 37, 100

sociedade civil, 30, 58, 103, 112, 118, 120, 129-30, 136, 143, 173, 175, 189*n*

Sociedade Convívio (organização católica), 40-1, 44-5, 56-7, 183*n*

Sociedade de Mont Pèlerin (Suíça), 30, 38, 52, 67, 75

Sociedade Fabiana (Inglaterra), 31, 181*n*

sociedade natural, 34

Sociedade Rural Brasileira, 49, 62

soja, cultivo de, 52

Solidariedade (partido), 153

Sousa Cruz (fabricante de cigarros), 77

Souza, Lourival, 163

Souza, Lourival de, 123, 215

Spencer, Herbert, 26

Sperandio, Luan, 102, 125, 215

Springer-Admiral, 47

Standard Ogilvy, 62

Stelle, José, 50-1, 55, 214

Stewart Jr., Donald, 12, 51-3, 59, 64, 66-7, 74-5, 77, 81, 129, 184*n*

STF (Supremo Tribunal Federal), 133, 140-1, 191*n*

Students For Liberty (organização norte-americana), 121, 124-5

subproletariado, 90, 186*n*

"subsidiariedade" do Estado, conceito de, 33-4

Sunab (Superintendência Nacional de Abastecimento), 48

SUS (Sistema Único de Saúde), 137, 191*n*

T

Távola, Artur da, 72

Teitelbaum, Benjamin, 185*n*

Teixeira, Ricardo, 140

Temer, Michel, 155

Teologia da Libertação, 58

Teoria e debate (revista), 88

terceira via, 23, 73

Terra Indígena Raposa do Sol, demarcação da, 191*n*

terras indígenas, demarcações de, 130, 132, 191*n*

TFP (Sociedade em Defesa da Tradição, Família e Propriedade), 36-7, 41, 44, 57, 130, 136, 182*n*, 211

Thatcher, Margareth, 31-2, 181*n*, 197*n*

Think Tank (revista), 65, 71, 76

think tanks, 13, 27, 29, 31-2, 56, 58-9, 61, 65, 69, 72, 74, 79, 81, 83, 94, 102, 108, 111-2, 114, 120, 128-9, 189*n*

Ticoulat Filho, Renato, 49

Time (revista), 160

Toledo, Breno, 105

Toledo, Caio Pompeu de, 72

Toledo, Gastão, 63

Torres, Juliano, 118, 124-7, 145-6

totalitarismo, 30, 35, 180*n*

Trabuco, Luiz Carlos, 57

tradicionalismo, 33, 77, 180*n*, 185*n*

Tribunal de Contas da União, 156

Tribunal Superior Eleitoral, 151, 188*n*

tributação *ver* impostos/tributação

Trindade, Paula, 187*n*

tripé econômico do governo FHC, 83, 85

tucanos *ver* PSDB (Partido da Social Democracia Brasileira)

Twitter, 114, 117

U

UDN (União Democrática Nacional), 39, 43, 82
Ultragaz, 39
Ultraje a Rigor (banda), 161
ultraliberalismo, 15, 20, 27, 46, 81, 101-2, 108, 112-5, 117, 127, 139, 143-5, 147-50, 152, 162-3, 165-7, 170-1, 175, 177, 189-90n
União Brasileira de Empresários, 59
união homoafetiva, 115, 131, 133, 138
Unibanco, 49, 61
Universidade de Chicago, 47, 52, 55, 68, 71, 85, 100, 216, 218
Universidade de São Paulo, 10, 40-1, 45, 49, 190n
Universidade Federal do Ceará, 116, 212
Universidade Federal do Rio Grande do Sul, 53, 213, 215
Ustra, Carlos Alberto Brilhante, 131, 168, 177
Utopia igualitária: Aviltamento da dignidade humana, A (Lindenberg), 36

V

Valinhos (SP), 147, 216
VAR-Palmares (Vanguarda Armada Revolucionária Palmares), 131
Veiga, Pimenta da, 72
Veja (revista), 92, 109, 158, 217
Vélez Rodríguez, Ricardo, 41-2, 56, 60, 183n, 217
Vellinho, Paulo, 47
Vem Pra Rua (grupo liberal), 150, 154, 156, 158, 194-5n
Venezuela, 149-50
Vide Editorial, 111, 160

Villares, Paulo, 47
Villas-Boas, Luciana, 159
Vinhedo (SP), 147
Visão (revista), 45, 50, 52
Visão católica da economia de mercado (Lindenberg), 38
Voegelin, Eric, 111
Volker Fund, 28
Volker, William, 28
Volkswagen, 62
Votorantim, 47
Vrydagh, Fanny, 90, 142, 144, 196n

W

welfare state ver Estado de bem-estar social
White, Thomas, 92
Witzel, Wilson, 172, 212-3

Y

YouTube, 119, 191n

Z

Zambelli, Carla, 142, 172, 196n
Zema, Romeu, 172
Zillo, José Luís, 62
Ziraldo, 70

© Camila Rocha, 2021

Todos os direitos desta edição reservados à Todavia.

Grafia atualizada segundo o Acordo Ortográfico da Língua Portuguesa de 1990, que entrou em vigor no Brasil em 2009.

capa
Oga Mendonça
composição
Jussara Fino
preparação
Ana Cecília Agua de Melo
checagem
Érico Melo
índice remissivo
Luciano Marchiori
revisão
Huendel Viana
Valquíria Della Pozza

Dados Internacionais de Catalogação na Publicação (CIP)

Rocha, Camila (1984-)
Menos Marx, mais Mises : O liberalismo e a nova direita no Brasil / Camila Rocha. — 1. ed. — São Paulo : Todavia, 2021.

Inclui índice e bibliografia.
ISBN 978-65-5692-170-9

1. Jornalismo literário. 2. Livros-reportagem. 3. Política e Governo — Brasil. 4. Direita (ideologia política). I. Título.

CDD 320.981

Índice para catálogo sistemático:
1. Brasil : Política e Governo 320.981

Renata Baralle — Bibliotecária — CRB 8/10366

todavia
Rua Luís Anhaia, 44
05433.020 São Paulo SP
T. 55 11 3094 0500
www.todavialivros.com.br

fonte
Register*
papel
Pólen soft 80 g/m²
impressão
Geográfica